为精英阅读而努力
U0896048
Fierce管理
中资海派

FIERCE LEADERSHIP

A BOLD ALTERNATIVE TO THE WORST "BEST" PRACTICES OF BUSINESS TODAY

SUSAN SCOTT

BESTSELLING AUTHOR OF *FIERCE CONVERSATIONS*

“iHappy 管理者”系列图书项目介绍

世界图书出版广东有限公司
深圳市中资海派文化传播有限公司

合力打造《世界经管学术经典文库》正式面市

《世界经管学术经典文库》由“iHappy 管理者”系列图书拉开大幕。

秉承“为精英阅读而努力”的理念，中资海派潜心挖掘商务人士的深层次需求，精心构建了“Fierce 管理”“Power 谈判”“Perfect 沟通”“Win 营销”产品线，立志服务于商界精英的职场生活。

该书系涵盖了领导管理、商务谈判、职场沟通、市场营销等领域，引领新经营管理思潮，兼顾实用性与启发性，让读者即时掌握商业世界的脉动。本书系表现形式理性而不晦涩，专业而不枯燥，让读者在休闲轻松的阅读中，不知不觉提高商务竞争力。

Fierce 管理

中资海派已出版和即将推出的该系列图书有：

由比尔·乔治（Bill George）所著，长踞 *CEO READ*、《华尔街日报》《商业周刊》畅销书榜的《真北》(*True North*) 和《卓越领导的七项修炼》(*7 Lessons for Leading in Crisis*)；

由马歇尔·古德史密斯（Marshall Goldsmith）所著，长踞亚马逊商业类图书冠军、最具影响力的管理类经典著作《管理中的魔鬼细节》（*What Got You Here Won't Get You There*）和《魔劲》（*MOJO*）；

最伟大的商业管理思想家肯·布兰佳(Ken Blanchard)所著的《知道做到》(*Know Can Do*)和《谁谋杀了变革先生》(*Who Killed Change*);

全球顶级管理哲学大师多弗·塞德曼(Dov Seidman)所著，长踞亚马逊畅销书榜的管理类图书《未来领导者》(*How*);

管理学之父彼得·德鲁克(Peter Drucker)、企管大师吉姆·柯林斯(Jim Collins)、营销大师菲利普·科特勒(Philip Kotler)、领导力大师吉姆·库泽斯(Jim Kouzes)联袂打造的《组织生存力》(*The Five Most Important Questions You Will Ever Ask About Your Organization*);

当今世界最伟大的领导者之一、美国总统自由勋章获得者弗朗西斯·赫塞尔本(Frances Hesselbein)的《同心圆领导力》(*Hesselbein on Leadership*);

全球商业领域公认的思想领袖苏珊·斯科特(Susan Scott)所著的《优势领导力》(*Fierce Leadership*);

管理大师彼得·德鲁克嫡传弟子、顶级招聘专家杰夫·斯玛特(Geoff Smart)联手哈佛商学院MBA、资深人力资源专家兰迪·斯特里特(Randy Street)共同打造的《聘谁》(*Who*);

由应用信息经济学创始人、国际知名决策分析师和风险管理专家道格拉斯·W. 哈伯德(Douglas W. Hubbard)所著，长踞亚马逊商业类畅销书榜首的管理类图书《数据化决策》(*How to Measure Anything*);

“领导者的领导”、食品巨头金宝汤前CEO道格拉斯·柯南特(Douglas Conant)联手“领导者的教师”、战略领导学和策略研究专家梅特·诺加德(Mette Norgaard)打造的《触点》(*Touchpoints*);

欧美团队训练第一人凯·图(Khoi Tu)的《给我一个团队，我就这么带》(*Superteams*);

美国第七舰队优秀指挥官大卫·马凯特(David Marquet)的《你就是艇长》(*Turn the Ship Around!*);

小企业的“育婴师”迈克尔·格伯（Michael E. Gerber）的《创业一次就成功》（*The Most Successful Small Business in The World*）；

沃顿商学院领导力中心教授艾伦·伯森(Alan S. Berson)和理查德·施蒂格利茨(Richard G.Stieglitz)的《沃顿商学院最实用的人才培育课》（*Leadership Conversations*）；

惠普公司前全球副总裁兼首席技术官菲尔·麦肯尼(Phil McKinney)的《创客学》（*Beyond the Obvious*）以及下列作品：

The Little book of Leadership by Jeffrey Gitomer；

The Three Rules by Michael E. Raynor and Mumtaz Ahmed；

Leadership and the Art of Struggle by Steven Snyder；

Quick and nimble by Adam Bryant;

Leaders eat last by Simon Sinek 等。

Power 谈判

中资海派已出版和即将推出的该系列图书有：

美国前总统克林顿首席谈判顾问、王牌谈判大师罗杰·道森(Roger Dawson）的经典作品《优势谈判》（*Secrets of Power Negotiating*）和《绝对成交》（*Secrets of Power Negotiating for Salespeople*）；

世界三大谈判大师之一赫布·科恩（Herb Cohen）的“世界上最权威的谈判读本”《谈判无处不在》（*You can Negotiate Anything*）；

国际谈判巨头吉姆·坎普(Jim Camp)所著，全球畅销逾1 000万册的《谈判从说“不”开始》（*NO*）；

企业高管谈判技能训练大师史蒂夫·盖茨(Steven Gates)的《优势谈判实战训练手册》（*The Negotiation Book*）等作品。

Perfect 沟通

中资海派已出版和即将推出的该系列图书有：

由FBI特邀顾问、国际跨界沟通专家马克·郭士顿（Mark Goulston）所著的《只需倾听》（*Just Listen*）和《人际增值策略》（*Real Influence*）；

美国企业家大奖得主、优势沟通第一人苏珊·斯科特(Susan Scott)所著的《华尔街日报》《今日美国》畅销力作《非常对话》(*Fierce Conversations*)；

著名肢体语言专家、美国政商两界一致推崇的沟通大师托尼娅·瑞曼（Tonya Reiman）的《从读心到攻心》（*The Yes Factor*）；

国际人类行为学领域的领袖大卫·李柏曼（David J. Lieberman）打造的《纽约时报》经典畅销书《看谁在说谎》（*Never Be Lied To Again*）、《看谁听谁的》（*Executive Power*）、《看谁听你的》（*Get Anyone to Do Anything*）；

全球顶级"陈述教练"乔恩·斯蒂尔（Jon Steel）的《完美陈述》（*Perfect Pitch*）；

最具影响力的说服大师罗伯特·迈耶(Robert Mayer)所著的《优势说服力》（*How to Win Any Argument*）；

卡耐基培训学院资深教练莎丽·哈莉的《上班路上的沟通进修课》（*How to Say Anything to Anyone*）等。

Win 营销

中资海派已出版和即将推出的该系列图书有：

说服力营销大师凯文·霍根（Kevin Hogan）和詹姆斯·斯皮克曼（James Speakman）合著的《说服你其实很简单》（*Covert Persuasion*）；

美国头号市场营销战略家、在线行为研究之王比尔·唐瑟尔（Bill Tancer）所著，助力奥巴马成为美国第一位网络总统的《在线为王》（*Click*）；

"美国最成功服装店"的首席执行官杰克·米切尔(Jack Mitchell)浓

缩50年事业精华的销售圣经《拥抱你的客户》(*Hug Your Customers*);

备受赞誉的网络营销战略家戴维·米尔曼·斯科特(David Meerman Scott)的畅销之作《直达买家》(*The New Rules of Marketing and PR*);

美国最年轻的网络营销鬼才瑞安·霍利迪(Ryan Holiday)所著,令《纽约时报》顶礼膜拜的畅销力作《一个媒体推手的自白》(*Trust Me, I'm Lying*);

"全球策略营销之神"杰·亚伯拉罕(Jay Abraham)亲授营销制胜秘诀的《优势策略营销》(*Abraham 101*);

国际打折促销教父马克·埃尔伍德(Mark Ellwood)的《折扣》(*Bargain Fever*)以及下列作品:

Hidden in Plain Sight by Jan Chipchase and Simon Steinhardt;

The Brain Sell by David Lewis;

Can't Buy Me Like by Bob Garfield and Doug Levy 等。

如果你想提高职场竞争优势、提升个人知名度、打造公司品牌,阅读"iHappy管理者"系列图书是你的不二之选。

另外,为了适应市场发展要求,中资海派成立了"iHappy管理者"系列图书专家委员会,诚邀国内相关领域的权威、专业人士拨冗推荐该系列图书,并在编辑加工图书的过程中提出宝贵意见。

优势领导力

卓有成效管理者提升情商、品格和沟通力的秘诀

[美] 苏珊 · 斯科特（Susan Scott）◎ 著
孟 波 方 雯 陈丽霞 ◎ 译

FIERCE
LEADERSHIP

A Bold Alternative to the Worst "Best" Practices of Business Today

中国出版集团
世界图书出版公司
广州 · 北京 · 上海 · 西安

图书在版编目（CIP）数据

优势领导力 /（美）斯科特著；孟波，方雯，陈丽霞译 . —广州：世界图书出版广东有限公司，2014.6

书名原文：Fierce Leadership

ISBN 978-7-5100-8020-3

Ⅰ . ①优… Ⅱ . ①斯…②孟… ③方… ④陈… Ⅲ . ①领导学 Ⅳ . ① C933

中国版本图书馆 CIP 数据核字（2014）第 112712 号

版权登记号 图字：19-2013-094

优势领导力

策　　划：中资海派
执行策划：黄　河　桂　林
责任编辑：钟加萍
责任技编：刘上锦
特约编辑：董莹雪　乔明邦
版式设计：王　芳
封面设计：新艺・书文化　蔡小波
出版发行：世界图书出版广东有限公司
（广州市新港西路大江冲 25 号　　邮政编码：510300）
电　　话：020-84451013
http：//www.gdst.com.cn E-mail: pub @gdst.com.cn
印　　刷：深圳市星嘉艺纸艺有限公司
经　　销：各地新华书店
开　　本：787mm × 1092mm　1/16
印　　张：18
字　　数：258 千
版　　次：2014 年 8 月第 1 版
印　　次：2014 年 8 月第 1 次印刷
书　　号：ISBN 978-7-5100-8020-3
定　　价：45.00 元

如发现印装质量问题影响阅读，请与承印厂联系退换。

致中国读者信

To all my friends
in China –
I hope the ideas
in this book help
you realize the full
potential of China's
amazing + exciting
capabilities.
Best of luck –
warm regards –
Susan Scott

亲爱的中国朋友们：

希望您能从本书的理念中得到启发，意识到自己非凡的潜能，从而一步步走向成功。祝大家好运！

苏珊·斯科特

杨思卓

北大汇丰商学院领导力研究中心（PLC）执行主任

北京大学领导力专家

要让团队从优秀到卓越，领导者先要完成由普通到“优势”的跨越。

姜岚昕

世华智业投资集团董事长

北京华夏管理学院（中国首所免费大学）校长

有幸在《优势领导力》出版之前阅读本书，相信所有领导者读罢会惊奇地发现：您的方向更明确、思路更清晰、措施更得力、机制更聚人、意念更坚定、上下更一心……这一直是您期待的结果，那就让苏珊·斯科特指引您实现卓越的管理。

唐秋勇

HRoot总经理、《人力资本管理》总编

众多企业以往采用的那些管理方式是否还继续适用，是所有领导者需要认真考虑、亟待解决的问题。作者苏珊·斯科特通过六大“优势实战”的方式，颠覆性地指出：只有运用以“真诚透明、优势沟通”为核心的新领导原则，才能引领企业走上未来发展之路。

科斯·拉·波塔（Cos La Porta）

星巴克国际运营部高级副总裁

苏珊·斯科特回答了对于商业领导来说至关紧要的问题：为什么原本欣欣向荣的公司会变得如此脆弱？对于在这场巨大的经济危机中领导企业或组织渡过难关的领导者来说，《优势领导力》为你绘制了蓝图。

杰基·P. 拜耳（Jackie P.Bayer）

安永会计师事务所组织发展部主管

在《优势领导力》提到的所有糟糕的“金科玉律”中，“以客户为中心”是最引人深思的。我完全相信，在经济危机的大浪淘沙之后，留下来的公司都是懂得如何与客户以人性化的方式建立联系的公司。如果说这次经济危机还能给人带来一丝慰藉，正如苏珊·斯科特提到的那样，那便是我们学会了说“你好吗”，并愿意等待别人真诚的回答。

斯图尔特·D. 弗里德曼（Stewart D.Friedman）

宾夕法尼亚大学沃顿商学院教授

斯科特的这本书中对于商业技能和大胆想象的完美结合，会为领导者、雇员和经理人的工作注入新的活力。

格里·D. 帕拉斯特 (Geri D.Palast)

美国劳动部前任部长助理

纽约教育财政公平组织执行董事

《优势领导力》运用从真实生活中提取的宝贵经验，为领导者、经理人、雇员和任何致力于在工作中作出积极改变的人提供了清晰的路标。

迈克尔·D. 沃特金斯（Michael D.Watkins）

瑞士洛桑国际管理学院（IMD）管理学教授

领导力发展咨询公司 Genesis Advisers 创始人之一

《优势领导力》是一本既发人深省又坦诚公正的书。作者以批判的目光总结了我们的职业和公司运营如何受到所谓“金科玉律”的毒害，并提出切实可行的建议，帮助企业恢复活力，促使其走向成功。这是一本富含新的理念、激励人们实现积极转变的书，值得一读。

蒂莫西·凯宁汉姆（Timothy Keiningham）

全球知名市场研究集团益普索（Ipsos）高级战略规划主管

畅销书《为什么忠诚很重要》（*Why Loyalty Matters*）作者

哦，真希望在我刚开始做管理者时，就听到苏珊·斯科特的这些良言和让人耳目一新的建议。拜读之后，你将会以一种全新的视角认识管理、绩效和个人关系。

目 录

实战5 实现全员参与和包容 | 189

员工的参与和包容不是认知问题，而是情感问题。如果你想成为一名卓越的领导者，你必须具备与员工和客户建立深入关系的能力，否则，你就得降低自己的目标。

实战6 如何理解和利用自身的领导潜能 | 229

如果领导者无法迅速而真诚地发掘自己的内在特性，他的领导就是无效的。

FIERCE LEADERSHIP

序 言

拥有头衔与成为受人爱戴的领导有着天壤之别

The Idea of Fierce

以注重质量闻名于世的丰田公司，却因接连曝出汽车重要部件故障而深陷“召回门”，空前的诚信危机暴露出什么样的深层管理问题?

面对竞争对手的步步紧逼，微软鼓励工程师在网络上公开发表项目讨论日志，这一份真诚和透明，竟成了挽回市场份额的关键?

管理人员职业发展停滞不前，90%在于他们缺乏情商！导致他们事业受阻的前三个原因分别是：无法应对变革、无法实现团队合作和缺乏人际关系。

时刻保持清醒头脑，知道自己所处位置

当五岁的我嚼着口香糖入睡黏住了头发，从睡梦中醒来时；当我家小狗在邻居家蹒跚学步的小孩身上小便，小孩子尖叫着向他妈妈告状时；当我的弟弟把橡皮泥粘到新沙发布上永远无法抹去时；当我的父亲送给母亲一套用于准备圣诞节大餐的锅碗瓢盆，作为生日礼物时……我们一定会听到妈妈那句标志性的话："这到底是怎么了？"

当我参加某些会议，那些显然已歇斯底里的领导不断地发出最新指令，把所有人都弄得晕头转向，使公司与计划路线背道而驰，这时，我会发现自己也在不自觉地叨咕着妈妈的那句话。我常常感到很困惑，因为我所熟悉的这些领导都是聪明人，拥有高智商和非常宝贵的一线工作经验，为人谦逊大方，富有幽默感，并强烈希望他们的公司会不断壮大，持续变革。他们的想法通常是好的，而且他们的不少工作也确实富有成效，但也有许多人倾注了大量的时间、智慧和金钱，却像扔进无底洞一般，毫无成效，甚至损失惨重。

尽管我想用"善意"一词代替"愚蠢"，但这个词同样会使人丧失颜面，并不是说这些人在故意破坏自己的职业生涯或者是他们的公司，而是他们始终没有认识到实践的意义。多数时候，对于这些错误指令，接受方并没有反驳："你疯了吗？！"相反，多数人都畏首畏尾，或者耸耸肩，

无视问题的存在，并将其作为呆伯特时代（Dilbert，源自美国斯科特·亚当斯的卡通人物，指在工作上被主管过分要求、亏待或利用。——译者注）的一种生活方式："还能指望我做什么呢，我还是躲起来，等这场风波平息吧。"

此刻，我们需要的是一双"乌贼眼"。

用"乌贼眼"锁定有效信息

我的朋友保罗·林德伯格在少年时期移居夏威夷，不久之后就和当地居民一起潜水捕捉乌贼。那是一项不错的营生：可以用乌贼换来一笔不菲的收入，或是带回家享受一顿丰盛的晚餐。可几次下海，当地人都收获颇丰，唯独他只抓到了一只，这让他感觉很窘。乌贼和保罗好像无缘。

他提出自己的困惑和不解："你们怎么抓到这么多乌贼，我为什么就不行呢？"

当地居民笑了："你要有一双乌贼眼才行！"

"'乌贼眼'是什么玩意儿？"

他们耐心地解释道："这是一种能力，它能帮助你找到那些隐藏在海底的乌贼，你可以看到那些乌贼，就像你也是乌贼一样，所以，即使它们隐蔽得再好，你还是能够发现。"得到当地人的忠告后，我的朋友变成了抓捕乌贼的能手。

当地人还告诉了保罗很多有关乌贼的故事：在海底你可能会看到一些小石头，那就是乌贼放的。保罗之前看到过一些这样的小石头，他以为那可能是一些贝壳。他们接着告诉他，找海底的小洞，然后就敲、敲、敲："乌贼先生，你在吗？快快出来吃晚餐！"

"从海底发现这样一堆小石头也很难，就像寻找羊肚菌，你踏破铁鞋无觅处。可一旦明确目标，你就会发现它们得来全不费工夫。"

正如保罗所言：**发现乌贼意味着你要看到其他人看不到的东西，意味着你要透视那些障目的混淆物，意味着你要成为一个有效信息的甄选和收集者**。这才是“乌贼眼”的真正含义，当你把这些道理应用到你的生活中的其他方面，你就会网罗到更多的金枪鱼，少一些孔雀鱼和老旧的橡胶靴。如果你能领悟这个真谛，你自然就会触类旁通。

当保罗领会了这种沙中淘金的关键点，他就可以不费吹灰之力发现乌贼的藏身之处。举一反三，他又掌握了龙虾、绿鳍鱼、狒狒鱼以及其他夏威夷鱼种的特性，当然他的晚餐也日渐丰盛。

对保罗而言，“关键点”可能意味着一顿丰盛的晚餐，却也可能预示着饥饿，甚至是危险。我的“渔礁”则一直是全球各家公司的走廊和会议室。我曾经看到过许多个体、团队和公司在巨浪的冲击下随波逐流，我也曾见过他们身陷困境，难以脱身。随着时间的推移，我见过的案例越来越多，可以毫不谦虚地讲，我已经拥有了一双乌贼眼和一对乌贼耳，能够掌握事务的关键点用以预测未来，这比预测股票价格的未来走势更为精准和生动。

你一定已经注意到，某些曾雄踞世界的企业在经营了几代之后便不复存在了，原因何在？那是因为他们没能留意所面临的威胁，没有意识到变革的紧迫性。因此，当威胁真正到来的时候，他们便无所适从、无力应对。比如，竞争对手开发了令人震惊的新产品，石油价格上涨，房市崩溃，经济低迷，台风、海啸等不可抗力因素频发。当这些变故发生时，他们没能采取措施积极应对，反而显得措手不及，原因就在于无法发现那些使他们所做的工作失败的关键点。或许我们什么都不做，就不会处于危险之中，可事实上，我们总会做些错误至极的事情。

多年来，我辅导了不计其数的企业领导者，告诉他们如何发现管理公司的关键点，帮助他们找到治理公司的最佳途径。他们中的许多人对辅导的结果非常满意，于是请求我把辅导中提出的建议汇集成书，以便他们与同事进行分享。但我再三告诫他们：“我们谈论的都是一些基本原则，如果要我为此再写一本书，书名就得叫《显而易见的管理原则完全手册》。”

受到畅销作家克里斯托弗·穆尔的小说《鬼差事》的启发，我尝试着用下文所述的“领导者备忘录”来满足他们的要求。这些规则有助于守护我们的灵魂，保持我们的人性。

从“实践”中找到自己的位置

首先，我要恭喜你成为一名领导者。作为一名领导者，工作繁重，但必须完成。企业的首要任务是成长。为了使你的公司不断成长，你必须领导变革，管理并激励不同年代的员工，一以贯之地提倡首创精神，使其对最终盈亏产生影响，并且要实现短期业绩。作为一名领导者，你必须表现得敏捷、果断、包容，具有战略的敏锐头脑和创新精神，防御不确定性和风险，采取措施减轻全球化、离岸外包业务、经济衰退、全球变暖和油价波动等因素造成的不利影响。

一些深受爱戴的企业奠基人，一直努力在有序与混沌之间保持平衡，但不久前，他们的公司出现了资金短缺，陷入了要么垂死挣扎要么关门大吉的境地。而你，就是他们中的一员，在无休无尽的内讧中腐蚀了公司的灵魂。如果你失败了，黑暗将覆盖地球，股票价值也会一泻千里，混沌就会卷土重来。

针对你所处的境地，我想给出几点建议：

1. 时刻保持清醒的头脑，知道自己所处的位置。

2. 一些名字和想法会突然出现在你的脑海中。记下这些想法，并立即予以实施，如果你无权立即实施，那就尽量争取实施。你脑海中出现的那些人，他们对整个行业的发展都是至关重要的，因为他们决定了所接触到的每件事的成败和每个人的切身利益，或许他们是你应该激励的人，你应该给他们一定的自由工作空间，鼓励他们在工作中打破常规。

3. 成功不是靠你单枪匹马闯出来的。你身边应该有这样的人，他们充满责任感，极度忠诚，人格可靠，能够与他人进行深入交流，富有勇气，有成功的信心，将公共利益置于个人利益之上。

4. 你的主要作用是设计和引导睿智活跃的谈话，为实现不同阶层之间高度的一致性与协同合作打下良好的基础，从而产生更佳的工作效果。

5. 可能会有人不希望你如此成功，因此请注意保持警惕。你不是不可战胜的。对人要友好、宽宏大量。因为每个人的压力都非常大。

6. 另一方面，不要去巴结任何人，否则你将会变得低三下四，你的灵魂会拒绝陪你走入成功的殿堂。在表述观点时，只要说出事实，就很好了。

7. 不要轻言重组。对于任何人而言，在其职业生涯中，如果不止一次地要求进行重组，轻则损失一年的收入（包括奖金和股票期权），更严重的，甚至可能招致牢狱之灾。

8. 任何情况下都不要说谎，无论是故意的还是不小心。不要隐瞒事实真相，不要夸大其词，不要企图采用欺骗的手段使自己摆脱困境，不要强装镇定。这样做不仅有害无益，而且会出其不意地伤害你，让你如坐针毡，甚至会让你成为视频网站上点击率最高的短片的主角。

9. 不要试图在不同的人面前表现出不同的自我。人们能够在五十步之内辨别出真伪。在大家面前的表现要始终如一。

10. 始终牢记，一次谈话无法改变一个人的职业生涯或一家公司的运行轨迹。进行多次对话，使其产生特别的效果。

"管理危机"由谁买单？

一位客户在电子邮件中说："别磨磨蹭蹭了，把你的经验记录下来！"正在我为此犹豫不定之时，一系列事件的发生，终于促使我打开我的笔记本电脑。这些事件包括：

1. 某企业对销售人员进行效能培训，宣称其成功的关键是"以客户为中心"，而他们的员工在做事的时候，根本没有以客户为中心的意识。这家公司在运行中，不仅机能失调，而且狂妄自大。

2. 某家公司召开为期 2 天的会议，有 200 位行政人员参加。在一次小组讨论中，一位年轻人讲述了他进入公司的艰难历程，并对于能为信奉天主教的老板工作感到高兴；一位喋喋不休的女性描述了她面对男性竞争对手时所遭遇的“凌迟”之罪。对于这些发言，一群身着制服的中年白人的反应是“翻白眼”。

3. 我与一些主管人员进行谈话，发现他们正为留住人才而苦恼，造成这一局面的部分原因在于他们的领导企图采用同样的报酬激励不同年代出生的员工。这样的激励方法，就像给一只猫提供了一根狗骨头，然后责骂猫缺乏工作热情一样。没有针对性的激励不会产生期望中的激励效果。

4. 与一位首席执行官进行谈话，发现他把那些对其想法提出质疑或指出问题的员工视为“眼中钉”，认为“他们就是喜欢制造麻烦”。他身边的工作氛围令人感觉紧张压抑，就像随时要爆炸一样。

5. 一项调查认为，企业主管人员发现那些拥有 MBA 教育经历的毕业生并不具有竞争优势。当然，这些 MBA 毕业生能够分析案例，阅读损益表，能够用 PPT 软件制作酷酷的幻灯片，但实际上这些技能均无法为公司带来实际收益。这迫使我们思考一个问题：什么样的人才能够预示未来的成功？对于这个话题，我颇有心得，请继续阅读并分享。

6. 在我的“Fierce 培训公司”，一个团队向我汇报工作，说一家非常有潜力的公司打算与我们合作，但担心他们的领导对“Fierce”（意为“优势”的、热烈的、狂暴的、强势的、无拘无束等。下同。——译者注）一词感到不舒服，问我们是否介意采用其他词代替，例如“强大”、“诚信”或“可信”？算了吧，你自己是谁，难道你不知道吗？

7. 我的工程承包商拒绝公布建造一座度假村的预算成本，原因在于他觉得告诉我实际的成本数字，会使我感到难过。当他向我坦白说，所需要的成本是他一个月前报价的 4 倍时，我解雇了他。

8. 报纸上通篇报导着正直诚实已经不复存在，取而代之的是彻头彻尾的谎言，对真相的隐瞒，对普通百姓智慧的蔑视，首席执行官的傲慢，公司永无止境的贪婪等。正是这些拖垮了美国经济，导致数千人失业，甚至会危及无数人的生命。

9. 2008 年 12 月 15 日出版的《纽约客》杂志中，罗兹 · 查斯特（Roz Chast）画了一幅漫画，为以上这些新闻故事做了汇总。在“危机网全览”

的大标题下，列举了“世界危机”“亚洲危机”“欧洲危机”“美国危机”“学校危机”“城市危机”“经济危机”“环境危机”“宗教危机”“住宅危机”“华盛顿危机”和“健康医疗服务危机”等。

以上只是一份旧清单。相信在这本书出版的时候，将有一份新的清单出炉。看一看报纸，每天总有那么多的新鲜事不断发生。

这几个月以来，我发现自己不再是以往那个从容、理性、乐观、能迅速复原的人了，而是经常感到震惊、迷惘、悲伤、受挫、易怒。面对我的承包商时，我努力抑制着杀人的冲动，而每当我恢复幽默感时，又会感到受挫。

我发现自己在怒吼！为什么本应是“健康的”公司却满是病态？为什么长期以来我们都没有搞清企业的盈利能力？为什么把股票价格作为预测未来的唯一指标？为什么我们的努力无法成为变革的真正动力？为什么管理精英掌管着公司，公司内部却问题百出？为什么没有人在清晨醒来的时候思考：“你知道今天真正可怕的是什么吗？那就是你所理解所掌握的信息完全错误！简直糟糕透顶！”

最后，我所使用的“乌贼眼”这个词，在引号中出现了！

对此，我应该解释一下。多年以前，我的一位年轻的亲戚宣称，她刚刚拥有了一个“引号”：“你知道，这就像使那些想法四周闪烁着智慧的光芒。”她的意思自然是对现实真谛的顿悟，但我喜欢这种拥有引号的想法，我也希望本书能够为广大读者提供一个引号，甚至为你提供感叹号，或者至少能够为你提供分号。

我所说的“引号”是指能够引起企业管理者们的重视。

我的“引号”可以帮助各类企业中的人们清除沟通中的主要障碍，即在对话中，敞开心扉，让真实的自我投入到谈话中，感受到真诚——这些障碍涵盖了我们这个时代最为流行的、备受人们吹捧和许多人特意为之的所谓“最佳领导行为”。这些长期以来被人们奉为“金科玉律”的惯例，不仅无法解决问题和实现目标，反而会使问题升级，使我们在处理问题的过程中不断妥协，使规章制度失效，使执行力受到削弱，妨碍企业绩效的提升，导致企业人才和价值客户的流失。换而言之，这些“金科玉律”本身就是问题！

在一个名为“MBA 术语观察”，又被称为“术语正在逐渐消亡”的山寨网站上，有这样一段话：

> 商业大鳄常常大力宣扬并广为使用的一个术语是“管理顾问”。“金科玉律”一词用于说明某一公司、某一领域或某一行业使用的最好的技巧或方法。但不幸的是，许多公司往往分不清什么是最好的，什么是最流行的，在一个时代盛行的最有效方法很快就会成为过去式，被那些我们曾经嘲笑过的潮流所代替。

这些“金科玉律”所能带来的最好结果是“无效”。最糟的效果，则是会耗费公司数十亿美元。但是，没人质疑他们。

这本书的目的就在于：帮助个人和企业摒弃那些不再适用的所谓“金科玉律”，取而代之的是那些能够使工作有效进行的更好的方法；向公司及其领导展示如何实践这些更为适用的方法，从而使得他们从众多的竞争对手中脱颖而出，赢得晋升的机会，赢得客户，赢得目标市场份额，吸引高端人才和理想的客户，使公司股价上涨而不是下降。这难道不是一件美事吗？

我还要十分确定地告诉你：你能做到！不管你是经营着一家小公司，还是在跨国公司工作，不论你任职于学校、非营利性组织还是政府机构，对于那些糟糕至极的所谓“金科玉律”，随时随地都会有解决方案。至于何时开始，则取决于你的选择。实际上，只不过是要求你抛弃那些虚增成本、代价高昂的做法和根本就不起作用的想法，另辟蹊径。对于个人行为而言，即使是微小的改变，也会在前进的过程中迈出一大步。在我的职业生涯中，已多次见证这一现象。

这一点与万花筒的原理有些相似。当一个花瓣变动时，整个图画立即发生戏剧性的变化。同样，当我们找到一个“关键点”，或者掌握一项对我们非常重要的新原理，我们看待事务的方式就会发生天翻地覆的变化，因为新知识的掌握、视野的拓宽使得我们再也无法回到从前，即使我们愿意也无法做到。本书的目的在于帮助读者转动你的万花筒，开阔视野，看到事情的不同层面，并帮助你将看到的一切及时地转化为现实的行动。

在深入研究这些我们要摒弃的“金科玉律”之前，我们首先阐述“实践”的含义。

你在忙些什么？

正如一位日本柔道大师所言，“你总是忙忙碌碌，但问题是，你在忙些什么？”每天的散步是一种实践，看电视、到教堂去祷告或去寺庙祈福、在周五穿牛仔裤或主持日常员工会议，都是在实践。一定程度上讲，我们一直在做的事情变成了习惯。我已经将“实践”变成了我的生活习惯，不仅包括我所做的一切，人们所看到的行为，还包括支配行为的信念。

看看下面列出的《美国传统词典》中对“实践”一词的解释，以及我所举的例子。

实践（prac·tice）

词性：动词。

★ 习惯性地做或按惯例执行；使……成为习惯；

★ 为获取或提高技能而反复练习（某事）；如练习舞步。

★ 给……上课或反复指导；操练；如教学生们练习书法。

★ 从事，执业，尤指作为职业而从事；如从事律师工作。

★ 在行动中执行、遵守；如：虔诚地信奉宗教。

问题是，无论你是否与他人合作、讲述事实真相或说谎、指导他人、从事园艺工作、信奉萨满教、参加消防训练、匿名回复、练习风笛，无论你是否乐观，无论你是否穿着异性服装，无论你是否拍马屁，向人致谢、给人建议、练习探戈舞步、正在沉思冥想、正在进行房事、招募学员、抱怨，或者任意释放你的爱心，你的所作所为都会对周围的人产生影响。

静坐思己过。不要限制自己的思路，只考虑上述行为。当你做这一切时，你感到快乐还是悲伤？你讲出了事实还是说了谎话？是前进还是退缩？倍感压力还是如释重负？看到人们最好的一面还是最差的一面？为自己还是为顾客尽最大努力？在家的时候，你又在做些什么？

不时地回过头来看看自己的所作所为，会帮助你找到“关键点”。换而言之，就是确认你在解决问题中所起到的作用，所扮演的角色。之后，要有所行动。

即学即用

现在，记下你所想到的，无论是好是坏，无论是美是丑，只要你诚实，这里无所谓对与错。

我在____

我在____

我在____

你是否有所感悟？

高情商沟通，迅速提升领导效率

在经营“首席执行官智囊团”13 年之后，我写了《非常对话》（*Fierce Conversations*）一书。你眼前的这本书是《非常对话》的续篇。如果还没有读过《非常对话》，最好在翻开本书之前阅读它，或者同时阅读。

如果你还没有读过《非常对话》，我可以为你提供以下信息。

“Fierce”——优势的观念简单而不片面。

我不是中立者。我相信，无论是世界文化、民族文化、公司文化还是家族文化，都形成于我们的日常实践活动，而最具影响力的实践活动就是对话。我们的事业、公司、人际关系以及我们的生活，不管成功还是失败，都是量变到质变的过程。简而言之，对话决定成败。

不管你的公司有 5 名还是 5 000 名员工，不管你从事零售业、银行业、形象艺术、电影制作，还是在餐厅、书店、美发沙龙、苗圃工作，不管你是一名教师、教授、研究员或法学学者，不管你的专长是建筑、制造、服装设计、商品推销、广告、驯狗或软件，对话都尤为重要。

无论你从事什么工作，无论你所在企业规模大小，结构简单还是复杂，都不可避免地要与同事、顾客和周围许多我们并不熟悉的人进行谈话。当会议堆积如山时，真正有意义的工作是由那些为他人提供“养料”的人完成的。其谈话的内容和方式决定了接下来发生什么，或者无事发生。

但是，仅有对话还不够，对话的质量更重要。对话可能使事情更加清晰，也可能使人困惑。比如，对话可能会促成跨部门合作，也可能在部门间树起壁垒；对话可能让我们有勇气应对最艰难的挑战，也可能使我们在前进过程中筋疲力尽；对话可能令人厌烦，也可能使人对于人性和隐私有更为深远的认识。

领导者的重要工作是设计各种使人有所领悟的对话。对话能够揭示我们最初的想法。明智的、充满生机的对话，不仅能够使行动或变革的目标更明确，还能够促其前行。但通常情况下，我们这些重视结果的人，只是谈到可测量的目标、关键业务指标、行动计划、现金流量预测、经济指标、过程和程序。的确，这些都是有价值的内容，但真正的成功需要通过对话建立更强的吸引力，就如潮水一样强有力地推动企业成长。对话要富于智慧和激情。要有针对个人的对话，也要有针对全体的谈话。在有意义的、具有权威性的交谈过程中，我们不会愿意与任何人互换位置。对话让人们仿佛置身于音乐厅或圣殿之中。这就是优势对话。

在任何场合，“优势”的概念都使我振作。为了将所有的失误、防御壁垒、枯燥、自满和 BS（Belivability Scale 的缩写，指可信度范围。——译者注）统统打破，为了真正与某人建立关系，有时我们可能需要问一些其他人从来没有问过的问题，说一些没有人愿意说的事情，放弃领导的层级观念，触及我们自身和他人的情感，而不要总是谨慎小心地保持中立。

在写《非常对话》之前，我与首席执行官和主管的对话大概有 12 000 小时，目的是帮助他们提升公司业绩，促进个人职业发展，改善他们的生活。

我与他们之间的对话，总是从下面的问题开始："如果所有的事情都列在题板上，哪一件事情是我们应该谈论的最重要的事情？"

有人可能会回答说："我不知道。"我会接着问："如果你知道，会是哪一个呢？"然后等待他回答。于是沉默变成了对话中无法承受的重量。

多数情况下，我们谈到了他们公司里那些无法实现的目标和挑战，包括预测农业决策、亟待解决的高额费用问题、需要制定的战略、需要评估的发展机会。我注意到他们筋疲力竭，不是因为公司要求他们解决问题，而是因为在很长一段时间内这些问题都不能得到解决；因为谈话不限定主题，所以有时我们还会谈到起伏不定的婚姻、顽劣的小孩、疾病恐慌和消沉的意志。

我们的对话是"优势"（Fierce）的。

优势对话最简单的定义是：走出自我，进行真实对话。尽管多数人对"真实"一词感到不安，但"不真实"的对话则会让我们恐惧至极。因为无论对个人还是组织而言，不真实的对话代价十分高昂。大多数企业希望感受到他们与员工、顾客和相关市场展开的是真实的、有意义的对话。

"真实"是变革者最好的朋友。尽管不是一定要改变，但如果对话是真实的，在对话结束之前，通常会发生改变。与首席执行官们共事时，我的工作是确保我们处理的是现实问题，是事物的整体，而非细枝末节。我们不会浪费时间、精力和脑细胞做些蜻蜓点水的工作，我们会带上轻便潜水装备，深入研究。

有些谈话让人感到不舒服。但是我问你，在生活中，有人教过我们"永远不要做也不要说可能使人不舒服的事情"吗？那些让人不舒服的沙漠小丘下面，或许暗藏着黄金呢。

不要误会我的意思。优势对话可以是甜美的，甚至超出你的想象。这种甜美，不是加了糖精的那种甜，而是诚实所带来的甜美。尊重、友爱、大方之甜美。有时候，我们提及到的最为优势之事可能是："我想确切地告诉你我欣赏你什么。"然后告诉他们你欣赏他们之处。不要带有"但是"或"然而"这样的词。

尽管有些时候我们的对话令人"不舒服"，但我的智囊团在提出建设性的批评或可商榷的建议时，尊重谈话对象，态度诚恳，真诚地希望提供有益的愿景，因此在对话结束时能够为他们提供解决组织问题的最佳对策。

优势对话是有意义的互动，它不是你一直尽力回避的强硬对话，而是每个人都急切地坐到座位上并投入其中的高产会议。对话促使行动，我们与客户的接触可能会使销售数字增加 1 位数。较之那些通过协商、扯皮和其他陈腐手段达成的不冷不热的"协议"，"优势对话"要有用得多。

当你想到优势对话时，要想到可靠、诚实与合作，想到执行力、创新、情感资本，想到与你的客户和员工建立起的合作伙伴关系。

高情商是一种生活方式

在"领导"与"优势领导"之间的这道鸿沟并不是不可逾越的。

下面是"优势领导"的简单定义。

优势领导（fier·ce lead·er·ship）

词性：名词，动词

★ 一种速效解毒剂，适用于以下常规管理模式：高工作量 / 薄弱人际关系、散漫的工作日程、过于强调"领导意图"、匿名的小报告、把责任推给员工、过量使用行话，以及让人欲哭无泪的"在领导的命令下发挥主观能动性"。

★ 能兑换到"情感资本"这种最保值的货币的行为。

★ 练就一双“乌贼眼”，结束对于逆耳忠言的无端排斥和对粘腻“甜药”的依赖。

想成为一名卓越的领导者吗？要么学会与同事和客户建立更深层次的联系，要么把你的目标放低。

无论你是志在改善工作关系，还是提高市场份额，最有价值的通货是人际关系、情感资本。这绝不是天真的自我陶醉，而是一种敏锐的商业直觉。

当今许多商业领袖，没有认真看待“情感资本”一词，他们坚持认为领导的工作就是使公司不断成长，股价不断上涨，而不在意采用何种方式。尽管我们不应该忽视传统商业手段，但我认为，相对于公司战略与战术而言，人际关系是实现公司快速成长的下一个研究热点，并且是唯一的可持续竞争优势，其作用从未显得如此重要。

假设《全新思维》（*A Whole New Mind*）一书的作者丹尼尔·平克（Daniel Pink）的观点是正确的，我们正从“工业时代”跨越到“观念时代”。这就意味着我们在生活方式、生活与共事的对象、消费方式等方面有了不同的选择。平克在书中谈及如何超越职责去赢得欣赏；增加产品和服务的解说词，而非仅仅列出产品和服务的特性与好处；提升创造力和培养全局思维，而非仅仅关注细节；超越逻辑和利用情绪与直觉，在业务与产品中营造幽默感和轻松的氛围，以及创造内涵与情感话题等内容，都是在阐述如何与员工和客户建立起真正的联系。

无论在哪里，人们都渴望与他人建立联系，渴望作为独立的个体被他人所认知，这对于我们设计企业经营战略、销售产品、提供服务都会产生直接有力的影响，并最终决定我们的成败。

尽管我们身处“信息时代”，但在商业沟通上仍存在诸多障碍。通常，我们对待谈话与处理人际关系的方式，就像我们处理电子邮件一样：单向、直接、迅速、简约、高效。

更为糟糕的是，多数公司的培训分解为理论、过程、图表、曲线、评价和模型，对员工的培训建立在团队无法工作的假设条件下，培训的结果就是把每位员工的思维模式、学习模式和个性进行分类，套进不同的框子里，用来组建我们的综合型团队。我们是红色、绿色、黄色，还是蓝色的？我们是思考者、体验者、判断者还是领悟者？我们是D、I、S，还是C？如果我们出轨了会怎样？我们应该如何调整个性适应他人的需要？

必须承认，我们愿意了解自己，但我们的个性特征是与生俱来的，的确很难改变。我的一个文件柜中堆满了对自己个性的各种评估，但坦白地讲，我这些年来没有明显的变化。因此，尽管存在各种各样的个性评估，但除了那些推销评估的人士之外，我所认识的人中，很少有人将他们个人或公司的成败归于评估的作用。

在大多数情况下，我们混淆了"员工多元化"与"人口统计"的概念，相信通过为员工提供认知培训和详尽的文化研究，可以使我们在国际市场上进行更好的沟通。我们彼此之间壁垒森严，将那些等级之外的人关在门外（不好意思，你只是5级）。我们事先确定了对话的"高标准"，明显忽视了门外那些人对话的潜力和能量。

我们依然深受40多年前那些领导观念的影响。然而，时代已经变了，生活步调也不一样，我们能够预知未来的变化，并且有足够的时间去迎接变革，如果还是依赖适用于另一个时代的"金科玉律"，那将毫无意义。

我们很容易对于那些线索或称"玄机"视而不见，尽管它提示我们，以往的"金科玉律"不再奏效。在会议上，我们打哈欠、发短信，如果我们足够清醒，就会很容易发现迫在眉睫的问题、不复存在的进取心和不安的迹象。我们找借口，相互推诿，怀着对同事、领导和整个计划的怨恨，直接把责任归于管理者、经济状况、技术或者预算。这怨恨如此强烈，几乎无法掩盖。

于是，我们逐渐变得麻木不仁，听之任之。我们渴望"奢侈品"——加薪、额外补贴、股票期权，而在没有"奢侈品"的条件下，我们不会深入研究我们的工作。除了家人，我们不会真正地去爱其他人。

既然"奢侈"的含义被那些失去工作、失去家园或是由于股票下跌而彷徨无助的人们重新界定，我们也对那些影响幸福的关键因素重新进行了排序：餐桌上的食物，头顶的片瓦，最重要的是我们所爱的人。我们也意识到，我们需要重塑技巧、技能和领导力的定义。请参考表 I.1 中的内容：

表 I.1 旧领导模式与优势领导模式对比

旧领导模式	优势领导模式
指示与命令。	真诚地询问，用心地倾听；然后依序提出指导意见。
无反馈、无发展空间；至于个人成长，即使有的话也很少。	丰富的反馈和发展进步；持续的个人成长。
重任务 / 轻人际关系，公司的企业文化也是如此。	任务与人际关系并重，随之而来的是热情参与的企业文化。
本位主义与小团体主义思想；争夺资源；不善于相互合作。	资源共享、协作、跨部门的合作，为组织目标的实现服务。
信息饥渴，企业文化为“只知道你需要知道的”。	开放的、透明的、彼此尊重的文化氛围。
将某人观点强加于其他人。	征求持有不同观点的人的看法，分享彼此的观点。
每个人都知道问题在哪里，但没有人愿意说出来。	愿意真诚而勇敢地指出并强调任何核心问题。
利润目标优于企业伦理。	共同的价值观与企业伦理引导决策；
拒绝改变；无精打采地工作；老套的商业路线。	分享提高效率的热情和原创性思维；在个人和组织间推广“新常规”。

优势领导是一种生活方式，而不是企业的经营战略。随着时间的推移，这种生活方式将成为“我们的”，而不仅仅是“我的”。要关注彼此的利益，关注如何尽力实现更大的利益，致力于打破同事之间、部门之间、上下级之间的壁垒。不是“百事通”，而是要自发地寻找答案；不是纯粹基于业务上的交流与沟通，而是更多地从人性的角度考虑问题。

最近，一位跨国制药公司的商业部门负责人对我说："我相信，我能在这个庞大的机构里创造不俗的业绩。我可能是在一艘远洋客轮上，但我感觉自己就像驾驶着我的单座小敞篷车一样轻便自如。"

此话出自一位优势领导者之口。

这就是我们的位置，你在你的单座敞篷车里，我开着我的车，每个人都忙忙碌碌，在维持公司生存、促进公司发展和建立人际关系等方面扮演着重要的角色，并以此获取收益。

该从哪里出发呢？首先，我们要认识到"小心谨慎"的对话是失败的对话，原因在于它只能使应该达成的目标一拖再拖。

不要总是在边缘徘徊。一味追求安全感，成天梦游般敷衍了事工作的人，或者只关注自己工作的人，无法领会优势领导的真谛。只有那些无论何时何地都讲真话的、全神贯注工作的人，那些能直指问题核心的人，才会顿悟其味。我们内心的大门只对那些敢讲实话的人、那些不建议我们妥协的人敞开。

挑战自身的极限是件令人欣喜的事情。这样可以使我们的极限值不断提升，否则任何一块小石头都会将我们绊倒。失败不会毁掉我们，但逃避问题却能摧毁我们。

我想起了自己最喜爱的诗人哈菲兹（Hafiz,波斯伟大的抒情诗人。——译者注）的诗句，字里行间都流露出诗人的幽默感和对生活的热爱之情。

厌倦了甜言蜜语

爱想要伸出双手粗暴地对待我们，
中断我们午后关于上帝的谈话。

如果你有勇气让所爱的人自己选择，
那在某个夜晚，
他可能拽着你的头发满屋游走，

从你手中抢走你所有的玩具，
使你不再拥有快乐。

有时候，情人厌倦了你的甜言蜜语，
想撕碎你所有隐瞒真相的谎言。

只是你内心不断挣扎，
亲爱的，
与他人一起哭泣着，
怀念那些美好的时光。

上帝想要粗暴地对待我们，
把我们锁在一个狭小的屋子里，
飞身践踏着我们。

有时候，爱人想要帮我们一个大忙：
使我们脱离混乱
摆脱所有的谬论。

但是，当我们听到时，
却是他喝得大醉，
当成玩笑话说了。

我所熟悉的众人，
迅速打点行囊，
逃之夭夭——
出了城。

不要打点你的行囊准备逃走，也没必要感到不知所措。你可以虚度时光，那时的你可以是一个不时陷入迷茫的、彻头彻尾的懒鬼，不诚实、不勤奋，也没有进行深入思考，没有与人联系，也没有整理庭院，没有做任何事。

选择一个周末，放松心情，把洗漱这类事抛之脑后，满嘴口气地窝在沙发里看一天电视。把《爆笑办公室》《罗马》《单身毒妈》《死木》《广告狂人》这些肥皂剧统统看完，再看看新闻、体育节目、厨艺展示、减肥指导等任何节目，如果你愿意还可以边看电视，边吃奶酪、瓜子、香肠等垃圾食品。这样的一个周末也是"有意义的"。

我的意思是说，你没必要十全十美，无懈可击。只是希望你在大多数时间里，能够状态良好。这将使你个人的职业生涯和你所领导的公司处于最佳状态，你的婚姻生活也会美满幸福。

即学即用

问你自己下面的问题：

★ 今天，我们应谈论的最重要的事情是什么？

★ 对于我们认为自己无法完成的事情，假定它可以完成，一切会有所改变吗？

★ 如果什么都没有改变，这意味着什么？

★ 跟我有关的对话是什么？这个话题是我已经回避了许多天、许多星期、许多月、许多年的吗？谈话对象是谁？对话的主题是什么？我将在何时进行对话？

翻开笔记本，在空白页上写下"个人行动计划"的标题。每次，当你想要与某人进行谈话时，翻到这一页，记下他的名字。根据需要进行对话，不要有任何延误，这是优势领导者最重要的实践之一。现在就开始吧。

把人际关系视为成功的要素

本书的目的是帮助读者找出那些阻碍你前进的，使你苦恼、让你发疯并且难以察觉的行为，书中的建议不仅能够提高个人绩效，并且能够使你自身、你所领导的团队、你所在的企业以及你所深爱的家人和朋友都感到愉快。

在我们讨论“乌贼眼”期间，保罗说道：“有时候，我觉得自己像一个用餐刀吃豌豆的人一样。我几乎吃不进嘴里，简直快饿死了。我还不如坐在那里把豌豆往嘴里塞来活命，或者使用勺子。”

就像“使用餐刀吃豌豆”一样，所谓的“最佳方法”其实很糟糕，它不会为我们提供营养，不会获得我们期望的结果。但是不必忧虑，当你读完这本书的时候，你就会使用精美的大汤勺而不是餐刀了。

你会在书中找到那些我给自己和客户所规定的、引领我们走上卓越领导和优势领导之路的实践方法，用以代替那些根本就不起作用的、被过度剖析的、谜一样的首字母缩略词和“最佳方法”。我的目的是帮助你抛弃那些常规的企业之道，引领你走上创新之路。

设想一下那些能够增强执行力、改善周围同事关系的行为。设想一下那些能够使你和你所领导的团队在激烈的竞争中更上一层楼的行为。这些行为能让你对自己和公司更有信心，拓展你对于领导力的认知，帮你在领导权限内绘制出未来的蓝图，描绘出那些不可预知的风景。

设想一下，当你走进房间，参加会议，与同事、老板、下属、客户、卖方进行交谈时，都可以看到和感受到这些行为。无论你身在何处，这些实践方法都会帮助你，不仅有益于你的工作，还有益于你的家庭和社区的生活。

从本书中，你将学到这些实践方法。必须对它们引起重视，因为其适用于那些帮助企业从乌托邦式的错误观念中醒悟过来，将工作重心转移到实际工作上的人；适用于那些将同事、公司和客户利益放在第一位的人；适用于那些在任何时间都选择以优势的方式进行对话、领导、人际交往、表达爱意和生活的人。这本书中讲到的方法适用于那些不愿意小心翼翼生活的人，适用于那些很快就会对小心谨慎的公司感到厌倦的人们。

优势领导力是一种心理状态。一位“优势领导”不是简单地执行本书“待办事项表”中列明的事项就可以了。它本身也是一种实践，在此过程中，迂回前进，这与合气道大师或佛教徒始终要遵守其核心原则的道理一样。

阅读本书，不仅能使你的职业生涯更上一层楼，你所在的组织收获颇丰，还会使你更优秀、更快乐，使你成为组织所青睐和欣赏的人，这是额外收获。认真阅读本书能够使你更优秀，这看起来有些自视甚高。毕竟，我并不了解读者，但我仍坚持这一观点，因为这正是那些接受优势领导力指导的人们的说法，他们已经摆脱了“黑魔法”，走向光明，所有人都自信满满地对我说“我比以前优秀多了”，我对他们的话坚信不疑。

本书结构非常简单。每一章介绍一个通用的“金科玉律”，告诉你如何找出变革所需的“关键点”，然后说明可供选择的优势实践，并帮助你立即实施。

对于那些死死抓住某一做法不放的人们，如果原因仅在于它曾经的辉煌，请看看我这里的措辞“死死抓住”，并注意你会想到怎样的词汇。

我可以做得更好。我们完全可以做得更好。我们确实必须做得更好。

书里的内容在任何地点均可练习。挑选你最感兴趣的章节，采纳有意义的内容。不要把这本书借给任何人，告诉他们自己去买。在书的封面上写上自己的名字，让自己拥有优势领导力。

FIERCE LEADERSHIP

实战 1

管理就是沟通、沟通、再沟通

From 360-Degree Anonymous Feedback to
"365" Face-to-Face Feedback

电子邮件上的一句简单回复，竟让下属误以为上级对自己的工作不满，非直接的传达与接收带来的问题究竟有多大？

赞扬别人需要勇气、同情和技巧吗？答案是需要。当你表现得态度明确、开诚布公、富有同情心、对情况了如指掌，多数人都会愿意与你对话。

杰克·韦尔奇在通用公司倡导面对面反馈制度，这成了通用提高员工积极性、实现持久进步的致胜法宝。遵循"实战 1"的五大步骤，为你的团队合力爆发注入强心剂。

1 一个人必须知道该说什么、什么时候说、对谁说、怎么说。（彼得·德鲁克）

当我演讲时，总是要进行音响检查，以确保我开始讲话时观众不会因为麦克风发出的高频尖叫声而头痛。这种让人听起来不自在的声音，就是反馈。

对于反馈，多是负面评价。想一想其中的原因吧，当有人对你说："噢，伙计，我今天拿到了自己的绩效评估结果！"除非他们怀疑自己的话会被评估绩效的人听到，否则多数人可能告诉你，他们宁愿硬着头皮去看杰瑞·斯普林格（Jerry Springer，美国著名脱口秀节目主持人。——译者注）的节目，也不愿意收到关于职业表现与个人绩效有关的任何反馈。如果你让他们多说些什么，他们一定会大声抱怨。

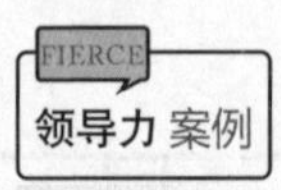

坦诚接受反馈，踏上未来领袖之路

几周前，我与20名霍尔女子中学的学生坐在一起，这所位于伯克郡的大学预科女校，致力于培养学生诚实、活力和领导力方面的品质。我要求这些年轻的女孩匿名写下几句话，表达出她们对自己同学的感觉，之后围坐在一张大桌子周围，依序评论同学对自己的匿名反馈。在这些年轻面孔上，多数表现出了紧张和焦虑。几个女孩靠着椅背，双臂交叉。大多数女孩都向下看，避免目光的接触。期间，我们谨慎地省略了一部分评价。

"我想我不清楚谁是我的朋友。"

"过。"

"过。"

"我真的不知道该说些什么。"

这不是一次令人愉快的聚会。圆桌上一半的人已经评论完毕，这时轮到一位坐在窗台上的女孩发言了，我曾注意到她在听每一次评论时都全神贯注。她向前倾斜着身子。

"嗨，各位，我的确为得到的这些反馈感到高兴，谢谢你们！我想说的是：我希望你们能继续告诉我真话，无论对我的评价是正面的还是负面的。不要被动地等着问到你！当事情发生时，就告诉我，想到哪就说到哪。如果你没有这样做，可能我就无从知晓那些我确实想知道的事，而且你们的反馈意见是我了解自己行为对错的唯一途径。这也是我了解和改变自己的唯一途径！"

显而易见，她所说句句都是实话，在她发言后的几秒钟，沉闷的教室恢复了活力。女孩们注视她的时候，她抬起眼睛，放松了双肩，让我们每个人都意识到她的存在。

这是一个自我省察的最佳机会，也是最好的方式。所以我安静地坐在那里，尽力不让这句话脱口而出："看看吧，世界，我们这里有一位领袖了。"当然，这种场合不需要我的介入。接下来，其他女孩都坦率而真诚地发表了自己的评论。这次，没有人说"过"。她们用全新的眼光看着彼此以及坐在窗沿上的同学，眼神中充满尊重和友爱，以及世界上最美好的品质：谦逊。

365 天面对面沟通

与此同时，在成人世界里，我怀疑其他人是否对于我的这一观点表示同意：匿名反馈这一绩效评价的"金科玉律"，无法实现其想要得到的效果。于是，某天在为各企业的主管做主题演讲时，我决定找出答案。

我告诉这些主管，很多客户联系我的公司，是因为他们想要提高组织的诚信、公开和透明度。然后，我停顿了一下，让那些在组织使命、愿景或价值观表述中提及上述情况的主管举起手来。多数人举了手。

然后，我让那些组织过 360° 匿名反馈的主管举起手来，因为预设的、呆板的、匿名的反馈已经成为许多职业发展计划的一部分。尽管听众看起来有些迷惑，仍有一些人举起手来。接下来要做什么呢？

"好的，这里有一个见证乌贼眼的机会。如果一个组织宣称其重视诚信、公开与透明，那么 360° 匿名反馈的'关键点'是什么？"

会场一阵沉默，接着大家异口同声地说："匿名！"

"恭喜你们，答对了。你们第一次捕捉到了乌贼！"

反馈的价值不言而喻，但匿名的做法却给我们制造了麻烦。正如著名导演伍迪·艾伦所言："我并不害怕死亡，只是希望死亡降临的时候，我恰巧不在。"我们并不害怕反馈，只是希望反馈意见发表的时候，我恰巧不在。我的一位澳大利亚籍同事告诉我，当他接受关于如何交付反馈报告的培训时，其中有一条规则是："确保你不会深陷泥潭。"

在我们易受影响的生活中，很早就开始关注匿名问题，关注其隐蔽性。因此，虽然多数组织宣称重视公开、透明、信任、尊重（听众点头称是），当面临着非常宝贵的坦诚机会时，我们交出的仍是诸如"工资太少了"、"加班太多了"之类的"匿名反馈"。递交的方式也如出一辙：将反馈结果偷偷地通过气窗放入，然后一路狂奔，唯恐被人发现。

在这个问题上，我有一个同盟者，他就是《连线》(*Wired*) 杂志的编辑和《酷工具》(*Cool Tools*) 的作者凯文·凯利。有一个名叫"边缘基金会"的科学组织，每年都要向科学家们提出许多富有争议的问题。最近，当被问到"你认为什么观念是危险的"时，凯文的回答是"'匿名越多，效果越好'这个观念"。他的解释如下：

> 在当今的媒介环境中，高深的算法和冰冷的技术比以往任何时候更能实现真正的匿名反馈……但我所看到的普及匿名的系统全部

失败，无一例外。匿名就像是一种稀土金属……它是细胞存活必需的养分，但需求量是非常微小的。当其含量小到接近于零时，对整个系统有益，因为它会使那些偶尔告密和受迫害的边缘人得到鼓励；如果含量太高，则会导致这些金属成为剧毒的物质。

也就是说，如果匿名现象大量存在，不利于整个系统的运行……信任需要建立在长期认同的基础上。信任度越高，越有利于组织的发展。所以，就像远离有毒物质一样，应该尽量不采取匿名这种方式。

说得好！让我们看看“匿名”的定义。

匿名 (a·non·y·mous)

词性：形容词

★ 姓氏不明的、姓名不被知道或不被认识的；如匿名电话。

★ 无特色的，无个性的，没有明显特点；不值得注意的，无辨别因素的；如姓名不详的、匿名的群体。

★ 采用支持群体的名义，用以吸引某种物质或行为，表明在群体成员中保有秘密；如匿名戒酒互助社，债奴无名会。

匿名反馈和其他匿名行动在什么情况下会被视为最佳行为方式？事实上，在我认识的人中，没有人希望自己不被注意、没有个性、没有特点或不知名，这样根本无法增进和强化人际关系。也就是说，360° 匿名反馈根本无法真正、持久地推动变革，这样做是不切实际的，因为我们的主旨是促进职业发展。它存在以下问题：

问题 1：我们无法通过匿名反馈获知那些真正有用的信息，因为它是匿名进行的。多数人不会提供明确的例证支持他们的评价结果，因为例证越详细，被评价的人越容易猜想到是谁做出的评价。于是，我们避免详细的说明，取而代之的是简洁的语句和评分，这无法让受评者知道如何提升自己的绩效。对话的目的是产生动力，防御变革失败，因为我们不知道如何在不增加心理负担的前提下传递评价信息，也不清楚如何赞扬人们的表现，让他们知道我们真正的目的所在。

问题 2：当反馈是一年一次或一年两次进行的，我们就无法准确追踪评价对员工行为的影响。我们对于自己的行为会对其他人产生怎样的影响一无所知，这使我们处于尴尬的境地。因此，除非我们采用及时明确的反馈方式，否则，我们对匿名评价的反应就只能是："这完全是假的。我所做的一切根本不该获得这样的评价！"或者："这意味着我要做些改变。不幸的是，对于改变的内容，我一无所知。"即使反馈结果是正面的，员工的反应也会是："看来我做了些正确的事。我要是知道这事儿是什么，就应该多做些。"

问题 3：多数所谓的"360°反馈"只是确认那些我们已经了解的信息，那些自我们出生之日起就已存在的信息。这是我们的固定线路，已经不大可能改变了。以我自己的经历为例，从我第一次得到评价到现在已经 30 年了，强项仍是那些强项，弱点仍是那些弱点。我的强项就是善于吸引身边的人们，善于发现企业面临的威胁，而弱项也显而易见：我的办公桌总是一塌糊涂，我常常要花费 5 分钟甚至更长时间找到一样东西。所有这一切都说明，企业花费巨大的代价，过度地评价人们的绩效，变革却收效甚微。我们的反应只是："的确，这说明我不错啊！"要想创造真正的变革动力，就必须是引人注目的反馈，即：清晰明确、见解深刻、经过深思熟虑，并由长期全面观察我们行为的人当面陈述评价结果，使我们对自己最为关注的绩效情况一目了然。360°匿名反馈可谓全盘失败。

问题 4：匿名会使人上瘾，并具有传染性。我们开始习惯于匿名、回避、隐藏我们的真实想法和感情，我们渐渐变得麻木不仁。在绩效评价中，我们只是像登记一样写下那些本应发自内心的字句："要讲真话。"这种行为会影响他人。现在问问自己：公司其他地方是否还有匿名现象？它所带来的损失是什么？匿名存在于公司的哪个层面？在其他的什么场合，员工会隐藏自己真实想法和感受？这暗示着什么？匿名评价带来了怎样的效果？这个牢牢吸引我们，使大家都上瘾的"匿名"到底是怎么回事？

它是我们追求安全、追求安逸的本能。我们本能地尽力避免不舒服的事情发生，即使是非常短暂的。显而易见，这里讨论的不仅仅是让我们不安的“弱点”和改进的“机会”，我们也不愿意近距离亲自表达自己的感激之情，不愿意称赞他人，也不愿意接受表扬。

我们害怕的是什么？是对于隐私和弱点的曝光。我们害怕表现出自己真实的一面，害怕暴露自己，害怕被人看见，被人知晓。是时候改变这一切了。

匿名反馈带来的 14 个问题

如果你正在练习“乌贼眼”，并已认识到匿名反馈所带来的问题远大于它所能解决的问题，那么你可能还会有别的发现。看看以下关键点是否适用于你所在的团队或组织，或仅仅适用于你个人：

关键问题 1：大多数人讨厌绩效评价。这里，我们用了一个比较强烈的措辞：讨厌。这不应该是对于“金科玉律”的正常反应。与绩效评价相关的其他情绪包括：恐惧、焦虑、绝望、害怕、受挫，觉得跑到浴室偷偷检查后背上的疖子不失为消磨时间的好主意；与之相关的行为包括：愤怒、辩解、辞职，并强烈希望能够观看暴力影片，片中邪恶的坏人身份暴露，被钉在树桩上、中枪或者中毒而死。

关键问题 2：即使是匿名反馈，也存在不真实的情况！ 这一点可能是最为怪异、最为出乎意料的。没有人知道我们是谁，你便认为我们会讲真话，至少，会讲出我们所看到的事实。但实际情况并非如此。杰克·韦尔奇在其自传中披露：他在通用公司消除了匿名反馈，原因在于即使是匿名进行的，也不是诚信和真实的。匿名反馈时，你表达真实观点的程度如何？你是否仍不愿意让人们知道你是如此失望和关注，即便是匿名的？

关键问题 3：三角关系（换种说法，就是在背后评论他人）成了形成亲密关系的流行作法。A 与 B 都讨厌 C，因此 A 与 B 形成了友谊。人们往往不会与意见不合的人直接交谈。相反，他们会在背后议论。有趣的是，这样的方式能够让彼此了解到对方的最新消息。"你不会相信某某人刚刚做了些什么！"正如著名演员梅·韦斯特所言："若想出言不逊，就请三缄尊口！"

关键问题 4："员工投入度"分数低。面对现实吧，反馈的标准化语言不但无法激励员工，还会使其失去动力。"令人满意的结果"是否让人感觉良好？是否"符合期望"？是否能够激励我们更加努力地工作？即使是"超出期望"，匿名反馈中采用的苍白无力的语言、数字、等级和复选框，都会使我们的心灵备受煎熬。它没有活力，没有喜悦，没有亲切感，没有人性，根本就无益于改善员工关系。这种反馈方式错失了改善人际关系的机会，错失了向人们展示我们作为个体的机会。

关键问题 5：没有让员工意识到自己被赏识。反过来说，如果公司每两周就启动一次赏识程序，这将是个让你收获颇丰的点子。

关键问题 6：当管理人员决定解雇员工时，等待他们的一定是诉讼或冒着诉讼的风险。如果没有告知员工他们的表现或态度不合格，以至于工作上出现问题，那么基本上不可能解雇他们。如果你试图在没有事先通知的情况下解雇员工，即使他多多少少清楚自己在相当长时间内表现不佳，也可能会声称自己是清白无辜的。"对此我感到非常震惊！在最近三次绩效考评中，我的工作都被评为'令人满意'！"当我们最终决定不再姑息，向人力资源部门询问如何解雇这个人时，才意识到必须要进行过去极力避免的对话，再给员工一次机会，并详细记录每个细节。

关键问题 7：你和其他人一样，都没有得到有效的激励，没有实现最佳工作效率。"我的同事珍妮在混日子，我为什么要拼命工作？"我们得到的就是我们一直纵容的。我不了解你，但我从没见过员工能够自觉地摆脱碌碌无为的状态。如果没有及时公正的反馈，那些工作上或态度上存在问题的员工就会继续犯错误，处于一种幸福的无知状态，员工之间相互影响，结果就是把每个人都拉下水，当然也包括你。

如果是在规模较大的团队中，这个人会成为每个成员鞋子中的一颗小石子，让人不舒服；如果恰好这个人就是老板，那么小石子就会变成大鹅卵石。现在的关键问题是，我们宁愿默默忍受，也不愿把那颗小石子从鞋里倒出去，结果因习惯于跛行而延误了行程，团队中弥漫着受挫的情绪。

关键问题 8：人际关系日益单调平淡。对话就是人与人之间的一种联系。当我们因为不想承担得到负面反应的风险而把“评价彼此的绩效”添加到“不可谈论问题清单”上时，这种联系就停止了，我们之间关系增进的可能性不断减少，直到有一天我们意识到，每进行一次对话，我们之间的联系反而变得更微弱了。

关键问题 9：在工作中没有快乐可言。员工们四处游荡，身心不畅，在感到无聊时会偷偷地摆弄抽屉中的小刀和其他钝器。办公室弥漫着紧张情绪。你的公司是一个令人不愉快的工作场所，仅仅用于工作，毫无人情味可言。

关键问题 10：对企业文化产生负面影响。大多数新药、好药的商业广告上都会警示药品带来的副作用，包括：致盲、肌肉痉挛、内出血、无法控制的脱皮和猝死。匿名反馈的警示语则应该是：不得用于重视诚实、透明和公开的组织，不适用于把“真实性”作为理想人格的人。匿名反馈的副作用可能包括：形成一种表面美好的文化，回避或绕开问题员工，容忍平庸，处理问题拐弯抹角，支支吾吾，跳过主题。如果你正经历着人际关系的迅速衰退，或者难以与他人真诚交流，立即通知你的医生，因为这些症状可能预示着严重的问题，日久难愈。

关键问题 11：危及企业的长期发展。企业利润不断下滑，客户大批流失，优秀人才离开公司，导致这样后果的部分原因是：企业以重视诚信与公开自居，而实际工作中却鼓励匿名反馈，二者之间严重不一致，使其失去了信任。当遭受困难时，那些行为和结果与所宣称价值观保持一致的企业，相较于那些不一致的企业而言，前者成功的几率远远高于后者。

关键问题 12：越来越不尊重领导。每个人都在思考：“你，作为我们的领导，怎么能容忍这种状况继续下去？会有人为大家的利益承担危险吗？！”

关键问题 13：你变成了隐形人。无论你在组织中担任什么职位，扮演着什么角色，如果在糟糕的绩效和恶劣的态度面前仍然保持沉默，你会变得愈发隐形，人们会对你视而不见。当然，这样你会很安全，但同时你也会变成无名小卒，与他人毫无二致，你的身份变得模糊不清。随之而来的情绪紧张不断增强，你可能会发现你正在迷失自己。当你认清自己，知道日常工作中所犯错误时，再采取行动为时已晚。

关键问题 14：员工的业务提升和个人成长受阻。难以想象有人会这样宣称："我不知道别人怎样看我，我不清楚自己的个性，我的人生从未得到任何发展，对此我感到无比快乐。"那些把自己放进保险箱、避免提及绩效问题、背后议论他人的人随处可见。如果该企业致力于识别、培育和鼓励"高潜能"的领导人才，他们将被无视，因为他们根本就不是这样的人。

匿名未必真实

如果你已经找到企业的症结所在，可以问自己一个问题：既然这个备受推崇的做法无法实现其既定目标，我们为什么对此笃信不移?

收起懒惰和拖拉，让我们认真思考。我们之所以进行匿名反馈，是因为经验告诉我们"应该遵循经验"。这样的观念虽然无可厚非，却会成为我们前进的障碍。实际上，本书中谈到的那些最糟糕的"金科玉律"都源于我们旧有的观念，比如："如果评价不是匿名进行的，人们就不会真诚地表达自己的观点"，或者"将真实想法示之于人过于冒险"。

反复地灌输某个"真理"，人们会渐渐深信不疑。匿名反馈也是这样，有人认为它是了解无法直言之事的最佳途径，说的次数太多，导致了它的"完全正确"。由此，隐藏观点也就成了众人所趋。

使问题更为复杂的是，我们坚信自己的观点是正确的，因此会自动忽略一些相悖的证据；另一方面，偶然的证据支持会强化我们原有的观点，即使它带给我们痛苦。例如，你相信某人本质上就是邪恶的，那么与此相悖的信息也不会说服你，即便他 / 她就在你面前救了一只溺水的小狗；但如果他 / 她把小狗扔进水中，这一画面会留在你的脑海中，再度印证你的观点。这人果然就是这样的！"看看，正如我所言！"

警惕那些使你偏离目标的“正确”观点

面对与自己的观点相悖的证据时，仍然坚称自己是正确的，这会产生极为严重的后果，而且不仅仅体现在工作场所。一位优势培训方面的顶尖人才吉姆·索伦森给我讲述了下面这个真实的故事。

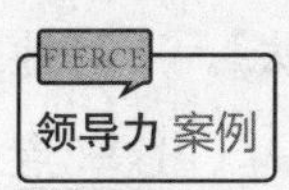

正确的观点不一定是有益的观点

吉姆正准备离开西雅图，去给一位客户做培训，他请妻子布伦达帮他处理一件事，并强调了其重要性，妻子向他保证没问题。

“你发誓？”

“是的，我发誓！”

当吉姆回到家，问起这件事时，布伦达哽咽着向他道歉，并承认她忘记了。吉姆不相信这是真的，他开始愤怒。

“我简直不敢相信！你发誓你会处理的！”

“我知道。不过，真的非常抱歉，我……”

吉姆狂躁地打断妻子的话：“这件事对我极其重要，如果你爱我，你就不会忘记！”

“吉姆，我感觉糟透了。我只是太忙了，以至于……”

吉姆再次打断了妻子的话：“没有任何借口！如果你是爱我的，就不会在作出承诺后忘记一件对我而言极其重要的事情！”

“吉姆，请不要生气，我真的很抱歉。我爱你，我……”

“我不想听这些借口。我告诉过你，这很重要！如果你爱我，就应该信守你的承诺。”

布伦达一动不动地站在那里，然后平静地问道：“吉姆，如果你在这场争论中赢了，你能赢得什么？”

布伦达的问题击中了吉姆。如果吉姆在这场争论中赢了，就会让自己深信，他的妻子布伦达不再爱他。但事实远非如此，这一点他非常清楚。

当我们的某些观点正确的时候，唯一的收获就是酸楚、忧伤、愤怒、压力和对人性的否定。我们赢得了什么？

如果我们确实想要改变那些阻碍我们前进的惯常做法，就需要挑战我们的观念，虽然这样做很难。物理学家戴维·伯姆曾经写过，“通常情况下，我们的想法左右了我们，而不是我们左右了自己的想法”。不时地将我们的观点摆出来看看，我们就可以了解自己的“视力”了，这一点非常重要。

看看表 1.1 列出的观点，对比一下，哪些是你目前所持有的观点。“优势”最基本的素养就是要讲真话，因此请诚实对待。

表 1.1　负面观点与正面观点的对比

负面观点	正面观点
披露我的真实想法和感受会使自己暴露于风险之中。	披露我的真实想法和感受能够释放能量，使可能性得以扩展。
多数人无法面对真实情况，因此最好什么也不要说。	尽管有时候面对现实会遇到麻烦，我也坚持讲出事实真相，并要求其他人也这样做。
让别人信服我的观点是正确的，这一点非常重要。	集思广益，有助于产生更好的决策。
为了赢得赞赏、得到升职，我愿意将我的个人意志屈从于组织意志。	在我与同事交换各种观点的过程中，我的个人身份得到更广泛的认可。
现实无法改变。为此奋争毫无益处。	通过深思熟虑的对话，或许我们可以改变现实。
作为一名专家，我的工作只是提出建议。	我的工作是与人们一起参与到会产生重大影响的问题和战略之中。
我会保持缄默，这是专家的工作之一。	我的观点与其他人的观点一样正确有效。
我应该忽视自己的直觉，只要埋头做自己的工作就好了。	我知道我所知道的，我需要根据自己所知采取行动。

我们在争论什么？你也在争论吗？我们试图改变些什么？

问题不在于我们的观点是否正确。我们可以讲述问题，指出问题，给人以深刻的印象。你的做法是正确的！谁会就事实争论不休呢？问题是，你的观点如何支持你的工作？某些正面观点会推动你实现目标，相反，那些负面观点则会使你偏离目标。

你的观点是否对你有益？

请快速地设想一下改变行为会给你带来的后果：使你对参与对话产生意愿和信心，并使你的组织朝着正确的方向前进。

365 天面对面沟通的五大步骤

下面是 365 天面对面反馈的简单规则：

★ 保持沟通，一年 365 天相互反馈。

★ 尽可能面对面进行反馈。永远不要通过电子邮件进行。

★ 事情发生后，尽快予以反馈。

★ 表扬与批评同样重要。实际上，表扬比批评更重要。因此，当反馈结果是负面的时，不要只是给出反馈。

★ 始终拥有自己的观点。反馈尤为宝贵，匿名反馈才有问题。

优势实战的目的，是使我们在一年 365 天都能与那些对我们有重大影响的人进行公开的、坦诚的、面对面的对话，无论是我们向他们汇报，还是他们向我们汇报，或者仅仅是谈话。我们既可能是谈话者，也可能是谈话对象。谈话中要抛弃级别与职位观念。如果有人的所作所为对你本人、你的同事或者公司产生正面或负面的影响，无论是谁，都不要犹豫，大声说出来。清楚大方地说出你的赞美或批评之辞，没有任何保留，没有任何隐瞒。

不要等到下一次正式的绩效考评时才指出问题。如果将我们的受挫感积累到事件发生几个月以后，给人的感觉就像是伏击一无所知的无辜者。有一次，我发现有人仍被我多年以前的言论所困扰，而那些言论我已毫无印象。在今后的365天，都要进行面对面的对话，如果你感到担忧，就别让问题停留超过48小时。如果我们能保持沟通，正式的绩效评价也就没什么内容了，如果有，反而令人感到意外，因为每个人已经完全知道自己的工作表现。这样，你就会轻装上阵，而备忘录上空无一文。

欢迎输入你自己的绩效、行为与态度。当有人批评指责你时，说“我想知道得更详细一些”，并且说到做到。不要为自己辩护，而是提问、倾听、学习。当有人表扬你时，说声“谢谢”。如果你当时心情不错，加一句“你是否介意详细说明一下？”

当工作做得好时，我们举杯庆祝，不要认为高层管理者就不需要偶尔的表扬；当获悉工作失效时，就要纠正工作路线，使其回到正轨上来。

因此，当你想用敞开心扉的真挚对话替代匿名反馈时，你该怎样做呢？

很简单，现在就开始。开始是一种实践，推迟、规避、延期和重新计划也是一种实践。当你下定决心要跨越领导力与优势领导力之间的界限时，就开始实践吧。不要等着别人在前面带路，证明其安全性之后再采取行动。走在前面，如果有必要的话，只身前往。领导不是应该树立榜样，身先士卒吗？当然，理论上讲，我说的是你内心的领导。

可以在任何时候开始实践。最好今天就开始。

你可能对事情的未来发展感到少许焦虑，这是毋庸置疑的。每个人都面临着这样的挑战。但是，作为一名优势领导者，你必须迈出这第一步，即便前途叵测。优势对话的原则是：处理今天最棘手的问题。你无法在一瞬间抹去旧有信念的所有痕迹，因此优势的解决办法是不要再继续谈论以前的观念！开始实践优势对话！尝试一下，看看情况如何。

我可以向你保证，一旦开始进行尝试，你会注意到所有的人都不再冷漠，包括你自己。实际上，你会发现人们都振作起来，你也神清气爽。人们会给你带来惊喜，你也会对自己的表现感到惊奇。这样的体验将改变你的观点，这是其他方法无法实现的。

步骤 1　准备“面对面反馈”开场白

准备好亲自进行对话。在进行 365 天面对面反馈之前，自己要做好对话的准备工作。对新手来讲，一定不能通过电子邮件进行对话，这一点必须达成一致。你要有进行面对面对话的勇气，而不是采用低级的、懦夫的方法，通过发送电子邮件进行反馈。电子邮件没有人情味，不真实，容易产生误解。我所了解的每个人，都曾有过发送一份毫无恶意的电子邮件却被接收者视为恶意的经历。

前几天，朋友吉姆·索伦森告诉我，他不愿写冗长的电子邮件，因此他的回复总是言简意赅。最近，有人发了一封电子邮件让他审核，他简单地回复：“做得好！”落款“吉姆”。那个人之后回复道：“很明显，从你电子邮件中的语调来看，你对我的工作不满意……”

语调？什么语调？

从本质上讲，所有的对话都是针对我们自己的，有时候会涉及其他人。对话中，我们通过自己的“过滤器”处理听到的内容，并按照自己的想法对此进行解释。当我们直截了当地发表观点时，我知道自己对你讲了什么，但我不清楚你听到了什么。电子邮件是个既奇妙又危险的东西，它使说与听之间不一致的风险增大到 3 倍。我不知道人们怎么了，当我们看到电脑屏幕上的文字时，总是对这些文字及其含义作出最坏的解释，而这些可能是邮件发送者从来没有想过的。我们永远为自己作出的解释辩护，但是我们想错了。

有时候，我们将电子邮件的内容解释为责备，但其实邮件本身根本没有这样的意图；或者，我们认为邮件内容有讽刺味道，但这根本就不存在。说实话，我愿意通过讽刺的方式与人沟通，但当我知道“讽刺”一词起源于希腊语“sarkazein”时，我减少了其使用频率，因为它的原意是像狗一样撕扯骨头上的肉。

如果有人试图通过电子邮件进行对话，那么，要求他不要这样做！

阐明并澄清你的意图。这是作好面对面沟通准备的另一个步骤。问自己一个问题：我的意图是不是——

★询问（我和其他人的）实际情况。

★激发（我和其他人的）学习热情。

★解决一个复杂的问题。

★增进友谊。

那么，你就有一个良好的开端了。

如果你的意图是威胁、强迫、恐吓、压制、使人犯错，除非你先与自己进行一场这样的对话："如果我这样做了，我会有怎样的收获？"短期内或许能达到效果，但长期看，就没有那么令人满意了。

现在，开始准备开场白。读过《非常对话》的人应该对此很熟悉，阐明你想正视的行为或态度，以及需要指出的要点。大致打个草稿，修订之后大声朗读，之后再次修订，直到这份开场白清晰明了、富有感染力，并且能从容不迫地在60秒钟内脱稿讲完。这样，你的开场白就会深入人心，引人入胜。正式开始之前，看看以下提示：

1. **为问题命名**。如果你有多个问题要谈，问问自己：哪个是核心问题？主题是什么？全部或多数问题共同的线索是什么？之后为其命名。命名本身就是解决问题的开端。用类似下面的话开场："我想和大家讨论x对y的影响。"注意：我"想"，而不是我"必须"；我"和"大家谈论，而不是我"对"大家说。"我必须跟你们谈谈……"与"我想和大家讨论"会产生截然不同的效果。

2. **选择一个详细而精确的例子来说明你希望改变的行为**。比如："当你和客户交谈时，提高声调，指手画脚，身体前倾。我认为这样会使你看起来有攻击性。"而不要这样讲："你在与客户谈话时，非常具有攻击性。"如果你这样说，会有人立刻反击："不，我没有"，然后你就会陷入被动！行为是那些你能够用照相机捕捉的事件。具体的例子可以让他们对准焦距，切入主题。

3. **表达你对问题的情绪**。纯粹理性的对话无法引发变革的动力。毕竟，人类的行为首先源自情感因素，其次才是理性因素。告诉人们你对他们行为的感觉是亲切的，有助于消除疑虑，让他们明白你受到了影响。注意："描述"一种情感和将其表达出来是不同的。温和而冷静地说"我感到愤怒"会吸引人们的注意力；涨红了脸快速地说"我感到愤怒"会引起争斗，或让人们回避问题。

4. **着重指出生死攸关的问题**。解释使你产生情绪的原因，以及为什么这个问题如此重要。关系到你对面这个人的生死攸关的问题是什么？关系到你本人、客户、团队、企业和家庭的生死攸关的问题是什么？关系到人际关系的生死攸关的问题又是什么？阐述的时候，用"生死攸关"一词会产生强烈的情感冲击效果。"我密切地关注这件事，因为我感觉到许多生死攸关的问题。"之后简洁明确地告诉对方可能产生的后果。如果后果是"被解雇"，那就清楚地告诉他，"你不改变就可能会失去工作。"传递这样的信息很困难，但也要说得明明白白并尊重他人的情感。你的任务只是传达信息，不要再加任何料了，因此你说话的语调、姿势和面部表情与你采用的语言同样重要。

5. **确定你在解决问题中的作用，并付诸行动**。如果你已经牵扯到问题之中，却把表达看法的权利拱手让人，那么你会失去信誉！可以试着这样说："我的目的不是弄清到期日是哪一天，以及错过了到期日意味着什么，我只希望你现在去补救。"或者说："可能是我为你同时安排了太多的项目，加重了你的负担。果真如此的话，我非常抱歉。"如果你完全清白，请跳过这部分，只是不要过于迅速地表明自己的无辜。

6. **表明解决问题的愿望**。设法传达你的意图，"我希望解决这个问题……"。"解决"一词有着积极的含义，它说明你真诚地希望事情能够出现转机。之后你需要重新界定问题所在，因为即使你只讲了 45 秒，其他人也可能因为震惊而忘记了谈话的主题。"我希望解决这个问题：你的领导风格对团队的影响。"这样，你就回到原地，自始至终都在清楚地阐明所讨论的主题。

7. **邀请你的伙伴回答**。反馈不是一种攻击。经过了简单明了的开场白、描述问题现状、表达个人观点之后，你必须停下来倾听他人的观点。邀请你的同事、上司、下属、客户、配偶、朋友和孩子加入到谈话中。“请告诉我你身边发生了什么事？我想知道你的观点，了解你的想法。”或者采用能够达到这种效果的其他话语。而我们中的多数人在进行这样的对话时，总是自己说得没完没了，根本不给其他人说话的机会。一旦有人的观点与我们不一致，我们就会跳起来，举更多的案例，试图强化自己的观点。对方在听到我们的长篇大论之后，会没有兴趣继续听下去，并表现出明显的对抗情绪。

8. 确保你的开场白不要犯我们过去常犯的这些错误。这些错误包含以下几种情况——

错误 1　以“情况怎么样？”开场

你已经知道情况怎么样，并且知道不太好，因此这样的开场白显得毫无诚意。另外，很可能有人会回答：“一切都不错。”或者回答：“有一点点创新上的压力，但那是正常的。我们仍处于最高峰。”这样开场之后，除了说“你的回答错误”之外，你该如何继续？

错误 2　奥利奥夹心饼干，或中国人说的“先打一巴掌，再给个甜枣”

这一常见错误是指，开始的时候通篇表扬赞美，然后话题一转开始猛烈抨击，结尾又是大肆的赞美。“约翰，你的工作报告看起来相当不错，但我听说你非常喜欢在背后批评人，其中包括我本人，这是个非常严重的问题，我们必须就此展开讨论。但是，我希望你知道我的确为你在提案时所做的努力而感动。干得好！”

这样做不仅使人疑惑不解，还会使人们意识到：赞美之后就是一拳掏心，他们应该对此保持警惕，时刻准备躲避、掩饰或自卫。认可某人的工作非常重要，但那应该是另一个话题了，不可混为一谈。

错误 3　过多的铺垫

这是最常见的错误，其本意是“使打击变得轻柔些”。

我们都希望别人喜欢自己，担心别人被我们的语言所伤害，感到烦心失望。因此，我们在进入主题之前做了大篇幅的铺垫，结果却无法传达我们的本意。我听到过这样一件事：一位女主管与她要开除的一个员工谈话，结果那个员工却认为自己即将获得升职。你想想这对话该是多么有趣?

错误 4　事先写好脚本

在开始对话之前，我们多次在头脑中演练对话的场景。“我打算如此这般地讲，他们会采取防御策略，说如此这般。我再反击回去……真是的，这根本不值得!”

有时候，在其他人否定之前，我们会先否定自己。比如说，我们想提出升职要求，如果觉得胜算不大，可能就不会提了；我们事先认为面对面的绩效谈话不会产生好效果，甚至会使事情变得更糟糕，我们就不会进行这样的对话。问题是，我们希望的升职到底有没有可能得到?共同面对问题也许能够让我们关系更融洽、更富有建设性呢?可能你的合伙人不会按照你写的脚本行事。我经常对他人的行为感到惊喜，这其中也包括我自己。

错误 5　乱发脾气

卡拉哈里沙漠的蜣螂收集粪便背在身后，受到惊吓时将其掷向敌人。我们就像蜣螂一样，积累着愤怒与挫折感，当发生意外事件时，我们就会把全部情绪倾泻到那个对此毫无预见的人身上。之后我们还在奇怪，为什么对话没有取得良好效果呢?

不要像蜣螂那样!试着深呼吸，去除胸中的闷气，用 3 秒钟的时间重新振作起来。试着了解其他人的感受，并在此前提下与之沟通。

以下面的开场白示例，分为 7 个部分：

约翰，我想和你谈一谈。你喜欢在背后议论别人，这对团队和组织造成了影响。

我最近获悉，你向奥德里表达了对萨拉的蔑视，当然，我确信萨拉还不知道你的感觉。据说你对克丽丝讲，你不知道是否应该继续在一家存在战略问题的公司工作，但在我们的战略会议上，你从未对此表现出关心和兴趣。我还获悉，尽管玛莎请求你对她写的文章坦率地发表意见，可你还是告诉别人你不相信玛莎能够胜任。

坦率地讲，我对此感到震惊和密切的关注……

……因为公司和你本人都存在诸多问题。在背后议论他人违背了我们公司讲求诚信、透明的核心价值观，玷污了我们的企业文化。尽管你可能没有意识到这一点，但你背后议论的那些人最终会获悉你对他们的蔑视，因而导致你在人际交往上蹒跚而行，甚至失败，人际关系是决定你功败与否的关键因素。人与人之间的信任感将随之消失殆尽。实际上，我认为你没有真诚地对待每一件事。这样做不利于我们的人际关系，我不能容忍这样的行为继续存在，因此我希望你能清楚，如果你不改变这一做法，会危及你的工作。

在这件事上，我也不是完全没有责任的。尽管我感觉到你有时候抑制自己的真实想法，但我忽视了自己的直觉，没有敦促你透露自己的想法。对此，我深感歉意。我也没有拿出时间和你一起非常认真地探讨公司的核心价值观问题，比如诚实。公司的价值观不仅仅是展示在墙板上的语言，更是我们的生存之道。

我希望我们能一起解决你的三角关系对团队和组织的影响。

现在，对于你和你的团队究竟发生了什么，我想听听你的观点，你是否愿意在行为上有所改变。

即学即用

写一个草稿，修订，仔细琢磨，直到这份开场白清晰易读为止。练习大声朗读开场白，在 60 秒内涵盖下述 7 个方面：

★ 提出问题。

★ 选择一个特定的范例，表明你希望改变的行为或形势。

★ 描述你对此问题的情感。

★ 阐明这件事对你个人、其他人、团队，乃至整个企业的重要性。

★ 确认你对此问题应负的责任。

★ 你将如何阐明自己对解决问题的期望。

★ 说些邀请你的伙伴参与的话。

如果开场白做好了，那么这 60 秒钟的时间远比一年的匿名反馈更有意义，更有说服力。

步骤 2 提前一点向参与者发出通知

在进行反馈之前，我倾向于不给他人留太多准备时间，尽管这似乎有些奇怪或不公平。之所以这样做，是因为我不想他们为此担心、失眠、准备过度，或者挑选他们认为可能需要的“铠甲”和“武器”，他们其实根本就不需要这些。通常，我选择对话时间的方法非常简单，就是确信我们至少有半小时交流时间，之后走进门，开始对话。

多数情况下，提前一点儿通知即将进行的对话是个不错的主意。这至少能够让他们有时间收集自己的想法，并预计即将讨论的问题，因此不会在对话中处于完全被动的地位。至少，这能够确保他们留出对话的时间。简而言之，让他人作好准备包括以下几个方面：

★ 请求对方留出谈话的时间。“简，我需要大概 30 分钟，与你一起讨论昨天会上发生的事情。我们最快可以什么时候开始谈话？”

★ 不要多说，即使是问“你的意思是？”或“你在说什么？”这样的问题。只是说：“我保证，当我们坐在一起时一切都会清楚了。我们什么时候可以开始呢？”

★ 不要立即开始对话，除非你们都已经准备好，并且双方都有至少 30 分钟的时间完全集中精力进行对话。

步骤 3 对话开始，只需倾听

你已经阐明了问题，非常明确地引导人们作出积极反应。现在你的任务是倾听。

如果你的伙伴谈及你持有异议或强烈反对的事情，控制住冲动的情绪。只是倾听，提出问题。不要满足于过程的表象，要深入挖掘，全面了解。

在此阶段，我的常用语为："再详细说说。"解释你对其他人发言的想法，确认听取的信息无误。"我可以告诉你我所听到的内容吗？我想确认我是否充分理解你的发言。"

用沉默填充对话中的艰难时刻。

通常在此阶段，我们要经受严重的考验。在人际交流中，如果他人的观点让你有当场掐死他的冲动，则很难保持倾听。当我们努力去了解他人的实际情况时，需要牢记双方都是在通过自己的高度个性化的过滤器理解对方的话语。如果你的伙伴说了一些大错特错的事情，与其对此感到愤怒或难过，不如集中精力，深入了解："你曾说过……，在那之后发生了什么？"

尽量使用讨论模式。"我们已经说完了每件事，你希望接下来发生什么？你将采取怎样的步骤？""何时实施？可能遇到的障碍有哪些？如何克服障碍？是否需要我或者他人的帮助？我什么时候可以跟进？"

当你表现得态度明确、开诚布公、富有同情心、对情况了如指掌，多数人都会愿意参与对话。如果对方拒绝对话，再次邀请；又被拒绝，就再次邀请。如果有人总是拒绝参加必须进行的对话，那你可以说出以下内容：

> 没有人掌握关于这个问题的全部情况，我也一样。因此，我希望我们两个一起带着问题进行对话，共同找出事实真相。我们两个都可能有自己的观点，如果暂且不判断孰对孰错，我们可能都会有所收获。

如果有人以这样的姿态来到你面前，你可能会怀疑他是否想得太多，但这的确可以引起你的关注。这些语言可以帮你作好谈话的准备，并促使他人参与讨论极具争议性的问题。你可以采用你喜欢的语言，但一定要找到那些能够实现坦诚沟通的语句，这对于实现真正的变革非常必要。

留神应对常见的防御策略。在进行这类对话时，有时对方会运用下面的战术进行自我辩护，试图证明他们的行为是正当的。看看这些辩护词以及我提供的应对方法。

1. 矢口否认：“不是我！”或者“从未发生这样的事。”如果你没有亲眼目睹所讨论的行为或者整个过程，而只是听说这件事，那么我建议你邀请当时在场的人参与到对话中。否则，以如下的语言应对：“如果不清楚问题的存在，我不会与你进行讨论。过去的几周内，你多次对顾客发脾气。说说你是怎么想的。”将对话拉回到你指定的问题上。

2. 试图狡辩：“这不是我的错，而是因为……”人们在试图证明其行为正确无误时，最喜欢采用的战术就是详细说明他们做了什么，为什么那样做。“你认识我多久了？！我视顾客为‘上帝’，并且遵守职业操守，如果你听到哪位顾客对我们公司有意见，实际上，他是对你表达意见，我认为我应该为自己的贡献而获得奖章！”此时，不要落入圈套。如果只是一个小差错或者投诉，你可能就不会进行这次对话了。重新回到问题上来。“我理解你希望详述细节的心情，但我更愿意集中讨论更重要的问题：多次对顾客发脾气对你和顾客的影响。”

3. 偏离主题：“这与此无关，与……有关。”有些人善于转移话题。“好了，对于那些顾客的无理，我感到有些难过，但这样的结果不是我一个人造成的。你与杰克谈过了么？他可真是粗鲁。我没看到你与他谈话！”或者“你有什么主意帮我减轻工作负担吗？我忙完这个项目忙那个项目，现在每个人都希望得到它！让我喘息一下吧！我已经尽力了！”但当你温和而坚定地坚持对话的主题时，人们往往就会平静下来。人们关心你对他们的看法，如果你坚持对话的主题，继续提出问题，并耐心倾听，就会知晓到底发生了什么事，包括你为这个问题的出现添了什么乱。我可真不喜欢这个部分哪。

步骤 4　坦诚地询问对话者的意见

“听取意见”对于对话的收尾和下一次对话的开局都是至关重要的，其作用是确保对话结束时，双方都能够理解所达成的结论。

通常，用下面的语言结束对话会产生较好的效果：“感谢你的倾听，我必须说，你在对话中分享了你的观点，这对我而言至关重要，我也欣赏你付诸行动的承诺。我希望能够及时了解你今后的情况，因此在我们结束之前，欢迎你提出对于谈话、对于我如何能更好地反馈的任何建议。例如，我注意到我在对话中偶尔有点自我保护情绪，我希望下次能改进。”

当我们坦诚地说出自己的缺点时，其他人也更容易坦白。在上面的例子中，其他人可能承认自己也有些自我保护，这样有益于促进对话。

事后请与对话的人取得联系，对他们采取的行动、所作出的改变表示感谢。如果一切都没有改变，再次进行对话，重申问题仍然存在，希望他们采取行动。

步骤 5　跟进、跟进、再跟进

记住，优势实战的要点之一是 365 天反馈，这意味着要在一年 365 天的任何时候给予反馈。如果你需要正视某人的绩效、行为或者态度，那就进行面对面的反馈吧。不要等待，不要写电子邮件，优势领导者不会回避这样的对话。他们拥有进行面对面反馈的素质，随着时间的推移，他们会越来越优秀。有时候，对话进行得不是那么顺利，效果不是那么好，这种情况下，就再次进行对话。

如果你给出了反馈，对方却没有收到，不要放弃。吉姆·索伦森曾经给我讲了一个故事，说明了为什么要继续反馈。

有一次，吉姆和一位朋友站在院子里，赞美邻居的庭院是多么的漂亮，枝繁叶茂、芬芳满园。他说：“我多么希望拥有她（邻居）的庭院。”他的朋友说道：“吉姆，即便你拥有了她的庭院，过 6 个月左右，也会像你现在的庭院一样。”吉姆笑了，并承认他的邻居精心照料着庭院的一草一木，而他却没有。“当她看到杂草时，就会清除。而我则只是感到很烦而已。”

在吉姆的花园中，杂草侵占了花儿的领域，满园荒芜。优秀的园丁一眼就能看到杂草的存在，并且知道除草工作不能一年只进行一次，而是需要长期持续的维护。如果把你的工作场所喻为一座花园，人们的消极行为视为杂草的话，那么当你发现杂草长出幼苗，就到了再次进行面对面反馈的时候了。

最有效的反馈：及时表达赞扬和认可

如前所言，反馈常常让人联想到“否定”一词，但实际上，赞扬、认可和感谢是最有效的反馈。优势领导者会亲自且近距离地表达感激之情。他们的评价明确可靠，发自肺腑，不仅传递了信息，而且使人深受鼓舞。有时即使给人一个大大的拥抱，也不会被说成“不合时宜的身体接触”或“恶劣的工作环境”，因为对方欢迎这样的消息，信任其所传递的内容。

赞扬别人需要勇气、同情和技巧吗？答案是：需要。听起来有些不可思议，但事实上我们最缺少的就是面对面的表扬。太多时候，我们很少尝试与我们所感谢的人真心沟通，觉得难以启齿。怎么办？

除了要发自肺腑地致谢之外，我特别喜欢的一种方式是与多达 12 人的团队一起表达感激之情。这大约需要一个半小时，你可能会感到不可思议，但相信我，这段时间的投资是值得的。

步骤 1　用 1 分钟将感激说出来

仔细想一想，你对于团队的每个成员有何感激之处，用明确、真诚的语言表达你的感激之情。像“你一直表现很棒”这样的语言没有说服力，不够具体，无法让人全盘接受。如果这样讲：“在昨天进行的上季度业绩总结会上，你讲了你所面对的困境却没有任何抱怨，对此我深受感动。你本可以指责在场的每个人，而且我猜想多数与你同样处境的人都会这样做，但是你没有。而且，以前也从未听到你批评别人。因此，我非常钦佩你。你为我们树立了榜样，当然也包括我……”这样就会达到预期效果。

你用 1 分钟时间所讲的话，可能让受到赏识的人终生难忘。而你，将会看到更多让你欣赏的积极行为。

表达这样的感谢之情，既可以公开进行，也可以私下进行。公开进行的效果是最好的，如果你在公开场合表扬某人，其他人会希望展示类似的特质。实际上，明确具体地公开进行表扬是你可以采用的最有效、也是最未得到充分利用的领导“工具”之一。

步骤2　通知团队成员作好会议准备

让你的团队成员知道即将开会，给他们留出1个小时的专心准备时间。如果他们问会议的议题，就说："虽然我不会透露会议的主题，但你一定会享受开会的乐趣，参加吧！"

同时，我们需要准备一间不受干扰的办公室，里面没有桌子，椅子排成一圈。还需要一套录音设备，配有音效良好的麦克风，这套设备要能近距离采集和传输声音。

步骤3　每个人的1分钟

当人们进入椅子排成圈的会议室时，可能会有些紧张："这是什么？"

微笑着让每个人就座，将携带的物品放在椅子下面，关闭手机和其他可能发出嘟嘟声或震动的设备。开始可能会有些吵闹，他们可能相互推挤或开玩笑。等待，直到每个人都安静下来。

环视整个房间，目光与每个成员接触，然后开始发言：

> 你们每天走进这座办公楼，每个人都给公司做出独一无二的贡献。你们所做的每件事，包括做事的方式，都为公司的发展添砖加瓦，使公司不断发展壮大。你们对公司的作用超乎自己的想象，因此我希望每个人都列出自己对公司作出的贡献，同时表达对彼此的感激之情。
>
> 下面介绍一下对话的进程。发言者有1分钟的时间来表述：我对团队的贡献是……
>
> 然后，每个人用1分钟的时间，以具体而真实的事例指出对发言者的欣赏之处，开场白为："我欣赏你……"之后，发言者有三个选择。"谢谢""谢谢，我完全同意"或者"谢谢。你能再说一次吗？"
>
> 我会录下每个人的发言，整理完毕后将音频文件发给你们，当某一天你运气不好的时候，你可以听一听以便重拾信心；如果你的

配偶和孩子们不能赏识你的天赋，也可以播放给他们听。

至于会议室中的座椅，是我随机安排的，而不是让大家围坐成一个圈。进行反馈时，谁准备好谁就可以发言。我希望大家的评价是经过深思熟虑的，明确而具体的，并且是真诚的，而不是仅仅简单地说他或她做得很好。当我有所感悟的时候，我也会说说自己的看法。

我来计时，你有 1 分钟的时间发言。时间到了我会通知你，然后，谁想第一个感谢你，就可以开始说了。

指定专人在大家发言时录音。当人们考虑该对别人讲些什么时，允许并鼓励沉默。如果有人哽咽，无需惊讶，其实，我们期待这样的场景。当人们共处一室，倾听同伴们讲自己是如此与众不同，这是多么宝贵而又美妙的经历。尽管需要控制时间，也要有一定的灵活性，如果有人的发言意义特别深远，可以让他说得久一点。你要根据对话的实际效果控制对话的时间，而不是完全按照事先的规划。

要在对话中以身作则，仔细斟酌你的语言，预先想好每个词，让自己为对话预先设定一个高起点。在优势对话的实践过程中，关键的问题是要使你自己的评价详细而精确，深入人心，展示自己的真情实感。

注意：如果团队成员坚持让你也发言，不要对此感到惊讶。实际上，他们几乎总是这样，你也将深深体会到彼此之间发自内心的、真诚的赞誉是多么感人。

步骤 4 听听参与者的评价

不要像民意测验那样通过电子邮件或调查来完成“评价”活动，我们的汇报要面对面进行，并且不要拘泥于形式。随后的日子里，人们很可能对此进行评价。“那真是一场非常好的对话。”“谢谢你在前几天会议上的发言。”没有必要进行试探，说一些类似“你能喜欢，我感到非常高兴”的话就行了。鼓励他们在团队内部或自己的家庭成员之间练习这样的对话。

记住，你在练习或模拟的正是你希望在其他地方看到的场景。

不要忘记给团队成员提供音频文件的副本，他们会将其珍藏。一直以来，我经常收到团队成员家属的电子邮件和电话，告诉我他们回到家，给家人播放音频文件时是多么激动。

步骤 5　在适当的时候重复这一训练

在我的公司里，每当我认为时机恰当，团队成员就会进行这样的训练。完成了某个重大项目，长时间的艰苦工作结束，新人过了试用期，都可以开展这样的训练。关键的问题是，不要事先做好定期训练的计划，在适当的时机进行即可。

即学即用

我们来一次面对面的赞扬和评价，如何？

几年前，肯·布兰佳在《一分钟经理人》(*The One Minute Manager*)中的简单陈述，表明他确实了解面对面的赞扬和评价。“抓住人们做得对的时候，即刻进行表扬。”要进行表扬，不必非得在小组成员面前进行；一对一的、面对面的即刻表扬，更令人愉快。也可以通过电话、写信和发送电子邮件的方式进行赞扬。不要等一切条件均具备的时候再进行表扬；及时的评价和感激之情能够带来积极的作用。优势领导者倾向于一对一的、面对面的即刻表扬和评价。

将面对面沟通带入你的生活

最近，一位曾与我有过交流的人力资源主管向我提出建议：要有耐心。任何一家公司都无法在一夜之间将其企业文化特征由习惯于匿名转变为完全坦诚，相反，我们应该相信这是一个逐步演化的过程，在此期间应密切关注目标的实现。

很不幸，我不具备“耐心”这一美德。看看我们为匿名方式所付出的昂贵代价吧，循序渐进的转变方式需要的时间太长了！因此，不要再等待了。赶快作出决策，提供培训，从匿名转变为坦诚吧。

将“365 天面对面反馈”在自己的企业中推行

当然，何时开始完全取决于你。你可以塑造出自己希望看到的模式。如果你在公司有决策权，在行动计划中增加几个步骤。

1. **多数情况下，365 天面对面反馈虽然不能取代正式的评审，但却可以大大提高正式评审的效果，使之更有针对性。**这一点毫无疑问。优势领导者将绩效评审看作是正在进行中的对话的一部分，将其视为一种指导性的方案，代替劳民伤财却收效甚微的绩效评价和大量数据。在正式评审中尽量构建坦诚和人性化的氛围，让那些进行绩效评审的人知道，评审对象会关注绩效评审的质量和效果。

2. **在公司内宣布：出于对诚实、公开和透明的企业文化的重视，公司里不再提供匿名反馈。**如果你了解到人们对完全坦诚地面对同事和老板感到犹豫不决，就要为他们提供相应的指导，让他们能够大胆地进行真诚的对话，从而加深彼此间的联系。让整个组织都知道，这样的交流对于构建一个最佳工作场所至关重要，从此以后每位员工与同事、上司、下属、客户和供应商之间对话的质量和效果都会受到关注，均会记录在案。

3. **坚持到底。**为了使这样的对话持之以恒，要为员工提供相应的培训。理论上应该首先从高管开始培训，然后逐步扩大范围。如果这样行不通，则可以从任何层面开始培训。从自己所在的团队、你的直接下属开始进行这样的对话，从肩负着组织重要目标使命的多功能团队开始这样的对话。

只需坦诚地倾听

365 天面对面反馈不应仅局限于办公室。一场盛大的婚礼，一座整洁干净的房子，一种健康的生活方式，一个幸福快乐的家庭，都需要我们态度和行为的改变。因此，我鼓励你采用本章教你的做法，在个人生活中也进行公开坦诚的对话。开始的时候，请你的家人或朋友谈谈你对彼此之间关系的影响，无论好与坏。询问他们希望你做些什么，坚持些什么，又反对你做些什么。不管他们讲什么，保持倾听，不要反驳。对他们坦诚的回答致以谢意。

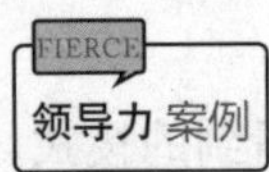

既然无法忍受，那就坦诚地说出来

有一次，我在奥兰多做主题演讲，一位男子坐在那里静静地倾听，会后他过来找我。此人看起来友善宽厚，年纪在60岁左右。他迟疑了一下说："在此之前，我从未告诉过别人，但我的婚姻生活的确很不幸，好多年来一向如此。我的妻子……怎么说呢，只能用一个词来形容，就是粗鲁，不仅对我，对每个人都是如此。我认为自己无法继续忍受下去了。我要离开她。"

我等他继续说下去。

他继续说道："你觉得我可以这样做吗？"

我温和而平静地说："我希望你能这样做，我确认。"

他惊叹道："天哪，我的上帝。"脸上失去了血色。

"除非你认为，告诉她你喜欢在烤马铃薯上涂酸奶油就能够达到目的，否则就照我说的做。"

他看起来就像生了一场大病，然后我们走上了人行道。

"你可以这样开始与妻子的对话：我爱你，但不喜欢和你生活在一起。"

他闭上了眼睛，发出一声叹息。

备受煎熬却没有退缩或者哭泣，这点很难做到。就像工作一样，在我们的私人生活中，精心准备的对话注定不会成功，因为准备的时间拖延了对话，错过了对话的最佳时机。我递给他我的名片，说道："请告诉我事情的进展。我是认真的。"

就在那次对话之后的1年左右，我收到了他发给我的电子邮件。他在友好的气氛中离婚了。接下来的生活，让他感到幸福快乐。

我很高兴，随着时间推移，我们越来越懂得和谐共处之道了，在个人的人际交往方面也是一样。对于夫妻来说，除非我们愿意忍受对方的缺点，并承认自己也存在这样那样的缺点，否则婚姻无法继续。如果生活出现了问题，我们就要促膝谈心，直到问题解决，生活回到正轨，这就是坦诚对话的精髓所在。它是上帝赋予我们的礼物，是对真理的探求，是值得我们开采的金矿。

建立最为珍贵和持久的关系，需要我们不论在工作中还是家庭中都要彼此面对面地及时沟通。尽管绝大多数领导者能够履行基本的岗位职责，包括进行绩效审核、填写调查表、（咬着牙）礼貌地听取匿名反馈，但优势领导者会做一些更有趣更真实的工作，他们更愿意参加意义深远的、与工作切实相关的对话。

当我们的业绩和才干得到关注与认可、错误得以纠正时，我们就会更加投入，每天都会在工作和家庭中展示自己最佳的一面。这反过来又会加深彼此的关系，提高绩效，因而在事业上取得成功，家庭生活幸福美满。

应该表扬谁？应该对谁致以歉意？谁的态度或行为会引发严重的问题？开始交谈吧，你还等什么呢？

FIERCE LEADERSHIP

实战 2

与同事或顾客建立深入的关系

From Hiring for Smarts to Hiring for Smart + Heart

某跨国公司增加了 25% 的高学历人才投入，却导致超过 25% 的客户流失，人才增值的非对等性反映出什么问题？

欧莱雅在招聘销售代表时，明确提出着重考察应聘者的情商、人品和沟通能力。“化妆品巨头”的做法带给我们什么启示？

你最有价值的货币是人际关系，是情商，是与他人建立联系的能力。

不知你是否发现，在某个行业内成为领头羊的，一定是那些率先使人际关系改善最显著的企业。

2 我们需小心谨慎，勿将智者当成神。当然，他们有强大的力量，但因此也不易看出他们的个性。（爱因斯坦）

诺贝尔文学奖得主 J. M. 库切（J.M.Coetzee）的长篇小说《伊丽莎白·科斯特洛》（*Elizabeth Costello*）是一部由一系列演讲贯穿情节的作品。在书中，主人公伊丽莎白有这样一段话：

> 我认为自己就是一套公式，对此我深感不安。就某种程度而言，任何无法进行思考的生物都是低级的。
>
> 我们活在这个世界上，应该去思考和沉思，而不是什么都整齐划一……情感是才华的基石，同情心使得我们不时地考虑到他人的存在，有些人能够换位思考，考虑他人利益，有些人却无法做到这一点，还有些人虽然能做到却选择不去做……如果你们来听这场演讲的目的是有所收获，那么，敞开你的心扉，倾听来自内心的声音吧。

我是否欣赏伊丽莎白令人敬畏的个性并不重要，但我相信，拒绝接受她的上述观点，会使人际关系紧张，事务进展不利，进而导致国内外事故频发，成为各大媒体的头条。

我这番话并非危言耸听。在企业方面来说，许多企业招聘时最关注的是那些拥有学术背景、高智商（IQ）和取得测试高分的人，而不是那些能够在日常工作和生活过程中帮助组织渡过难关的人。许多领导者并没有认识到，一家公司增加了 25% 具有聪明才智的人，并不等于增加 25% 的收入。下面的真实故事会说明这个道理。

“高 IQ 公司”为什么客户流失严重？

有一次，我接到一家在业界广受好评的公司邀请，他们想提升公司的销售额。该公司在提供全球业务咨询服务方面极负盛名，有着传奇般的优秀业绩。对于给他们致电的潜在客户，该公司的做法是精心起草一份建议书，表明他们能为客户做些什么，并用一套令人印象深刻的幻灯片为客户提供解决方案；而这些客户，则会感谢他们的建议，然后立即雇用别的公司。也就是说，该公司正在失去客户，失去订单，公司的发展趋势令人担忧，而且成本颇高。他们想知道这一切是为什么。

难道是客户更喜欢别的公司，更喜欢他们的解决方案吗？我在与该公司流失的几位客户谈话之后，发现答案非常明朗。其实，他们是更喜欢其他公司员工的为人。这些客户渴望与富有挑战意识的团队合作，但在与这家公司打交道的时候，感受到的却是他们的咨询顾问有些傲慢自大，有些冷淡。这些咨询顾问或许聪明过人，但他们缺少热情和人格魅力。正如风险投资家约翰·杜尔所言：“关键时刻你需要扪心自问：‘他们会是在未来 5 年、10 年、15 年中给我的人生制造麻烦的人么？’因为一旦你与其合作，有一件事是确定的，那就是你会陷入困境。”

从理论上讲，该公司的想法和计划都更胜一筹，但约翰·杜尔的话指出了他们的问题所在。于是，潜在的客户不再希望与该公司那些最富有才华的人合作，尽管他们所提出的解决方案非常精致。

与该公司的工作人员会谈后，我了解到他们中的许多人也同样感受到了公司高管的傲慢。级别代表一切。合伙人就是上帝，其他人只是“辅助员工”。表面上看合伙人的态度足够友好客气，但却使员工感觉到合伙人和非合伙人之间存在一种无形的障碍，这种障碍难以言表。

现在，我们已经清楚，尽管该公司因其富有经验和智慧的咨询师而备受尊重，却也因缺少情商而闻名。该公司的咨询师不会与客户之间有任何情感上的交流，更不会与其他员工进行沟通，他们与公司的关系仅仅是“商业”交易，即用自己的时间和才能换取工资。

最后，我见到了公司的区域总经理史蒂夫，他告诉我公司刚刚失去了一个大订单，而这笔订单将会给公司带来大约10亿美元的收入。在此之前，公司召集全球各地的高层一起设计了一套解决方案，这套方案满足甚至超越了客户的需要，总计花费超过200万美元。该方案设计得精彩绝伦，以至于他确信公司最终会赢得这份订单。

他盯着我，问道：“你有什么点子吗？”

于是，我告诉他从公司流失的客户那里了解到的情况，尤其是我不止一遍听到的意见：“我们更喜欢其他人。”

我对他说：“富有才华的解决方案或许暂时有胜算，但不会持续太久。而别的公司尽管对自己设计的解决方案也充满信心，却仍对客户保留一丝好奇和兴趣，而不是傲慢和过分自信。所有这些态度，都迎合了潜在客户的感受……”

他在等我继续说下去。我想他要问的是：我们要如何解决这个问题？

“因此，你们所面对的不是方案的质量或是员工才智的问题，他们足够聪明，其才智给客户留下了深刻的印象，但是他们在与客户交往时没有情感上的投入。”我想，他对“情感”一词有些不知所措。

于是，我继续说道：“在所有的投标会上，无论客户表面看起来有多么平静，在项目建议可行并且价格合理的情况下，客户最终的决策首先取决于感性因素，其次才是理性因素。也许他们并不完全清楚自己是如何决策的，但事实的确如此，情感因素往往起到决定作用，而你们恰恰从未重视这一领域。我猜想，比起学历、专业知识与技能、创新和收费，你们公司不会输于任何竞争对手。但事实是，决定胜局的却是其他因素。能够带领你们公司走出困境，增加收入的关键在于良性的人际交往。”

我看到史蒂夫仿佛呆住了，我决定让沉默帮助我们度过这一艰难时刻。终于，他说：“那你有什么建议？”

“我的建议是，提高公司团队与客户建立情感和智力沟通的能力，从第一次会面开始，到赢得订单，直到完成解决方案。相对于与客户沟通的成本，潜在的收益是非常大的。我鼓励你与员工谈话沟通，建立更为愉悦、更富效率的同事关系。”

史蒂夫的脸僵在那里。我把身体倾向他：“如果你觉得你的企业现在人情味儿就挺足的话，就去问曾考虑支付给你 10 亿美元的客户，去问你的员工，他们每天对手头上的工作任务付出多少努力。”

“这个世界是不断变化的。无论我们打算买什么，都能找到好产品、好服务和好的解决方案。我们希望享受使用这些产品和服务的过程。能够提供卓越服务的不仅是贵公司一家，公司潜在的客户可以从其他公司获得同样的解决方案。客户希望在享有富有才华的解决方案的同时，与设计方案的人建立起伙伴关系。但是，他们在与贵公司打交道时，却没有这种令人愉快的经历。”

“同时，贵公司的一些员工得不到休息，多数人希望获得更高的工资待遇。他们也希望企业能将其视为一个整体引以为傲，希望能感觉良好，开心愉悦，但现实中每个人都没有体会到这一点。”

“在‘生存必需品’的表格上，与人建立深厚友谊排在靠前位置，特别是那些与我们的工作和生活息息相关的人。每个人都希望自己能够快乐生活，人与人之间联系的缺失，会使得许多人失去工作和生活的乐趣，从而导致公司员工流动率高，损失惨重。”

我甚至怀疑，在这家公司的大墙内，根本就无法感受到“快乐”。我做了一次深呼吸，说道：“史蒂夫，有许多因素会影响公司的成败，这其中既有个人因素也有职业因素，但人际关系是至关重要的一点。例如，你可以问你的妻子，你们之间的关系是否像她所希望的那样。”

史蒂夫沉默良久，嘴角痛苦地抽动。他书桌上的时钟滴答作响，让人听得昏昏欲睡。最后，他平静地回答：“我从心底里知道你的观点是对的，你所说的对公司极具意义，但我也明白自己永远无法在公司倡导你的观点，因为这不是公司该做的事情。”

“没错，这不是公司该做的事情，但这恰好就是问题的症结所在。”我说道。

他摇摇头：“即使再过一百万年，我也不会向公司提出你的观点。如果我将其呈报给 CEO……（他又摇了摇头）但是无论如何，谢谢你。”他的声音逐渐弱了下去。然后，他看着我，无力地笑了笑说：“不过，我会问我的妻子。”

史蒂夫没有对我的努力作出反应，他们的客户继续流失到竞争对手那里，包括那些他们没有重视过的新兴公司。这样的结果是可悲的，他们拥有那么多富有才华的人。

工作场所的情感作用

我们首先承认，绝大多数企业的目标是实现利润增长，希望经济不要衰退，希望老天爷不要制造天灾，给这个星球以致命的打击。要想实现利润增长，公司需要：

★提供人们需要的产品和服务，如果能提供必需品就更幸运了。

★持续地赢得新客户，并使其变成长期客户。

★招募并留住顶尖人才。

★创造一种环境，让所有员工无论男女长幼，无论是否健康，无论身处何地，都能迅速成长。

★在与竞争者的博弈中，以创新领先一步。

★增加新产品和服务。

★制定领导能力基准，带领公司向着目标前进。

★执行公司的战略计划，并在计划无效的情况下修订计划。

★讲求企业道德伦理。

显然，这需要聪明才智。但这还不够。

2003 年，豪厄尔·雷恩斯被纽约时报免去了总编的职务。雷恩斯具备所有的管理优势和出色的战略，他的失败在于没有赢得员工的心，因此他的改革战略无法得以实施。

2007 年，鲍勃·纳尔代利被家居连锁公司家得宝解除了 CEO 的职务。他拥有无可挑剔的文凭，并在财务上取得了非凡的业绩，但他没有与股东、交易商、议员、调解员和非政府组织建立起联系，他们都想对公司如何运作、依靠谁取得持续成功发表意见。

雷恩斯、纳尔代利以及众多杰出人物出现问题的原因在于他们把自己放逐到了远离人群的“真空”地带。他们的真知灼见，即使大声疾呼，也无人知晓。

尽管所有证据都表明，要想实现上述目标，企业应该聘请拥有丰富情感和高情商的人才，但许多领导者仍然继续致力于招募和激励那些高学历的、毕业于著名商学院的员工。这些人尽管才华横溢，却不把人际关系视为成功的要素，因为在他们所接受的教育中，就没有研究“人性”的课程。

由此带来的结果是，企业的战略始终停滞不前，无法实现跨部门合作；领导们疲于“四处灭火”，无力掌控全局；老套的思维方式随处可见；员工对组织及客户没有任何感情可言；忠实的客户可遇而不可求……于是人际关系在失败或被忽略的谈话中渐渐丧失殆尽。

处在这样一个十字路口，领导者倾向于耗费巨资采用一些可衡量的目标，如经济指标、现金流预测等程序来评价基本的业务流程，而员工渴望的却是一次热烈温暖的对话。我对此十分清楚，因为我和几千人探讨过这个问题。

马尔科姆·格拉德韦尔在其题为《最可能成功》（*Most Likely to Succeed*）的文章中问道：“当我们不知道谁适合这个工作时，我们该选择谁？”他指出，在采用标准化的测试评价学生的学习绩效时，好老师对学生的影响胜过学校质量、班级规模和课程设计的影响。要实现这些易如反掌，好老师却是千金难求。

好老师的与众不同之处，就是即使在一所差学校，也能让学生在一年中学到需要一年半时间才能学到的知识，而对于一位在好学校工作的差老师而言，学生在一年半的时间里只能学到仅需半年的时间就能掌握的知识。这就是差距！

糟糕的老师会怎样做？他会把学生控制得喘不过气，只在讲台上授课，不会到学生中来，他所反馈的判断只有简单的是与否，正确与错误等，这样的老师只是机械的“教书匠”。

反过来，好老师又会如何呢？好老师会给学生留出足够的空间，让他们之间进行充分的交流互动，采用灵活的方式让学生参与到主题讨论中，关注学生的未来发展，并能个性化地因材施教，能够敏锐地对问题和答案作出反应，并作出高质量的反馈，让学生在相互应答的交流中加深对学业的理解。

听起来就像一位好领导的行为。当然，老师就是教室中的领导，关注学生的表现和成绩。这样，就引出了我的下一个问题。

格拉德韦尔在文章中写道：“一群学者，包括在哈佛大学教育学院任教的经济学家托马斯·J. 凯恩（Thomas J. Kane）、达特茅斯学院的经济学家道格拉斯·斯戴格尔（Douglas Staiger）、美国进步中心的政策分析师罗杰特·戈登（Rogert Gordon），研究了拥有教师资格证或硕士学位是否会对教学有所帮助。这两个证书的获得都需要耗费大量的时间，几乎所有参与调查的地区都希望教师能够获取资格证或硕士学位，但调查的结果表明，这两个证对于教学毫无意义。”

书本上的知识无法保证能够培养出好老师或者优秀的领导者，因为书本无法培养认知技能。因此，仅从学校获得教育是不够的。当前，对获得MBA学位感兴趣的年轻人越来越少，因为他们意识到右脑经济正在兴起，需要具备一系列的技能和人格魅力，但这些却是他们无法从大多数商学院中学到的。

许多X代人（后婴儿潮一代，是指那些出生在1965～1982年间的人。——译者注）和Y代人（出生在1983年以后的人。——译者注）告诉我，他们已经注意到培养更有意义的人际关系的价值，只靠做做表面文章，根本就无法真正取得成就。**只有富有聪明才智、勇于奉献、重视人际关系的人，才是这个世界上领导角色的合适人选。**

学历和情商，哪个更重要？

如果你正在做“乌贼眼”的练习，你是否注意到聘用高学历人才会导致更多的问题，而不是解决问题？对照实际情况认识一下“高学历人才”带来的问题吧：

1. **过于自信**。开会时，固执地坚持自己的想法，有时甚至会坚持到最后，并试图使人铭记自己的鲜明观点。其目的很明确，就是对他人施加影响。他们对公平有效的目标无动于衷，更无法容忍对自己学识的挑战。他们贡献不出创造性的观点，因为每个人坚持的是自己的正确性，而不是为组织作出最佳决策。

2. **过多地使用行话**。经常使用缩略词，比如，说“ADP”而不是“自动数据处理”；说 CBA 而不是“成本效益分析”；说 EAP 而不是“员工支持计划”。但是正如著名的计算机学家艾兹格·W.迪科斯彻所言：“难道不使用缩略语，你的努力付出就不会获得尊重吗？”人们喜欢使用行话的原因仍是个谜，但关键是，使用这些空洞的、毫无意义的行话的人，实际上是没有什么深刻的见解要讲，所以用行话掩盖自己的平凡。在组织内部或与客户沟通时使用行话，纯属自欺欺人，毫无意义。

3. **竞争者正在超越你**。你已经连续熬了几个通宵，花费成百上千美元准备向潜在的客户投标。你感觉好极了，因为你提出的方案是如此卓越，并且深知该方案切实可行。你希望得到这个项目，需要这个项目。你踌躇满志地参加投标会，但离开会场时，心中却疑虑重重，之后发现中标人并不是你，客户另选他人。于是，你不断失眠，百思不得其解。

4. **忠实的客户正在离你而去**。如今的经济是“体验式经济”，客户需要的不仅仅是好的产品或服务，他们更希望享受使用产品或服务的过程，这从他们与公司接触之初就已经开始。因此，尽管你们拥有客户服务培训和“面对客户”的程序、政策和脚本，仍然阻止不了客户萌生去意，他们的理由是“感受不到爱”。是“爱”吗？是的！

5. **利润在萎缩**。公司的产品或服务已经成为日用品，主要靠价格竞争取胜。尽管你认为公司给客户提供的产品和服务是最好的，但你的客户却认为他们能够从其他渠道获得同样的产品和服务，而事实上也确实如此。于是，客户离你而去。你不断地降低价格，换来的只是顾客不断地流失。利润表中，业务收入非常可观，而利润却令人心寒。

6. **任何事务的执行进度都非常缓慢，处处延迟**。对于那些只聘用高学历人才的企业而言，所付出的昂贵代价就是整个组织内部缺少合作与协作。一个采用矩阵式组织结构的企业，充斥着各自为战的聪明人，他们不愿意也不清楚如何与组织中处于同等地位的其他同事建立联系，由此产生竖井心理（silo mentality，每个人更倾向于在自己已经建立的舒适的空间内交流。——译者注）。其最简单的形式，就是认为：“这个决策把我的问题解决了，至于它导致其他人产生新的问题，那我只能表示遗憾。”无论你的组织中有 50 名还是 5 万名员工，都无法实现创新，组织在经济和文化上都将裹足不前。

7. **竞争对手能挖走你的人才**。无数的调查表明，人们希望与他们的合作伙伴和所属公司建立起深厚的联系。如果公司与员工之间仅限于用时间和聪明才智交换工资的关系，员工就会成为猎头公司的目标，他们不费吹灰之力就可以挖走公司的“顶尖人才”，将他们介绍给那些更具吸引力的企业，那里更注重人际互动而非“我比你更聪明”。

尽管越来越多的学者著书立说，论及情感在工作中无可争议的作用，但许多人仍然不愿意承认和面对自己的情感，更不用说他人的情感了。这是因为自从我们学习商务课程或找到第一份工作开始，我们脑海中对于“工作场所的情感作用”已经形成了根深蒂固的看法。

你相信哪一个？

让我们再次回顾这个问题：在表 2.1 中，你是否赞成左侧列出的观点？试着用乌贼眼去发现所有的“关键点”。既然大多数企业都能提供好的产品和服务，以及富有竞争力的价格，那么就一定有其他原因导致他们陷入混乱。这个原因就是我们内心的情感。

表 2.1　对于“工作场所的情感作用”的不同看法

负面看法	正面看法
工作场所不涉及情感。	情感因素左右着工作和家庭生活，因此，勇于面对和承认情感是非常重要的。
除了激动和热情之外，表现出其他情感都显得不够专业，其他人也是这样认为。	情感是人性的一部分，不论好坏都激励着我们，人们表达情感时，我要予以关注。
我不会花费时间处理感情问题。我有太多的事物需要处理。人们就是应该完成自己的工作。	处理情感问题可能花费时间，不处理情感问题需要花费更长的时间。
如果人们希望得到爱与情感，他们应该买条小狗，而不是工作。	我工作的核心就是营造一种文化，包括对同事和客户建立真诚情感联系。
我会以我的聪明才智和逻辑给同事和客户留下深刻印象。他们应该听我的。如果他们不听我的，那就是愚蠢。	如果我想让人们尊重并聆听我的建议和想法，我必须尊重他们。如果我没有这样做，那么我就是愚蠢的。

让诺贝尔奖来说服你

2002 年，诺贝尔经济学奖授予了普林斯顿大学的心理学教授丹尼尔·卡尼曼（Daniel Kahneman），他的研究毫无争议地证明了我们的行为首先是基于情感，然后才是理性。此观点不新颖，也与文化无关，却是人类的真实写照。对于那些主要依靠价格与客户打交道，依靠薪酬与员工建立联系的企业而言，这个诺贝尔奖蕴含的深义尤其令人吃惊。

某些企业拥有很多高智商的员工，但缺乏情感资本，缺乏人际联系的能力。失去了人际关系，我们就失去了联络的纽带和前进的动力。不知你是否发现，在某个行业内成为领头羊的，一定是那些率先使人际关系改善最显著的企业。

我们是感性的生命体，在感性的企业工作。失去了情感的原动力，我们不会付出最大努力。我们的行动迟缓而费力，我们会延迟甚至逃避决策。市场竞争使我们不得不提供具有竞争力的价格，但"忠诚的"客户却离我们而去。那些空有一番抱负的员工会探寻到更好的、更愉快的工作，随后跳槽，即便新的工作工资低，福利差，通勤时间长。

这不是假设，实际情况就是如此。每年，因为缺少与员工和客户之间的联系，企业会损失数十亿美元。以下案例可能有助于说明这个道理：

★ 在一家跨国咨询公司（很明显，不是我们上文提到的公司）工作的有经验的合伙人，其 EQ（情商）高于平均水平，他每年为公司带来的利润比其他合伙人高 120 万美元，使利润增加 139%。

★ 欧莱雅公司招聘的高 EQ 销售代表与按照传统的人才招聘程序请到的销售人员相比较，前者的销售额显著高于后者，增长幅度巨大。在这家化妆品业巨头里，高 EQ 销售人员的流失率比那些低 EQ 销售人员的流失率低 63%。

★ 盖洛普公司的个案研究显示："无论一家公司的顾客满意度有多高，如果没有与客户建立起情感纽带，再高的满意度也没有实际价值。"这一点永远是非常重要的，尤其是在经济衰退期间，顾客会捂紧自己的口袋精打细算地消费，此时情感纽带便是企业渡过难关的必要条件。但问题是，人们常常忽略这一点，直到幡然醒悟，发现情感纽带的重要性时，通常为时已晚。

★ 一家制造企业对主管人员进行了培训，内容是如何更好地倾听来自下属的声音，如何帮助员工依靠自己的力量解决问题。这次培训使时间损耗率降低了 50%，投诉率从每年 15% 降低到 3%，工厂超额完成产值 25 万美元。

★ 亿康先达国际咨询公司对 515 名高级管理人员的分析表明，与经验和 IQ 相比较而言，情商高低更能影响成败。

★ 新的 MBA 课程项目对其课程体系进行了重新规划，增设了帮助 MBA 学员培养人际关系技巧的课程。

研究表明，如果团队成员参与程度高，互相合作，协同作战，团队会更富有创造力，生产率更高。如果仅仅通过制定规章制度来作硬性规定，难以提升团队凝聚力。

《首席学习官》（*Chief Learning Officer*）期刊登载的一篇文章通过对各行各业经理人的研究，发现企业新入职人员干不下去的主要原因在于人际关系而不是技术层面。其中，有 26% 的人是因为他们无法接受反馈，还有 23% 的人是因为他们无法理解和控制情绪。招聘经理回想后说，失败原因是有迹可循的。这就是“关键点”所在，只不过他们当时没有注意到，而且他们在招聘中没有鉴别求职者情商高低。

“情商”是最有价值的硬通货

情商对于我们个人的职业发展也具有重大意义。丹尼尔·戈尔曼指出：“一个企业中的领导者升职，其 90% 要归功于情商。”换而言之，管理人员职业发展停滞不前，90% 在于他们缺乏情商！导致他们事业受阻的前三个原因分别是：无法应对变革、无法实现团队合作和缺乏人际关系。的确如此，而且这几乎就是全部的原因！

你知道吗，在高层管理者中，情商的差距决定了超过 80% 的绩效差异。80% 啊！

哈非兹写道：“傻瓜的仓库中，物品堆积如山。”我可以用语言描绘一下哈非兹笔下的“傻瓜”：他拥有漂亮的办公室、衣橱、汽车、头衔、地位，在组织中位高权重。他不仅孤独，而且因情感匮乏而工作效率极低，聪明才智让他走到了这一步，但现在却停滞不前，毫无头绪。

聪明人很快就意识到，对领导者而言，最有价值的货币不是金钱，不是 IQ，不是多个学位，不是善于使用缩略词，不是技术发明或改组的数量，不是良好的外表，不是超凡的魅力，不是自我效能感，不是行业经验，不是分析案例的能力，也不是阅读损益表的能力，更不是制作冷冰冰的幻灯片。**你最有价值的货币是人际关系，是情商，是与他人建立联系的能力。**至少要与一个人建立联系，否则无论我们有多聪明，我们都会生活在孤独之中，每时每刻都倍感空虚。

阿朱纳·阿德（Arjuna Ardagh）在其著作《半透明的革命》（*The Translucent Revolution*）中，很好地诠释了这一点：

> 一直以来，我们不仅要控制悲伤情绪，还要抑制激情、性欲、愤怒，甚至是我们的生机和快乐，不让他们尽情释放。
>
> 强大的情感淤积于胸。他们可以轻而易举地扰乱我们的生活，打破本已脆弱不堪的平衡。我们不断地掩饰自己，直到爆发。我们没有意识到，无论快乐还是痛苦，深刻的感情都能够在我们的生活中掀起爱的波澜。

将下文的关键信息运用于实践，是所有“优势领导”的前提。你不仅需要熟悉这些前提，也要学会运用它们。这样，你才会一步一步成为“优势领导者”。

如果你想成为一名卓越的领导者，就要具备以下能力：与同事和顾客建立深入的关系……或者降低你的目标。

人际关系是我们生来就有的技能，它是IQ与EQ的完美结合。你需要采取一些有效的技巧培养人际关系，妥善处理自己和他人的情感，否则你就无法与同事及客户建立起深厚持久的感情。

我曾经遇到过外强中干的人，犹如在干豆荚中晃得哗哗有声的豌豆，你可能也遇到过。我还遇到过聪明坦率的人，篝火会上，我们欢聚一堂。你更倾向于解雇哪一位？你愿意与谁并肩工作？

如果我够聪明，就已走在成功的路上。爱因斯坦能够体会到这点，诗人戴维·怀特（David Whyte）也能深谙其意，他在诗中写道：

倾　听

在每间办公室中
你都能听到
爱、欢乐、恐惧与自责的声音
快乐与恢复信心的呼喊
你知道
你想做的正是将这些线索串起
之后生意自会走上正轨

优势领导者每天都将这些线索串联起来。

巨大的变革推动企业不断前进，企业的新业务呈指数增长，个人和企业随之都会发现，新的可持续的竞争优势正是人际关系。而这也正是长久以来，我们所有人都一直苦苦寻找的“利润增长点”。

此刻，我们可以在没有市场竞争的环境下获取相当的收益，只需员工的积极投入，领导层的效力和职业的潜能。对组织而言，其好处显而易见，不仅能够提升工作场所的人际关系，而且能够提高市场份额。

人际关系的潜力真的十分巨大。

在挑战性的环境中建立人际关系

IQ 能够帮助人们找到工作，EQ 使他们升职。企业别无选择，只能聘用那些“高 IQ+ 高 EQ”的人，这是取得成功的关键。下面，让我们看看如何做到这一点。

步骤 1　必不可少的准备工作

我想着重说明一点：招聘不是简单的查阅简历和面谈而已。在正式进入招聘程序之前，以下几种准备工作是必须要完成的：

■ 识别潜在候选人的主要情感特质

一个高智商又能够与他人建立起深厚感情的人，在外貌上有什么特征吗？我们将如何鉴别？就像保罗拥有的乌贼眼一样，你首先要知道你在寻找什么。当然，不同的工作，对技能、经验和品质有不同的要求，但有些品质是共性的。例如，"诚实"几乎是每个人应该具备的品质，但"关系取向"或"社交能力"如何？是必备的吗？

谷歌公司寻找和衡量潜在员工的一个重要标准是他们的"谷歌风格"。候选人是否能够在单层次的管理组织和小规模的团队中高效工作？他是否能够适应快速变化的环境？是否技术全面，是否拥有独特的兴趣和才智，能在工作中有所创新？是否拥有应对挑战，让世界变得更美好的热情？在谷歌公司的员工招聘流程中，评价应聘者时，"有谷歌风格"这一因素是非常重要的，请注意：在我的描述中没有提及 GPA（Grade Point Average，平均成绩点数。——译者注）、IQ、接受过多少年的高等教育或者其他测量"智力"的常规方法。

谷歌招聘带来的收益显著。众所周知，谷歌是最忙碌、最高产的公司之一，对许多企业而言，优秀人才可遇不可求，但是谷歌的情况则是人才踏破门槛（谷歌一天大概收到 1 300 份求职简历）。谷歌留人率非常高，员工之间的摩擦少，收入更是不同凡响。看到这个，你会做什么呢？

召集你的团队成员，包括同事和上司，构建一个团队成员所需特质的列表。如果团队对"聪明 + 有心"的概念感到陌生，讨论这个话题，并让团队成员在会议开始前阅读本章的内容。

对于"关系取向"和"社交能力"，你可能会添加如下属性：

★ 富有责任感、忠诚可靠、合作。

★ 勇气、充满热情、终身学习。

★ 愉快地接受反馈、行动力强、注重结果、接受变革。

下面我们谈谈"忠诚可靠"。我担心这个词因使用频率过高而被滥用，已经失去了其意义和影响，以至于企业在聘用具有社交能力的人才时，羞于大肆宣扬。

我想起前些日子我要上网，点击笔记本电脑上的“打开网络连接”，系统弹出各种选择，例如“蓝牙”、“机场”和“VPN”，我点击“VPN”获取验证，网络顺利连接。那天，当我看着这个已发生数千遍的场景时，突然灵光一现。就像网络连接，如果缺少可靠性，那么人与人之间的联系就无从谈起。正是这种连接和验证，使得优势沟通、优势领导力和优势招聘随处可见。

当然，这种真实可靠需要从你我做起。除非我们首先连接上真实的自己，否则不可能与他人建立联系。如果我们没有展现真实的自我，只是按照他人的期许设计自己的形象，那么我们表现出来的形象就取决于我们和谁在一起，而无法让他人进入我们真实的生活。

这是为什么？因为人们能够在五十步之外发现伪装。如果你聘用了不可靠的人，你的客户会注意到这一点，这会让他们频繁地产生不信任的感觉，随之怀疑你公司的可靠性。

在我的公司，我们在成功聘用所需品质清单上增加了几项：

1. 幽默感（最受偏爱的品质）。

2. 能在不同的工作环境中茁壮成长。我们公司的成员有同性恋的、已婚的、单身的、为人父母的、做了祖父母的、“丁克”的、基督教徒、“属灵派”、犹太人、共和党人士、民主党人士、无党派人士、美国人、伊朗人、来自东海岸或西海岸的人、爱狗人士、爱猫人士、歌剧爱好者、橄榄球球迷、Y 代人、X 代人、生育高峰出生的人，以及梨树上的一只鹌鹑（鹌鹑是否应存在，曾导致我们多次开会讨论）。

3. 在多数情况下保持幸福乐观的心态。乐观的人会常常着眼于事物积极的那一面，但那些在生活中遭受一连串打击、人际关系非常糟糕、财务陷入困境的人，往往有厌世情绪，他们对生活的态度则与此相反。

4. 没有不切实际的权力幻想。毕竟，这个世界不欠谁什么。这是一个前提条件。

即学即用

花一些时间列出对团队，尤其是对你的职位尤为重要的属性。

对于我公司的这份工作而言，取得成功至关重要的品质是：

____

____

____

____

召集出席会议的人员讨论理想的品质，对每个人来讲都颇有价值，它就像一个关于最受重视行为特征的备忘录。

■ *设计问题，测试候选人是否拥有我们所期待的情感特质*

有一种叫做行为面试的技术，在这里能派上用场，但我不会过多地提及，因为市场上这方面资料完备。过去的行为最能预测未来的行为。如果我们只是让人们滔滔不绝地说出他们的优点、业绩，甚至弱点的话，我们得到的基本上就是无用的信息。因为，机智的候选人可能会表示，他们的弱点是有工作过于努力的倾向。所以，反其道而行之，我们要求他们讲一个故事，说明他们过去如何在某一具体情境中处理问题；当然，他们所讲必须是真实的故事，要有详尽的例子和其他当事人的名字。

例如，SDC 技术公司的人力资源主管海伦娜·法拉利建议面试的时候提问如下问题："告诉我某次你的同事向你提出建议的情形。"这个问题能够反映出人们是否能够坦率对待反馈，是否愿意变革，是否愿意协作，是否尊重同事。或者你也可以问："回忆一下，当你有许多工作要做，在看似无法完成、倍感压力的情况下，你是如何应对的。"还有一个重要的问题："给我们讲讲你的一次失败经历。"

探求候选人以前的工作情况以及他的处理方式，能够让我们大概了解他的情商和他的真实情况。这样的问题比那些理论问题，如"你如何组织项目团队？"（机智的候选人能够虚构出可信的答案）或者诱导式问题，如

"你是一名相当独立的工人，不是吗？"（其中的含义是：如果你提问时面带微笑，答案就是"是的"，如果你蹙着眉头提出问题，则答案就会是"否"）更能揭示问题。

即学即用

写下三个行为问题，要求候选人回答，以帮助你确认他们是否具备对公司而言最为重要的"高 IQ+ 高 EQ"的品质。

____

____

■ *认清你的招聘陷阱*

招聘陷阱是一个圈套。有时，我们甚至看不到它的存在，有时，我们虽然认识到它的存在，但因为极具诱惑性，使得我们恰好落入其中。常见的陷阱包括如下误导性思维方式：

1. **个人偏见**。"你和我很相像，而我是个相当出色的人，所以我应该聘用你。除此之外，依据'职业与个性关联'的观点，你说你是斯蒂文斯滑雪场的滑雪板教练，而我也是一名滑雪运动员，因此很显然，你应该是一个冷面小生。"或者，"我们都去过霍利奥克（或者哈佛、伯克利、爱荷华州……）"或者，"我们的第一份职业都是教师（或者程序员、漂流导游……）"，或者，"我们都拥有网络开发与项目管理的证书，因此我就应该聘用你！"

2. **个人的不安全感**。"你比我更聪明、个子更高、接受过更好的教育、更富有经验、更富有魅力、更性感，因此会对我的职业生涯造成威胁，更为重要的是，会伤害到我的自尊。与我自己的简历相比，你有更多的'资格证'和'成就'。开会时，人们会更愿意倾听你的观点和看法，因此我不应该聘用你。"

3. **"履历迷恋症"**。"你一直在大公司工作，拥有令人印象深刻的'资格证'，已经具备了'高效能人士的七个习惯'，拥有了'六西格玛证书'

（Six Sigma，Sigma 原是希腊文，在统计学中称为标准差，后引申为品质管理概念，一般企业达到六西格玛的程度，绩效就几近于完美地达成顾客要求。——译者注），通过了情商与职业性格测试，推行电子化学习策略，拥有成长顾问、数据管理和盖建木屋的资格，因此我们应该聘用你。太棒了，我一直在梦想着建造一所木屋！"

4. **时间压力**。"时间紧迫，我们现在需要人手！从你的简历可以看出你拥有我们所期望的专业技能，没有挪用公款、谋杀、纵火等犯罪记录，那你什么时候可以来公司上班呢？！"

5. **招聘员工时，职位尚不明确**。"我们需要增加人手，至于你的详细工作计划以后再制定。而且，你长于业务拓展，看起来也中规中矩，因此我们应该聘用你。"

6. **忽视你的直觉**。这个误区很常见。"经过一个小时的面试，我不胜其烦，内心感到若有所失，但又无法准确描述它究竟是什么。我疲惫不堪，工作又堆积如山，既然你提供的资料显示你是一个不错的人选，又不会威胁到我在公司中的地位（毕竟，你和我都爱好滑雪，我们都毕业于西沃恩南方大学，并且我们都能胜任实践管理培训师的工作），加上我们的确需要立刻招人，所以我们应该聘用你。"

7. **让候选人事先知道如何应对**。我将我们的期望透露给你，而你表示你正好具有这样的品质，所以我们应该聘用你。这实际上是在怂恿对方做出欺骗性或迎合性的反应。比如说，"我们是注重精诚合作的团队，偏爱采取行动。我们致力于做出最佳决策，而不是经常为我们自己的观点而争论不休。告诉我对你而言什么是重要的"。对于这样的问题，候选人的反应绝不会是："我憎恨合作。对我而言，你们这些人让我感觉恶心，我宁愿自己在黑暗中工作……"

在这里，我要承认我们曾经犯过的一个错误。早些时候，我们公司错误地聘用了一位员工，就是因为我们在选人的过程中落入了上述的几个陷阱之中。我们需要增加团队中的业务拓展人员，结果看上了罗杰（不是真实姓名），他给人的印象是有思想、有深度，是一位成熟稳重的人。他曾在多家公司如 RIM 和 T 移动工作过，恰好我们有几家技术类客户，因此我们感觉他是与这几家客户打交道的最佳人选。

我们根据候选人的工作经历，就简单地认为他拥有某些品质和技能。我们几个人忽视了一个直觉，就是：他可能不太适合我们，他太安静，太吝惜微笑。对于这些我们不愿意见到的情形，我们给自己找了各种借口。“的确，他异乎寻常地平静，当我们提问时，他会长时间地沉默，但这可能说明他是个深思熟虑的思考家。”于是，我们接受了他。

实际情况是，虽然罗杰非常“聪明”，但他是一个长期处于极度压抑状态的人，几乎就没有什么社交能力。当我们想要向他靠近时，他的反应却是极力退缩，让人觉得冷冰冰的。他对电话联系第一个客户非常抗拒，我们最终虽然坚决说服了他，但当电话联系因故推迟时，他看起来着实松了一口气。

那段期间，我们的“替补席”上实在没有人。当时，我们是一家只有 10 名员工的公司，需要每个人都能胜任他的岗位，各尽所能。但罗杰，感觉就像一个被罚下场的人，不在长椅上，不在球场上，也不在休息室。

两个月后，我们解雇了罗杰。他离职后，有人说：“通常，有人离职就会把他的一切都带走，当我看到他们曾经工作过的地方时，感觉空落落的。但罗杰的离职却没有带给我这样的感觉，因为就算他在的时候，那个位置给人的感觉也是空的。”

更可悲的是，罗杰根本就没有能力感知快乐。这足以说明，当他离职时，我们为什么都长舒一口气。在浪费了所有的时间和金钱之后，我们不得不重新拟定招聘程序！

即学即用

花几秒钟的时间，写下你的招聘陷阱，然后与团队成员分享你的观点，问问他们的招聘陷阱是什么。

____

____

既然你已经构建了自己的关键品质列表，识别出你的招聘陷阱，并且发誓不再落入圈套，那接下来该如何呢？

■ 识别出"3A⁺"的候选人，然后面试

"3A⁺"指的不是两个看起来相当优秀的候选人加上一个看起来不错的候选人，而是三个 A⁺的候选人。

即使你的公司没有人力资源部门，只是想补充一个小工作岗位，你也有义务找到 3A⁺的候选人。实际上，对小公司而言，这更为重要。

利用你个人的网络，包括多得数不清的招聘网站。最近，我们公司非常幸运，在两家招聘网站找到了空缺岗位的合适人选。充分利用在线资源，或让你的朋友帮你留意合适的人选。尽量选用专业的人力资源服务。

步骤 2　是时候面对候选人了！

既然你已经非常艰难地翻越了"简历山"，并圈定了一小部分感兴趣的候选人，如何从中筛选出"3A⁺"候选人来参加面试呢？"3A⁺"候选人是指：不仅具备空缺岗位所需的聪明才智，还需要有较高的情商；最为重要的是，具备与人进行深入交往的能力。

■ 进行电话或视频面试

这虽然不是一个新点子，但的确可以由此发现面试的人是否是一个 A⁺候选人。可能面临的挑战是：大量的网站会针对最可能提到的问题，给候选人提供"最佳答案"。

例如，面试问题是："你在当前或之前工作中的最大成绩是什么？或有什么目标没有实现？"网站的建议是："如果你没有搞砸过任何事情，就把这当作成绩好了。"我承认"失败"是个挺难接受的词，但我们的确可以偶尔承认失败。在我所接触的人中，几乎没有人从未失败过。如果真有这样的人存在，我们这些不完美的人看起来该有多糟糕啊！

对于"你为什么被解雇？（如果你被解雇的话）"这样的问题，一个声

望很高的博客建议的答案是："尽量避过令人不愉快的解雇问题，把话题转移到你的技能以及你能够胜任应聘岗位的理由上来。"但是，如果"避开"令人不愉快的问题，那又何来坦诚呢？

那么，在第一次电话面试时你应该做些什么，让应聘者放弃这些现成的答案、展示真实的自我呢？

1. **展示你自己**！如果你只是提出一堆事先准备好的千篇一律的问题，声音中不带有任何感情色彩，你还有什么理由期望候选人给出不同的答案？求职者可能会有些焦虑，希望给你留下深刻的印象，多数人已经准备好要说的话了。表现得亲切些，不要照本宣科。展示你的个人魅力，而不是你的电话号码。说一说你对你的工作喜欢什么地方，不喜欢什么地方。你的一点"真诚"也会鼓励他们以诚相待。正如诗人马娅·安杰卢所写的那样："当有人告诉你他是谁时，相信他。"我加一句："如果有人拒绝告诉你他是谁，尽快退出。"

2. **留出足够的时间**。协调好自己的时间，除非你能立刻拒绝某人，否则面试不会在 10 分钟内结束。面试时间的长短取决于你提多少问题以及答案的重要程度，这通常需要刨根问底。我建议仔细琢磨问题清单，通过这些问题，你可以获得你真正需要的信息。

3. **不要满足于表面上的答案**。深入挖掘真实、完整的信息。如果有人给出了约定俗成的答案，回避你的提问，或者没有答案，那么以最优雅的方式要求他们回答。"我似乎从某个博客上看过你的答案。让我再问一次，因为我想知道到底发生了什么，请用自己的语言回答。"

如果你已通过电话面试挑选了三位候选人，就该准备好用激进的、"优势的"方法，进行面对面的面试，以便最终确定那个"高 IQ+ 高 EQ"的人。下面介绍这种面试该如何进行。

■ 进行团队面试

这不是最基本的步骤，但却是重要的。为什么要由团队一起进行面试？

1. **传递出强大的信息，表明团队合作的重要性**。多数候选人希望由一个人进行面试。当一群人出现时，会向候选人传递这样一个信息：这个职位如此重要，值得会议室中的所有人花费宝贵时间。不仅如此，这一举动还能传递团队合作的信号，在重要决策上寻求多方面的，甚至可能是对抗性的观点。

2. **可以看出谁能在挑战性的环境中建立人际关系**。保持目光与一个人接触非常容易，但如何面对 3 ~ 7 个人呢？让每个团队成员先简单介绍一下自己的姓名与工作职责，然后观察团队成员提问时，候选人是否将目光定位在他的脸上，或者不时地与每个人进行目光接触。能够与每个人进行目光接触的候选人可能擅长社交。

3. **使真实比造假更难**。在 Fierce 公司，我们平等工作。理想情况下，候选人会以同样的语调、面部表情和热情度对待每个面试官，无论其职位、年龄、性别、口音、是否佩戴贵重首饰、是否有文身。当来自不同职位和工作职责的人聚集到一起进行面试时，那些因面试官不同而表现各异的候选人不是你的团队需要的人。

4. **每个面试官会关注不同的问题**。我经常惊讶于同事在面试中的观察力和深刻见解，他们给我留下了深刻的印象。我可能对待候选人非常热情，但其他面试同事犹豫不决，或者正好相反。当我们谈话时，会发生一些值得深思的事情，如果我们做错了，却没有引起集体的注意，就可能引致招聘失误。"我真的喜欢他。""我也喜欢他，但他把注意力集中在你身上，甚至没有看其他人一眼，仿佛我们并不存在。这让我怀疑他是否过分关注等级。召开客户会议时，面对多个客户，他该如何？"

5. **谁应该出席**？首先，候选人的直接上司应该出席，但令人担忧的是，大公司面试时，候选人的直接上司很少出现。在许多企业中，面试首先由人力资源管理人员进行，这是不正确的。候选人也要做出决策，并且部分决策与个人关系有关。无论你工作有多忙，如果这个候选人将要成为你的直接下属，请参与到面试中来。向他提问。允许候选人向你提问。电话面试已经筛选出 $3A^+$ 候选人，为你节省了时间。还至少要邀请候选人的两位未来同事、一位未来的内部"客户"、一位未来的直接下属（假定他会有直接下属）参与到面试中来。在 Fierce 公司，几乎总是有 6 个人参与初次面试。如果我们中意某个人，某些团队成员会邀请候选人共进午餐，增进彼此的了解，但开始时，我们总是有更多的人聚集在一起。这给人的印象非常深刻。

向团队介绍你选择的候选人具备何种品质，一起设计问题清单。在面试过程中每人至少要提出一个问题，这一点必须让他们知道。

■ 进行“高 IQ+ 高 EQ”的面试

下面是“高 IQ+ 高 EQ”的面试的步骤。

1. 介绍你自己。热情真诚地欢迎候选人的到来，而不是坐在那里闷声不响。我曾参加过许多面试，面试人员坐在那里，木雕泥塑一般，脸上看不到笑容，看不到表情，甚至看不出他们是活生生的会呼吸的人。这样能吸引到 A^+ 候选人吗？每个面试官都要介绍各自的姓名和职责。包括：我将是你的直接上司、我将是你的直接下属、我们将成为同事……

2. 以常规问题开篇。在面试开始之前，指定提出第一个问题的人。我建议不要让候选人的直接上司提第一个问题，以便让候选人感觉到彼此之间是平等的。“介绍一下你自己。请告诉我们你是谁、到过哪些地方、现在在做什么、将要去哪里？”根据候选人的反应，接下来每个人都可以自由提出问题。

3. 开始进行“开采式”对话，深入挖掘“关键点”。先花费 15 ~ 20 分钟的时间进行“开采式”对话，这是《非常对话》中介绍过的深入对话方式。我们之所以称之为“开采式”，是因为谈话就一个主题深入展开，这犹如挖井取水，挖一个 100 英尺深的井远比挖 100 个 1 英尺深的井得到水的概率要大。

实际上，“开采式”对话用途颇多。教练、老师、销售人员均可使用，甚至十几岁的青少年使用它也会取得相当不错的效果。“开采式”就像我的瑞士军刀一样方便好用，它是我在工作和家里使用最多的谈话模式。在 Fierce 公司，我们用“开采式”来确保我们能够识别出需要强调的实际问题。

我们在与新客户打交道、招聘过程中也使用它。

这里有7个问题，其规则是：只提问题。"开采式"对话中的每个步骤，都要突破那些经常发生在我们自己身上的，在面试中也经常遇到的保留、伪造和抵制问题（对于"开采式"对话的更多细节，请参看《非常对话》）。对话中，你可以试探着提出某些问题，希望探索候选人内心的真情实感。

不要维护陷入沉默或表情不适的人。至少要让候选人完成谈话的90%。

1. **确认什么是最重要的问题**。在对话中，第一个"开采式"问题是："假定你现在事务缠身，我们今天应该谈论的最重要的事情是什么？"在面试中我们可以这样说："到目前为止，你已经与我们分享了所有信息，那么是什么原因让你今天来到我们公司？"为候选人留出足够的时间，让他如实地回答这个问题。

2. **请候选人就核心问题展开说明**。让候选人说出实情，不要提示他，也不要提供你的个人想法。这一步骤的目的是了解他的真实情况。为什么他们想要离开原来的工作岗位？如果他们目前没有工作，为什么没有工作？你的公司和这份工作如何吸引他们前来应聘？在他们前进的道路上，什么是重要的？资料越详细，对我们帮助越大。最重要的问题是，阐明这个人为什么会坐在你的面前。

3. **确定核心问题在当前对候选人的影响**。查明他们当前的工作或环境的信息，找到促使他们离职的原因。要着重强调"当前"："你当前的工作环境会带来怎样的结果？""还有谁，还有什么也在受到影响？"，这个问题也同等重要："这对你自身有什么影响？"下面的问题是"开采式"面试有别于常规面试的地方："对于施加在你身上的这种影响，你感觉如何？"

为什么要问这个问题呢？如果没有触及候选人的真实情感，或者候选人不愿意暴露自己的真实感情，那么他就不是一个"高IQ+高EQ"的人，但面试过程中不要过于迅速地作出判断。人们往往不希望提及这样的问题。

4. **确定核心问题对未来的意义**。"如果你当前的职位没有发生任何变化，这意味着什么？"再让他们说实话。提问者可以帮些小忙，比如："如果在我们谈话 6 个月后，一切都没有变化，你可能对我们说些什么？”

然后问他：“当你想到可能出现这些结果时，你感觉如何？”

5. 查找造成问题的个人原因。问候选人：“你对当前的工作状态感到不满，你觉得其中有你的个人原因吗？换而言之，在这样的结果里，包含了多少你的个人特征？”这有助于发现候选人对于工作问题的个人责任感，有助于了解其是否有推诿的习惯，即面对失败和失望时，是否会责备他人。

如果候选人的答案是：“我不知道。”继续问：“如果你知道，你的答案会是什么？”提问的时候，语气要轻松自如，面带微笑，因为面试不是提审罪犯，只是提供一个机会，让候选人告诉我们他会为公司带来什么。你可以提示他们：“如果你能回到过去，将那些事情再经历一遍，你想怎么做？”

有一点很关键：当原来的环境使其不愉快时，候选人通常无法或者不愿承认或显露他们自己在其中的角色。在少数情况下，候选人的确是无辜的，但这样的情况极少存在。

6. 描述一下自己的理想状况。“想象一下你从事的正是合适的工作，处于合适的行业和环境，那么这份工作是什么样的，又会给你带来何种改变？”

这个问题的目的是表达职业愿景。设计这个题目旨在帮助候选人确定他们想要怎样的工作，是否值得为此经受艰难困苦，是否有必要做些改变。

到现在为止，你就明白候选人是否真的希望得到你公司的职位，或者他们只是想脱离原来的环境，无论哪个新工作都行。让他们说实话，“再多说一点点。”

然后，提问候选人：“当你想到那个可能出现的场景时，你感觉如何？”

我喜欢这时出现在候选人脸上的激动、期望与光亮。如果这些没有出现，继续提问。“嗯，我觉得你对未来什么是重要的还没有明确的认识。”然后看看他们说些什么，或者“你下一阶段的职业生涯愿景没有给我留下深刻印象。”然后，倾听他们的回答。

7. 将问题引导到行动方面。提问候选人：“鉴于你分享的这些信息，你采取了什么措施和计划来找到理想中的公司和职位？”“能给我们个大致的时间范围么？”注意，你还没有问到他们是否认为在你的公司工作会感到幸福愉悦，因为直到目前，我们还没有就工作或公司提出问题。稍后会提到上述问题。

■ 开始提问行为问题

现在，到了提出行为问题的时间，以确保候选人真的具备那些对你非常重要的品质。行为问题可能包括：

★ 告诉我们你的同事上一次对你提出建议是什么时候？

★ 回想一下，当工作可能无法完成，让你倍感压力时，你是如何处理的？

★ 给我们讲讲你在工作中遇到过的最为艰难的谈话。是谁发起的，主题是什么，谈话的结果如何？

★ 什么使你感到厌烦？给我们举个例子。

★ 讲一讲你的失败经历。

★ 讲述你与一位重要同事或客户之间的关系。

■ 问一个对方意料之外的问题

一旦你确认候选人已经具备从事这项工作的能力和你所希望的品质，问一两个他们意料之外的问题。例如：“你说这些的根据是什么？”或者“是什么使你发生转变？”如果候选人问：“你是什么意思？”不要解释，只是说：“这里没有错误答案。你想到了什么就说什么。”我最喜欢的一个问题是：“有一部英国电视连续剧，名叫《最后的夏日美酒》，剧中描写一群退休老人在约克郡的生活。其中一人承认，他卖了一辈子油布，每次他在填表时，在‘职业’一栏总是艰难地填入‘油布销售员’，但他真正想写的是‘农业部部长’。如果你可以随心所欲地填写‘职业’，你愿意写什么？”

在Fierce公司，我希望候选人会说“野生摄影师”或“约克郡的公爵夫人”

或“交响乐指挥”“研究棕头牛鹂迁徙习性的专家”。我没有兴趣听到“哦，我只是希望自己的工作对公司愿景的实现有所贡献”这样的答案。

提问候选人：“你最近读的一本好书是什么？”或者其他任何问题，即使与职位完全无关的问题也可以（但前提是，问题要合理合法）。

■ 该候选人提问了

问候选人：“你想问我们什么问题？”他可能想知道更多工作细节，对他的期望，以及更多的关于公司、部门和团队的资料。

为什么不在面试开始时说明这些信息呢？如前所述，如果你在对话中让候选人知道你所期望的答案，相当于为“机智”的候选人提供了材料。在候选人回答所有问题之前，不要谈论工作和你的期望。如果候选人提前询问关于工作与公司相关事宜，就说：“我们一定会谈及相关内容，但在此之前，我们希望能够先了解你。”

但此时此刻，不要阻止候选人提出任何问题。告诉他们公司的愿景、使命、价值观、期望、挑战与报酬。释放你的热情，展示你的情感。记住，候选人也在作决策，对双方而言，希望与对方建立关系的感觉同样重要。

■ 与团队约定秘密信号

在我的公司，当进行团队面试时，我们约定一个信号（当每个人都读过这本书后，我们会改变原来约定的信号）。如果在某个时间点，有人强烈地感觉到候选人不适合我们这个团队或者这份工作，我们就把钢笔放在桌子上。如果我们注意到有人将钢笔放在桌子上，并且自己深有同感，就也将笔放在桌子上，表示赞同彼此的观点。我想，当这本书出版之时，我们将不得不提出一个新暗号，因为如果以后面试时有人将笔放在桌子上，会让候选人崩溃。当然，我们会以隐蔽的方式发出秘密信号，绝不会“砰”的一声全部同时将笔放在桌子上！

如果面试小组的多数成员，比如，六个人中的四个人发出了秘密信号，就会有人，通常是公司的首席运营官哈雷，礼貌、温和、坦诚、毫无争议地结束面试，把问题留在面试之后讨论。例如，哈雷说："感谢你让我们了解这么多。你很坦率（如果他果真如此的话），告诉了我们关于你的许多重要信息，但我认为这份工作不适合你（或者公司不适合你）。"举一个简短的例子说明这份工作为什么不适合他，例如："你希望获得后台支持，但是我们需要你在一线工作，需要定期与客户沟通。"或者"我非常赞同你的职业目标，但这个目标无法在我们公司实现。因此就不浪费你的时间了，让我们就到这吧。非常感谢你来参加面试。我真诚希望你能找到一份适合你的工作。"

起身，握手，告别。如果候选人争辩，说你判断错误，他们还有话要讲等等，用下面的话回复："请不要失望。虽然我们公司不适合你，但我肯定别的大公司会有适合你的职位。"然后走到门口送客。

为什么要这样做呢？优势对话的一个原则就是：服从你的直觉。不只是相信直觉，还要服从直觉！曾有不多的几次面试，我们违背了直觉，因此而付出了代价。

当然，如果多数人没有将钢笔放在桌子上，我们就继续进行面试。面试结束后，将笔放在桌子上的人可以阐述他的观点和他发现的问题。

步骤 3　面试后的讨论

进行一场面试之后，至少要留出 15 分钟的时间听取汇报。是的，我知道每个人都时间紧迫，但这对公司而言更为重要，除了搞定一笔数百万美元的交易外，没有比挑选"高 IQ+ 高 EQ"的人加入你的企业更为重要的事情了，这值得我们多花几分钟。另外，如果要连续进行几场面试，你就需要在面试间隙振作精神。利用这个时间讨论两件事情：

1. 我们对候选人的印象如何？他适合我们吗？最受关注的问题是哪个？与其他候选人相比较而言，这个人怎么样？下一步要做什么？一定要听取参加面试的所有人的汇报。在最近的一次，一位参加面试的人评论道："我实在无法指出他的具体问题，但我确信他哪里不对劲儿。"这是一个独具特色的"关键点"。

2. 我们是否对面试流程和提问过程感到满意？下次面试时是否需要采取不同方式？如果答案是肯定的，应该采取怎样的方式？如何进行管理？要感谢团队每个人在面试过程中所提出的问题，这尤为有益。这次面试中有哪些方面做得比较出色，下次还要这样做。

使自己头脑清醒，恢复到最佳状态，准备好进行下一场面试。

步骤 4　再做一次，只能更好

重复上述步骤，具体次数根据需要确定，直到找到理想的人选：适合招聘岗位的聪明而又有心的人。

具备与人深度交往的能力

在公司中分享关于如何招聘“高 IQ+ 高 EQ”的员工的心得，尤其是关于“与同事和客户建立深厚关系的重要性”的数据。建议他们阅读这一章的内容。告诉他们，你打算由聘用高学历人才转变为聘用“高 IQ+ 高 EQ”的人。当团队需要增添人手时，按照前述的计划招聘。

如果你是高管，参加下一次面试。如果高级管理人员向你汇报，找时间与他们谈一谈，构建自己的案例库。提出明确的建议和要求，为面试团队提供指导，与他们一起参与面试。我无法告诉你一个人要热情地倡导多少次，才能使别人转变。

罗萨奥蒂卡集团（Luxottica Group）是从事设计、制造、营销中高价位定制眼镜行业的领头羊。在接受 Fierce 公司的培训后，公司实现了历史上的突破。罗萨奥蒂卡集团的成功部分归因于并购，但该集团一位高管的话揭示了最重要的原因：“我们今年最大的收获是全公司上下团结一心，成为一家善于协作和交流的公司。这一年中，我们见证了数百万个奇迹时刻。”

与此同时，你自己也要开始练习如何聘用“高 IQ+ 高 EQ”的人了。如果你自己无法社交，则很难招到能够擅长社交的人。所以，当你已经清楚如何测量他人的情商，怎么测量你自己的情商呢？

从与自己进行的一场优势对话开始吧。

即学即用

我拥有多少情感资本？对于那些对我成功与幸福至关重要的人，我与他们的关系如何？别人会认为我是"聪明又有心"的人吗？

★ 想想可以用哪些词汇来描述你与家庭成员、同事、客户之间的关系？

★ 如果有人说："我在贵公司工作非常愉快（或者意思如此）"，记下他们的名字。

你是否渴望更深层次的人际交往？如果你的回答是肯定的，你还需要做些什么？列出未来 30 ~ 90 天你的情感目标。明确写出你希望看到的结果和采取的行动。

人际交往一直被我视为毕生的课题。对我而言，这经常是一项挑战，因为我从小就性格内向孤僻。

孩提时代，每个夏天的周末，我几乎都是在祖父母位于田纳西州奇克莫加湖畔的家中度过。祖父母是慈爱、风趣而又聪明的商人，他们从仅有一间卧室的小屋起步，慢慢地拥有了一座宽大舒适的房子，并在那里度过了他们生命中的大部分时光。

这里成了孩子的天堂。我与兄弟萨姆、堂兄吉尔和巴克斯特在那里度过了全部空闲时间。那里有一个长长的桥墩，我们在那儿钓鱼、潜水；有一把椅子用来晾晒湿漉漉的游泳衣和挂吊床，我们躺在吊床中，凝视着火炬松，听着蝉的鸣叫和摩托艇嗡嗡的响声；那里还能找到印第安人的箭头，我们拿它挖掘附近的岛屿，建造堡垒。每天，我们在那里玩纸牌游戏，一遍遍地讲着鬼故事，捉萤火虫，直到猫头鹰的鸣叫声催促我们去睡觉。

10 岁那年，在一个温暖潮湿的下午，我来到树林中，爬上一棵缠满葡萄藤的树。用甜美多汁的葡萄填饱肚子之后，我爬下来，背靠着大树坐在地上，在午后的阳光下打起瞌睡，听任脑海中那些飘忽不定的想法随意游走。忽然，奇怪的事情发生了。我的双掌和双腿似乎长出了小小的嫩芽，它们扎进我身体下面的土地，我的后背好像也开始融入到树干之中。一开始，我感到害怕，因为我简直无法移动，我的身体就像被大地和大树定住了一样；渐渐的，我开始喜欢上了这种感觉。

什么事儿也没有，这一切既不奇怪，也没有危险。植物的卷须把我与这棵树连接在一起，与地球连接在一起，与微风、葡萄、太阳和鸟儿连接在一起，还让我与我所了解和热爱的人们，甚至陌生人都连接在了一起。10 岁的我无法清楚地表达当时的想法，但当我回忆这段经历并将其写出来的时候，一切仿佛就在昨天。这个世界的一切都留在我的血液里，我可以用舌头品出它的味道，闻出它在我皮肤上留下的印记。我感到自己深深地爱着这一切。这次经历是送给我孩童时代的礼物，它让我知道自己的渺小和微不足道，知道自己只是这浩瀚美丽的世界的一部分，并切实地与这个世界建立联系。

我曾经将这段经历抛诸脑后，忙于求学、交友、组建家庭，也经历了青春期的懵懂。多年以后，当我学习了量子物理，得知“房间内的人会影响到该房间的物理性质，并最终影响到科学实验的结果”这一说法时，我又忆起了它。我突然意识到，“与人深交”一直以来就是我工作和生活的主旨。

生活在这个星球上的每个人，除了精神失常者之外，都渴望与他人建立联系，无论是他们的老板、同事、朋友还是姻亲。为了建立彼此之间的联系，他们必须问：你究竟是谁？直到我们彼此了解，联系才能得以建立。所以，放下武器，走出你内心的桎梏，走出公司和客户的简单关系吧。

与他人进行深交所带来的幸福感是一种纯感官体验，它甚至要多过狂吞一打牡蛎所能带给你的满足感。当我们在工作中建立人际关系时，我们不仅更快乐，而且工作会更富有成效。这的确能让人更富有。在你实现这一目标之前，如果你觉得内心的转变无从做起，欢迎到我这里借阅我过去一年里总结出来的口号。每天早上对自己说："敞开你的心扉。"在会议中，感觉自己无法融入环境、十分恼火或想要对某人做出恶评时，想想这句话；当与苛刻的客户或防御性非常强的人谈话时，记住这句话。

这句话听起来是针对别人的，但其实针对的是你。当然还有我。开始建立人际联系吧，马上开始，在这次对话中。请注意，我强调的是这一次。

FIERCE LEADERSHIP

实战 3

关系之本：深入而真诚的沟通

From Customer Centricity to Customer Connectivity

当顾客为点一杯还是两杯咖啡犹豫时，你会主动为顾客提供“一杯半”咖啡的服务吗？

某知名企业的领导者，虽日理万机却坚持亲自会见客户，并每次都全心全意与对方交流，他为什么要这样做？

在竞争日趋激烈的市场上，客户是我们最可靠的朋友和最大的竞争优势，任何一家公司只要赢得客户，就能赢得一切。赢得客户的关键，不在于价格，而在于真心。

3 永远不要为了追求发展而忘掉对客户人性化的关怀。

（某知名企业的文化格言）

很多人都有这种经历：拨通了某企业的客服电话，却被“亲切”的自动应答软件折磨得肝火上升。下面这些内容，你也会感到十分熟悉吧？

> 您的来电对我们而言非常重要。请仔细听好下面的选项。
>
> 查询距离您最近的店铺，请按“1”。
>
> 查询您的账户信息，请按“2”。
>
> 付款，请按“3”。
>
> 如果您认为账单存在错误，请按“4”，然后输入你的账户号码，按“#”号键结束，此时，系统会提示您输入社会保障卡号码和《宁静之祷》的全文（*the Serenity Prayer*，作者神学家雷茵霍尔德·尼布尔的作品，20世纪最著名的祷告文。——译者注），然后按“开始”。
>
> 如果您在设置订单时遇到技术难题，请求助我们的在线咨询台，但实际上，由于您有技术难题，因此无法进入此咨询台。
>
> 如果您忘记密码，可以重新设置一个新密码，但前提是您能够辨识出一组三角形的字母和数字组合的验证码，而读懂它几乎是不可能的。
>
> 如果您希望人工服务，就会进入无限的等待，听筒中传出流行的等候乐曲和恼人的广告，而听筒那头，员工正在参加一场关于“如何改进客服”的会议。

如果您按下“0”，希望能够接通客服，电话则会返回到初始菜单。

如果您真的有幸接通了客服的电话，由于这个业务实际上并未开通，系统就会要求您重新输入信息，因为我们新改进的系统没有收集到您的任何信息，而恰在此时，您的电话断线。如果您忘记了此次致电的目的并彻底崩溃，请按“5”。一切都不会改变，却让您有事情可做。

如果您希望重复收听上述选项，请按“3825*63”。

联络，当务之急！

现在，让我们回到“以客户为中心”这个非原创词汇上来，这是目前我们常用的“最佳”词汇。你对该词汇的印象如何？对我而言，它们看起来过于正式、洁净、冰冷、呆板。从未听哪位客户抱怨说，她离开是因为没有以她为中心。你会对自己的家庭成员用这样的词语吗？“来吧，宝贝，今晚以你为中心！”

“以客户为中心”是当今商界最为常用的术语之一，是许多公司全力以赴追逐的目标。为了服务于这个“最佳术语”，企业投资数百万美元用于“CRM”（客户关系管理）系统的开发，目的是培养“面向客户”的员工。毫无疑问，赢得客户、留住客户对每个公司而言都至关重要，但公司实现上述目标的途径却存在致命的错误。

看看这个数据：55% ~ 75% 的 CRM 或以客户为中心的做法无法实现其目标。《可信赖的顾问》（*The Trusted Advisor*）一书的合著者查尔斯·格林（Charles Green）指出，许多公司都有一个贪婪的欲望，就是以客户为中心：密切关注客户的一举一动，目的只有一个，就是找准合适的时机，从客户那里分一杯羹。格林认为，大多数 CRM 系统并不打算与客户建立真正的关系，它们只是一张列满数字和利益的清单，以此宣传公司可以为客户提供的美好事物。

我赞同格林的观点。

因此，当我看到凯萨医疗机构广告的标题时，我兴奋不已。这句广告词是“在医疗保健过程中，充分释放联系的能量”。下面有两行加粗的标题：“医疗保健的沟通正处于危机中”和“联络，当务之急”。真是精彩！让我们看看他们是如何解决问题的。他们过去和现在一直致力于让临床医生能够随时联机访问所有病人的全部数据，以此代替纸版的信息共享系统。这是一个有效利用技术的例子，对于医疗保健来讲是件好事。但让我震惊的是，许多人自动地将“联系”这一术语与技术联系在一起，并且只会将其与技术相关联。广告中宣称凯萨医疗机构在技术上花费40亿美元，并认为“安全的、计算机共享的数据能够减少出错，降低人浮于事的可能性，减少信息丢失，降低成本”。数据、成本，这两者毫无疑问都重要，我猜想凯萨医疗机构在技术上的巨额投资是他们的正确选择之一，但我好奇的是，他们在“联系”这一至关重要的方面还做了哪些工作。

销售计划、计算机数据共享和广告战略都不是建立联系的工具。尽管自动电话系统可以提升组织的运营效率，却很难提升客户的使用体验。实际上，大多数自动电话系统还会起到负面作用。回想一下你最近一次试图利用自动客服系统在合适的地方找到合适的人的经历。我想到的是“航空业”。我以前喜欢格什温的《蓝色狂想曲》（*Rhapsody in Blue*，1987年成为联合航空的广告音乐。——译者注），但现在每当《蓝色狂想曲》的音乐响起，我就会想起那些由于航班延误或取消而将大把时间浪费在机场的经历。旅客对相关信息一无所知，联合航空公司员工也并未表现出相应的同情，由此引发出新的条件反射——一闪而过的沮丧感，这可不是航空公司所希望的。

与客户建立联系，而不仅仅是达成交易

一切准备就绪，脚本也安排妥当，我们笑脸迎人。此时，一位客户走进店来，或者打来一通电话、发了一封电子邮件，向我们咨询“脚本”中没有提及的问题。多么令人烦恼！广告吸引来了客户，可他们永远都记不

住自己的密码！于是我们不得不到记忆里拼命搜索面向客户的“旧脚本”，而客户的不满在不断累积。扔掉“脚本”如何？我们可不敢去尝试。

尽管我们能够学会行业用语、坐得笔直、着装合理、谈吐专业，但我们与客户的对话若让人感觉不自然，没有准确地回答客户的问题，没有以地道的方式吸引客户，结果将是无功而返。尽管我们多次听到同样的反馈（“你没有听我说话，没有理解我的要求，你只关注数字和利益。你甚至没有看着我！”），也努力使自己的表现得更好，但我们不知道如何超越既定的“脚本”，无法将每位客户作为独特的个体来回应，甚至视其为一种耻辱。因此，我们一无所获。现在的客户比以往更注重个性化，在需求和品味上都想与众不同。同一型号的产品无法适用于所有的客户。想一想我们的计算机个性化桌面和手机铃声，我的铃声是犬吠声。你的铃声又是什么呢？

设计 CRM 程序的目的是处理典型客户的关系。问题是典型客户根本就不存在。即使存在典型客户，客户希望你管理什么？许多公司并没有致力于与客户建立真正的关系，他们重视的只是与客户建立交易关系，而且越快完成越好。

一位从事制造业的客户告诉我，她的公司刚刚拒绝了一位供应商，使其失去了数十万美元的生意。当供应商询问她原因时，她回答：“不是因为你的产品无法满足我们的要求。你完全有能力完成订单，但你一直试图向我们推销并不需要的某种产品。你的目的只是达成一笔交易。如果你能预先花些时间与我们交流，倾听我们的观点，就会发现我们真实的需求。”

换言之，这位供应商讲给客户的其实是下面这段话：

> 凯莉，您是我们的重要客户，我们非常重视您的反馈，但非常遗憾，我们毕竟是自私的，只是将您视为摇钱树，您如果为此时常感到受挫的话，那也没有办法。但是，我们现在已经将‘以客户为中心’的字眼挂在我们公司的网站上了，并将其作为我们的主要目标，对此您应该感到高兴。既然您已经没有什么可担心的，我们希望能与您再做一笔买卖。

不要对此感到震惊。采用类似"以客户为中心"这样的词汇，不仅无法赢得订单，还会激怒懂行的客户。**你的客户没有意愿听你讲那些所谓"以客户为中心"的做法。他们希望听到的是你如何努力理解他们独特的需要，然后尽一切可能满足他们的需要（假定他们的需要是合法的）。**

这有多难？非常难！

你必须在合适的条件下，生产出合适的产品，并且有合适的人去推动业务发展。你必须在合适的时间通过合适的媒介，以合适的方式传递信息。你必须要信守承诺，满足客户的期望。尽管成本一直在增加，你还必须在维持生计的同时，保持一个能让市场承受的价格。与此同时，你还要应对或超越竞争对手，他们每时每刻都在提供热门的新产品和服务。

在多数商业决策中，我们试图让自己的服务差异化。客户的选择不断增加，客户忠诚度不断下降，因此每个行业都要应对其特有的挑战。约瑟夫·派恩（Joseph Pine）在《体验经济》（*The Experience Economy*）一书中告诉我们，现在的客户希望得到的不仅仅的好的产品和服务，这只是最基本的要求，还远远不够。无论是购买袜子、咖啡、平板电视还是咨询服务，客户希望享受购买和使用的体验，从第一次接触到交易完成，全无间断。

假设你的商品或服务具有良好的质量，并且价格富有竞争力，最显著的差异就是你与客户进行的对话。对话就是关系。还记得吗？如果对话因故中止、缺乏可信度或缺少温暖的感觉，或对话中出现一边倒的情况，或采用录音对话或自助服务型的对话，结果都不堪设想。

对话一拖再拖，险些失去客户

最近，一位金融机构的高级管理人员向我讲述了她在一次会议上的经历，会议召开的目的是分析几个重要客户突然拒绝与公司交易的原因。

她告诉我："我们开会时，我注意到坐在会议室后面的一位业务非常精通的高级经理陷入了深深的沉思，而以往他是非常乐于发言的。于是，我让他说说自己的想法。他说，由于最近发生的一连串事件，他推迟了与一位重要客户关于费用变更的讨论。”

“直至这一刻为止，他一直认为在不久的将来与这给客户进行重要的费用对话是比较妥当的。然而，他现在急切地想在今天打电话，甚至无法再多等几个小时。因为他刚刚知道公司由于错过了对话，几乎‘突然’失去这个客户。”

“他的紧迫感蔓延至整个会议室，传递至每个人，让大家都理解我们内部的对话如何影响每天的决定，并最终影响我们的业绩。对于参会的每个人而言，这就是活生生的、意义深远的体验。会议结束后不久，他果然与客户进行了对话，澄清了重大问题，稳固了公司与该客户的关系。”

我永远也不会忘记第一次与 16 位主管开会讨论优势领导力的情景，他们从世界各地飞到亚特兰大。我非常希望会议能有一个良好的开端，帮助他们实现年度目标。但就在他们抵达亚特兰大时，获悉公司刚刚失去一位重量级客户，该客户带给公司的利益占公司净利润的 20%。对此，他们感到极度震惊。于是，我放弃了原计划的会议议程，帮助他们处理这个新问题，计划下一步如何行动。

事情的经过是：这是一位难缠的客户，喜欢提出无理要求，喜欢兴师问罪，好斗，如果昨天刚刚就某个项目达成一致，今天他肯定还会要求在支付更少费用的同时附加额外的免费项目。前两年，每次对话过程都弥漫着硝烟。无论结果对其多么有利，这位客户从未表达过感激之情，也从未说声“谢谢”。

难怪每当有人觉得应该致电该客户时，总是会想“为什么要破坏这个美好的星期三呢？我现在没心情被臭骂一顿。我明天再打电话”。明天推到下个星期，又推到下个月，慢慢地酿成了今天这个结果。

每一次存在争议的对话，每一次错过的对话，都会使我们与客户之间的关系受损，好不容易建立起来的感情，会从每条裂缝、每扇窗户、每道门溜走。你是否注意到，有时那些使我们付出高昂代价的严重问题，并不是源于对话进展不顺，而是因为某些对话我们根本就没有进行。

再想一想，当我们错过对话时，谁在与这个客户交谈？对了，是我们的竞争对手。不知不觉间，即将谈成的客户会突然成为其他公司的客户，甚至不惜支付赔偿金与我们终止合同。

与我合作的这些主管并不知晓客户与其竞争对手之间的对话。从根本上说，他们不愿意与客户沟通，又怎么能够知晓他们的对话？但他们对公司失去 20% 净利润的严重后果了然于心。该做些什么呢？还能做些什么？

首先，要认识到这个客户是如何失去的。

其次，问问自己，是否希望重新夺回这个客户？我们有把握吗？回答是肯定的，但需要极大地改进与客户的关系。生命是短暂的，但有了这些客户的陪伴，你会感觉到路变得长多了。

再次，怎样失去的客户怎样夺回来，再进行一场对话吧。制定实现上述目标的计划。

计划包括谦恭、亲近、责任、歉意，以及深入合作和独特创新，这是竞争对手无法企及的。此时，"开采式"对话就派上用场了。8 个月后，这个客户重回到公司的怀抱。

即学即用

花费一点时间，思考一下你的客户。谁希望听听你的看法？在下面记下他们的名字。

____

____

打动人的是价格，留住人的是真心

午餐期间，一家大公司的营销经理极力说服我与他谈谈："我们的员工善于为客户设计出类拔萃的、全面的解决方案。这就好比建房子，我们能够建造出坚固精巧的房子，能够经受时间的考验。但问题是，当你走进房间时，会觉得有些冷。我们需要一位室内设计师让房间温暖起来。”

“客户在描述你的员工时，最常用的词汇是什么？”

“自私。”这样的回答是致命的。“客户一而再再而三地运用同样的语言描述我们的员工：冷酷，不热情，没感情，不可靠，无论我说什么，都只是一直推销，只关注能从我的公司获得多少利益。这让我们花了很多钱。”

于是，我接受了他的邀请，对其公司的销售培训课程进行为期 3 天的旁听观察。培训的主题是曾经风靡一时的“以客户为中心”，培训的开场是一位高级主管介绍该公司的“热情的平台”，然后是关于“激励型领导”的谈判培训（让人打瞌睡），最后是销售人员参与的 6 个模拟销售会议，布置给他们的任务只有一个：销售。

下面是我发现的问题。

会议上，主管的开场白“热情的平台”仅仅表达了他对员工的努力感到骄傲，除此之外全部集中在数字上，有些数字让人感到焦虑。在某一时刻，他说：“由于流失了一些人才，我们可能需要涨工资，表达对员工的感激之情。”但在他 90 分钟的讲话中，却没有表现出这一点。

当被问到“考虑到公司的目标和当今面临的挑战，你鼓励员工如何做”时，他毫不犹豫地回答道：“拼价格！我们必须实现目标。”

当然，我不是说价格和销售目标对公司盈亏不重要。但是，他的介绍中没有提及对客户和员工的仁爱、对他们的个性和价值观的关注。难怪公司会两样都留不住。

当培训师在 3 米高的屏幕上向 400 名员工展示下面的幻灯片时，另一个极大的问题又暴露出来了：

成功谈判的定义：

★ 很好地满足公司的利益；

★ 让客户的利益得到满足；

★ 让其他人的利益过得去。

我对此大吃一惊。没有比这个更自私的表达方式了。回过神来之后，我想知道，当他第一次展示这张幻灯片时，是否有人站起来指着他说："你不是在开玩笑吧！"

到了培训第三天的最后一次课程，参加培训的人开始迟到，衬衫松沓起皱，因跑步赶来而脸上汗津津的。他们将厚厚的"销售领导力"笔记扔在桌子上，疲惫地翻到"客户会议模拟第6节"。现在是时候将他们所学的一切付诸实践了，他们需要跟进或做成一笔交易。

尽管我在为他们喝彩，但我有些担心。早前的模拟实战中已经表现得非常明显，尽管公司强烈要求他们"以客户为中心"，但在培训中从始至终也没有人教过这些聪明人，如何真正与客户建立联系，更谈不上深交了。

他们的"会议热身"非常不专业，只是简单地走个过场。每次他们的开场白都会提及高尔夫，这样开场的效果是可以预测的——冷漠、虚伪。

"最近打高尔夫了吗？"

"打了，不多，最近我们会有大的变动。"

"哈，不错……"

令人尴尬的沉默。然后，他们会突然进入主动销售模式。

其实在我看来，他们的开场白也可以这样说：

"你好吗？"

"我快死了。"

"非常高兴听你这样讲。今天你能和我们共度多长时间？"

不用说，在这个过程中没有人付出感情。更严重的是，受训人员可能错失了客户自己暴露出的线索（"最近我们会有大的变动"），我们本可能有机会获悉客户的工作日程，又可以反过来引发更有吸引力的对话，更清晰地阐明适当的"解决方案"，提升客户对我们的信任度。

说到会议热身，我主张直接切入主题，无需虚伪地闲聊高尔夫或天气。如果与对方是第一次会面，为什么不简单但真诚地说："多谢您的宝贵时间。我一直盼望着与您见面。"然后问对方："在我们这次谈话中，您认为要达成的最重要的目标是什么？”继续努力，注意与对方保持目光接触。

如果这是与对方第二次或第三次会面，你可以问及第一次会面发生的事情。“哥斯达黎加的事怎么样了？”或者“上周与你的团队会议进展如何？”这不仅表示你在上次会面的时候注意倾听了，还表明你对对方足够关注。

回到那家公司的最后一次培训课程，被指定扮演“客户”的员工按照既定情节说他的开场白：“在咱们谈话之前，我要告诉你一件重大消息。我们刚刚被 ABC 公司兼并。因此，你可以想象，这里的每个人都心不在焉，因为毫无疑问许多人会被解雇，包括我。一旦签署了协议，我可能就不在这里工作了。”

此时此刻，我希望受训者说些类似：“这真是个重大消息。怎么搞的呀？”或者“那我们先把会议日程放一放吧，你感觉怎么样？我能帮你什么？”之类的话。或许他还可以说：“如果你离开这家公司，我愿意帮你做些介绍。我同几家公司打过交道，他们正需要你这样的人才。”如果你是客户，你也希望他说这样的话吧！

但事情绝非如此……我观察了三场模拟实战，每次受训者的反应无一例外都是：“啊？你认为这会对我们的项目产生怎样的影响？”

我曾用纸条暗中提醒过最后一组的两个人：“表示一下同情！问问他过得怎么样？”他们点点头，之后走进房间，对“客户”说道：“谢谢你来见我。你怎么样了？”当客户告诉他们公司将被兼并、自己可能离开当前的工作岗位后，他们立即表示关切——但关切的不是客户，而是项目。

他们只用 5 秒钟的时间讲了一句“你怎么样了”，这就是他们的“以客户为中心”。我终于意识到，他们的确不知道如何表达同情心，更使我忧虑的是，他们似乎没有理解为什么要对客户表示同情。

结果呢？这个“房间”确实让人感到有些冷。一位受挫的客户对此做出了可怕的比喻：“这感觉就像你回到家，发现妻子在厨房哭泣，你的第一句话却是‘这是否意味着晚餐要推迟了？’”

最后，销售培训的主管对我坦言道：“这就是培训中一直存在的问题，每当这个时候，我就想把自己灌醉。”他不这样才怪呢。

对客户说一声："嗨，我看见你了！"

不论你做什么工作，是销售下水管线还是设计高层公寓，或者提供卡布奇诺咖啡，关键在于你的理念、你对客户负责任的想法，以及你如何看待你与客户之间的关系：是享受还是忍受？这中间存在着巨大的差异。

例如，我在一家杂货店门口结账。你可能很容易想出这件事的流程：算钱、把我采购的物品递过来、正确找零和开具发票，这是你的本职工作。如果你知道我的名字，这会给你加分，如果你跟我有实际的目光接触，你会得到更多的加分。如果你向我说明我可以购买环保购物袋以便今天和以后使用，你会得到一个奖励。如果你们有客户忠诚计划，你请我出示会员卡以核对我是否能够享受折扣，你会得到更多的加分。如果我没有会员卡，你推荐我入会，我同意并签单成为会员，那么你的加分就更多了。

但我要告诉你，真正的差异并不在这里。真正的差异是，你看着我的眼睛，与我建立联系，即使这个过程只有几秒钟。这是人与人之间的目光接触。你脸上挂着真诚的笑容，这意味着"我看见你了"。这似乎是一件小事，对某些人来讲或许有些可笑，但却是我们每个人都渴望得到的，在我们的内心深处，"被看见"是一件很重要的事。

我想起了非洲的一句问候语"sawu bona"，其含义是"我看见你了"。对方的回应是"sikhona"，其含义是"我在这里"。订单固然重要。如果你只盯着订单，那就相当于在你没有看到我之前，我是不存在的。只是迅速地将目光从某人脸部扫过，不能称之为"看到"他们。如果你想看到你的客户，请认真地看着他们。仅仅几秒钟的时间，他们就会成为你的回头客。

对话就是关系！

如果你正在练习"乌贼眼"，是否注意到你和你所在的企业并没有将客户看作是独特的个体？看一看下列哪些"关键点"出现在你的公司里。

1. 公司发起了一次"以客户为中心"的活动。实际上，开展这项活动，首先就是在告诉你的客户，你并没有以客户为中心，你的做法与初衷恰好背道而驰，否则，你根本无需开展此类活动。

2. 你采用了面向客户的术语。你应该为此感到不安。使用这样的术语意味着，当你准备与客户交谈时，会匆匆摆出另外一张不同的脸孔。无论你与谁在一起，始终做你自己有什么问题吗？你已经有了一张面孔，而且相当完美。请随时以真面目示人。

3. 你混淆了“产品介绍培训”与“销售培训”，几乎没有给你的员工提供过如何进行对话的培训。他们需要与客户进行双向的沟通，交流彼此的观点和感情，但他们却更愿意通过展销的方式介绍产品，尽管你的客户在销售的每个阶段都告诉你他们非常希望进行一场对话，而不是产品介绍或展销，但你的员工一想到要放弃幻灯片，就会面色发白。

4. 你使用了术语“高效合作”，但你的客户却没有体会到这一点。“高效合作”往往只是一句行话而非行动，因此没有实际意义。现实工作中，企业里并没有分享什么是高效合作、高效合作如何使客户受益、高效合作需要怎样的条件或者在完成交易后如何保持高效合作。

5. 你和客户之间关系的基础只是价格，这个基础非常脆弱。因为你没有与客户建立联系，没有获得与客户之间的感情资本，因此你与客户之间建立在价格或费用基础上的关系岌岌可危，如果竞争对手以更优惠的价格提供类似的产品或服务，客户就会离你而去。

6. 你正在使用的是客户 6 个月以前提供给你的数据。如果计划与现实冲突，注定不会成功，你和客户的现实情况是在不断变化的，这严重影响事情未来的发展态势，使形势更为复杂。你上一次向客户询问“自从我们上次谈话以来，有什么变化”是在什么时候了？

7. 你说的话让客户离你而去。如果你提供的信息或市场营销材料中包括类似“当你自己的老板”“100% 免费”“即刻行动”“令人惊奇”“让你获得双倍受益（收入、满意、体重减轻）”“特惠条款”“自主理财”“你需要的信息”“独家提供”“保证满意”（凡此种种，还有很多）等字眼，停止这样做！这些字眼低估了你的客户的智商。

8. 你几乎从不质疑你的客户。无论你销售什么，如果你认为客户的要求或想法是错误的，却从未提出过质疑，那你就永远没有机会与客户碰杯祝贺其出色业绩。无论你出售的是价值百万美元的解决方案还是少女装，情况都是如此。如果你纵容不良习惯、糟糕的选择、不良行为和有问题的决策，当你从客户那里收完款之后，就只能照着镜子顾影自怜了，因为这可能是他们最后一张可供你支取的支票。

9. **你依靠软件与客户构建"关系"**。你投资了几百万元用于CRM软件系统的构建，如果这个系统有助于你与客户通过对话进行信息沟通和人性化设计，能够加深与客户的关系，这样的投资是非常有价值的。但如果CRM的主要作用就是一个存储资料的数据库，那么这份投资的回报是微乎其微的。在你的计划中，是否为各具特色的客户留有一席之地？

10. **你受到警告，不要使用某些具有负面含义的词汇**。我们以"解决方案"一词为例，这是咨询业普遍认为不好的词。很明显，客户不喜欢这个词。他们为什么不喜欢？这就是一个关键点，为什么一个绝对的好词却有不良的名声。如果我们只是简单地用另外一个词代替这个词来"解决问题"，绝对是舍本逐末，因为词汇本身不是问题。为什么不集中精力解决实际问题？

既然以客户为中心的做法通常无法实现期望的目标，为什么许多公司在与客户的沟通中仍固守着这个阵地？我们在想些什么？

我们的确是在思考，但只用了我们的一半头脑，而且还是错误的那一半。我们只是将关系视为达到目标的一种手段。我们与客户联系，只是为了让他们聘用我们或者购买我们的产品，让我们有钱可赚，让公司成长，让股东满意，扩充我们的业务，偿还我们的贷款，丰富我们的餐桌，赚取我们的汽车费。

广义上讲，"生意"教育我们要用最短的时间与客户打交道，以达成一笔交易或解决一个问题，使得我们可以尽快转至下一个客户。因此，我们几乎不可能与客户建立真正的关系。另一方面，对客户而言，他们迫切需要找到一个真正能提供帮助的人，但他们必须倾听冗长的选项清单，清单中的选项没有一个与他们电话咨询的内容有任何关系。

当他们终于联系上我们，我们却像一台无所事事的自动答录机一样，对于多数询问的反应是"这是公司的政策"。通常，这句话的前一句或后一句会是："这不是我的决定。"公司不是一直在鼓励我们称呼客户的名字吗？我们知道他们喜欢这样。那上面的那些话又是怎么回事呢？

很明显，一些公司并不打算与客户建立有意义的关系。他们在想："为什么要我们与客户建立真正的友谊？感情就更别提了！建立感情对于家庭成员而言，都是非常困难的！我们合作得够愉快了，不是吗？我们希望客户满意，希望他们的购物过程开心，希望他们对与我们合作的决定感到快乐。但我们无需把他们看作活生生的人，有亲属、家人、梦想和生日。如果我们的 CRM 系统能自动记录客户的生日，在寄给他们的生日卡片上提供 20% 的折扣，不是挺好吗？"

如果你认为这是必须遵守的商道，你的成功之路必定充满荆棘。

你的论据是什么？如果你能证明自己是正确的，又赢得了什么？

深度聆听、真诚相待，才是真正的"以客户为中心"

请读一读下面的表 3.1。哪些观念是你现在所持有的？

表 3.1　关于客户关系的新旧观念对比

旧观念	新观念
与客户建立真正关系的观念是不现实的。谁有时间与客户建立真正的关系？	与客户之间的关系是我最有价值的通货，一次交往就会使这种关系得到强化或破坏。
客户不需要这种关系。他们只是需要产品或服务。	客户希望我们看到他们，对他们的独特要求作出回应。他们与我之间的"对话"可能是他们今天所进行的对话中唯一有意义的一次对话。
客户可能令人感到厌烦。他们询问一些天真、愚蠢的问题。我没有时间也没有耐心详细叙述。	客户的问题让我意识到自己的专业知识的宝贵。客户需要我的帮助。

(续表)

旧观念	新观念
销售过程中，我的工作是尽可能出售更多的产品，既然佣金跟销量挂钩，尝试说服顾客购买其并不需要的商品是这场博弈的本质属性。	销售过程中，我的工作是尽我所能为客户提供最好的服务。我希望销量大，我也希望我的客户成为长期客户，不断地从公司购买商品或服务。有时候，这意味着要对客户讲"不要买"。
客户可以检查他们账户的状态，从FAQ（常见问题解答）中寻求答案，在线设置并管理采购。这是效率最高的方式。那种认为我们可以与每位客户交谈的想法是不现实的。客户太多了，我们无暇顾及。	解决客户过多这个美妙困境的办法，不是以令人烦恼的愉快语调告诉客户："很抱歉，那不是一个有效选择。"

如果你相信左侧的观念，请思考其中隐藏的如下含义：

1. **你将给客户提供较差的服务，这实在是个糟糕的战略**。除非你在这个星球上是独家销售，否则公司无法实现可持续发展。如果你并非独占市场，那么你的公司已经开始走下坡路，只是目前你还没有认识到这一点。

2. **你将面临资金困境**。在缺少感情资本的同时，你也会面临金融资本的缩减，你将被迫集中精力增加人手或开始下一轮的裁员，无法致力于创新、研究公司发展趋势、执行新战略。

3. **客户将会离你而去，或许他们正在远离你**。

4. **你需要加大宣传**。感谢互联网，让客户比以往更容易地找到别人对你公司的评价。你的公司声誉良好，就会给公众留下好的印象，会继续存在下去；如果你个人声望良好，这种评价会伴随着你的职业生涯。

5. **你不会享受到工作的乐趣**。失去生意和市场份额，或者与始终不满和正在离你而去的客户打交道，根本就不是生存之道。你会为此感到心力交瘁，觉得在海边卖贝壳或许是个更好的主意。

回想一下本章提到过的那个以"销售"为客户交往核心的公司。他们在与客户会面的时候，其目的只有一个：销售，销售，还是销售。增长是关键的——不断增加的市场份额，不断提升的利润，上百万的订单。

我并不反对那个公司的总体目标，一点都不反对。增长的确是关键！员工们运用自己的聪明才智，采用适当的方式与客户交易，他们了解和信任自己的产品，对实现增长做出了卓越贡献。但是，他们的客户是千差万别的，持有不同的观点。

除了要实现目标、解决问题之外，客户还需要思想、领导和创新能力。他们需要激起学习热情，需要获悉一些新观点。他们想知道其他公司在从事哪些相关业务。他们希望在犯错误的时候得到提醒，并为他们指明一条最佳途径。他们希望交易的结构和解决方案具有一定的灵活性和创新性。他们希望合作方的利己行为与他们的最佳路径之间的偏差不要太大。有些时候，他们只是需要跟人交谈，因为事情进展得不太顺利，他们经历了艰难的一天。

简而言之，他们希望你不要像对待顾客一样对待他们，而是把他们视为活生生的人。那才是真正的以客户为中心。除了需要拥有大量的专业知识，还要有深度聆听和建立人际关系的能力，这种能力的神奇性已经多次得到了证明：能够赢得顾客忠诚，提升利润，让你的公司成为一片乐土，顾客愿意和公司做生意，人才也愿意为公司工作。

学会关注个人，而不是公司

你是否希望自己的公司在经济衰退、全球股市动荡、气候变化、经营成本飙升等不利环境下，都能够持续经营、繁荣兴旺？除此以外，你是否希望在取得订单、增加利润的同时，还能与客户建立深层次关系？那就从你做起吧，通过逐层递进的对话与客户建立联系，以便持续不断地赢得新业务。

联系客户既不是一个天真的概念，也不是一项“软技能”。这是一项至关重要的技能，实现它需要勇气，因为其中可能包括相当程度的亲密行为。在最初的阶段，许多人可能会对此感觉不舒服。大多数成功的公司都是可信并可靠的，但他们通常没有认识到“亲密”的重要作用。实际上，很多人甚至不知道亲密该如何表达。

记住客户爱犬的名字或许会给你加分，但却无法让你签订合同，那些毫无热情的“面向客户”或“以客户为中心”的行为也不会有任何效果。只有真正的亲密关系——让人感到温暖、可靠、可信和熟悉的关系，才能将不利的客户关系向好的方向转化。

即学即用

思考题：想一想你比较重视的客户关系，判断哪些地方是我们的强项，哪些地方需要加强。记下你的感悟。

____

____

如何与客户增加亲密感？与他们进行对话，带给他们从未有过的体验。无论你的公司从事什么业务，无论公司出售何种商品，无论对话长久还是简短，你与客户之间必须通过对话实现如下目标：

★ 询问客户的现实情况：包括日程安排，工作是否愉快；
★ 激起学习热情：了解客户的目标和需要；
★ 处理好困难的话题：阐明下一步的工作，无论你要生产一杯拿铁咖啡，还是制作一份建议书；
★ 强化彼此间的关系：同时获得智力资本和情感资本；

由此，你与客户之间就有望实现高绩效合作了！

也许你会想，“亲密？我只是出售杯形蛋糕啊！”在此，我要提醒各位，无论你从事什么行业，无论你出售的是基金、计算机软件还是餐刀，这个准则都行得通。

如果你希望向满意的回头客出售大量的杯形蛋糕，本章的建议有助于你实现目标。另外，无论你在世界上哪个国家、哪个地域，本章的建议都是适用的。

用“一杯半咖啡”建立亲密客户关系

凯特是奥卡岛一位咖啡吧服务员，善于通过牢记老主顾的喜好并为其提供心仪产品与客户建立亲密的关系。我第一次来到凯特的店里，当她问我“一杯还是两杯”时，她注意到我有些犹豫。于是，她说：“一杯半，如何？”

“你能提供一杯半？”我问道。

“当然！”现在，每次我去她的店里，她都会给我准备一杯半完美的拿铁咖啡！想象一下，如果我到其他咖啡店点一杯半咖啡，肯定会毫无例外地被告知：“我们的订单系统无法生成一杯半的订单，因此我们无法满足您的要求。”真的如此难以实现吗？小孩都能做到。

当我再去奥卡岛时，你想我会去哪里喝咖啡？我无法计算从凯特那里购买的一杯半拿铁咖啡的数量。即使在她非常忙碌的时候，她也会抽时间与每位顾客亲密地交谈几句。奥卡岛的美景的确引人入胜，但吸引我的不仅仅是美景、咖啡或咖啡店，是那种体验吸引着我，是凯特吸引着我。

进入正式对话之前要做的几件事

联系客户不仅至关重要，而且完全可行。实际上，这非常容易做到。对话可以与客户建立联系，产生亲密感，尤其是“开采式”对话，能够帮助你更快与客户建立亲密关系。

正如你已经知道的那样，“开采式”对话的目的是识别出最重要的问题，以便更清晰地阐明问题，产生采取行动的动力，强化客户关系。你完全可以用“开采式”对话与你的客户沟通，但在开始之前，我要鼓励你采取如下行动。

■ 先建立联系

首先，停止推销！客户不希望被动地接受推销，他们希望你真正地关心他们。在亚洲文化氛围中，建立关系是最首要的事情，然后才论及生意。多年前，我曾在日本住过，当地饮茶仪式的整个过程就是提供一场高雅精美的体验。日本的饮茶仪式，不仅准备精心，服务周到，而且环境中的每个细节都面面俱到——摆设、香味、声音、温文尔雅的谈话，都会引人遐想，让人有受到关怀的感觉。如今，日本的商务对话经常在饮茶仪式中拉开序幕。从容悠闲地享受茶香，同时放松地进行对话，这样的气氛有助于构建客户关系。

然而在美国，我们开会或建立关系都是本着“在商言商”的观念，因为这样会使我们看起来更为“专业”。但是，关系在商业活动中的作用每次都胜过“专业”。我不是在鼓动你调整方向、把全部精力转到“关系”上，我建议你在“生意”日程与“关系”日程中间寻求平衡，使你看起来不仅专业，而且能与客户保持良好关系。

告诉你一个小窍门：与人建立联系最为迅捷的方式是笑声。想想看，上次你和客户一起开怀大笑是什么时候？

■ 让你的团队围绕客户的日程工作

始终牢记：你是通过一个人或几个人，向公司进行推销。不要忘了，不是 ABC 公司购买你的服务，是安迪、苏珊、凯瑟琳或查德购买你的服务。那么，如何维护与这些个体之间的实质性关系呢？

尽你所能确保他们成功。理解并接受他们的议事日程，把他们的议事日程当作自己的议事日程。了解他们在做些什么，要孜孜不倦地学习，让你的工作满足他们的需要。要出席会议，了解他们的竞争情况。让自己的兴趣爱好富有个性和权威性，充满热情。召集团队其他成员，围绕客户的议事日程工作，确保没有人试图向客户推销清单上没有列明的产品。要在合适的时间向合适的人做正确的事，这一点非常重要。

无论是通过与客户达成交易，使他们取悦于老板，还是出售给他们小型货车，让他们的孩子们能准时参加足球比赛，只要你能够让客户有成就感，你就会成功。另外，这些关系早晚能派上用场，因为人才的流动性很大，广泛的人际关系对你是有利的。有人可能会换工作，当你敲开她新办公室的门拜访时，她会欢迎你进来，因为她认识你，信任你，你在任何时候都可以接近她。

■ *慢慢来，让谈话轻松些*

如今的客户变得越来越警惕了。因此，无论你的公司出售什么产品，提供什么服务，你的意图远比你所采用的技术更重要。如果你在匆忙间达成交易，就会摧毁客户对你的信任。慢慢来，让对话变得轻松，让自己有机会发现客户的真正需求。你的目的是与客户建立联系，赢得他们的信任，创造安全、亲密的通道，使他们能够坦诚地讨论他们的需要，然后你就能够帮助他们实现目标，不管这需要花费多长时间。

然而，当你获悉有一个更好的想法、产品、服务或“交易”能够让新客户大大受益的时候，请一定先稳住阵脚。如果你急切而激动地忙于为客户解决重大问题，你将很难倾听他对于其他小问题的咨询；如果你由于全力等待一举拿下的机会，而没有真正地倾听他的询问，你的客户会敏锐地抓住这一点。想一想这可能会对你与客户之间的关系产生怎样的影响！

即使你的出发点是好的，即使某次机会确实能够让客户受益更多，也不要轻易动心。将其他日程放在一边，安心面对这个人，进行这场对话，讨论这个问题及下一步的最佳行动。如果你做到了，下一次击球时，就可能是本垒打。

■ *个人生活最真实，不妨透露一点点*

如果你坦诚而热情，就会得到更多回报，人与人之间的壁垒就会消除。

相反，如果你是“包在混凝土中的钢筋”，你的人际关系会非常脆弱，因为没有人认为他们真正了解你。

让我们尽最大努力，不要再谈论高尔夫、天气和本地球队。谈谈你的家庭、假期之类琐事，也问他们同样的问题。把你本人及家庭成员的照片发给他们，不是证件照，而是生活照。在我发给别人的照片中，我身着牛仔裤，脚穿长筒靴，我的狗狗坐在我身边。除了照片，我通常还会写上：“我期待着与您的下一次对话。”我的同事卡姆·特里普与客户分享了他儿子加百利的照片，结果，卡姆的客户与他建立了更为深入的联系，还向他发送了自己的家庭照片。

打电话时，会面时，对与你交谈的人要带有真诚的好奇心，将每次对话视为加深友谊的机会。询问个人问题，并与其分享自己的个人问题。如果你在见面时保持倾听个人问题的兴趣，就会知道并记住一些私事，这能够加深关系。不要花费太久的时间谈论自己。一位我所尊重的同行，每次见面的时候都长篇大论地谈论他的女儿，后来我发现自己在下意识地避免与其见面。的确，他们的女儿是个了不起的小孩，但我实在不想听到关于她辉煌业绩的另一个冗长的故事了！

■ *帮客户做事情，而非拯救磨难的救世主*

适当地展现自己的个人生活，会为你带来意想不到的好处：客户会渐渐将你当成可靠的朋友。摆脱“面向客户”的观念，展示真实的你。如果你能够满足客户的需要，提出合适的产品或解决方案，并具有执行能力，你的可靠会使得工作更有成效。

有一点要注意：不要在客户面前透露可能对你产生负面印象的个人生活。我曾见过有人采取分享信息的策略与客户建立联系，但他们分享的信息是他们一团糟的婚姻和对前任配偶的咒骂，或者他们昨晚如何在酒吧的争论中“获胜”。

成为可靠的朋友，你还得知道应该在什么时候说：“我不知道。让我深入研究后回复你。”这远比假装知道答案更可靠。承认自己并非无所不知，并愿意付出额外的努力满足他们的要求，这会赢得客户的尊重。

除此之外，多数客户不是在寻找一个能够独立战胜所有磨难的救世主。他们在寻找一位愿意帮助他们正确地做事，让他们远离麻烦并带给他们资源的人。**在全球经济背景下，客户的选择越来越多，标准越来越高，成为优质的资源是建立和强化客户关系的最佳路径之一。**

常常有人会犯的一个错误是：低估自己的能力，高估客户的学识。要带给客户只有你才能提出的想法和创新，如果其他人的工作能力远胜于你，要向客户介绍。因为你了解这个人，知道他愿意同哪种类型的人合作。当客户审视你帮助他们召集的团队时，你要让他们高度尊重你介绍的每个人。

与客户分享文章，帮客户做调查研究。如果其他公司的产品会使你的客户收益更大，你要坦率地告诉他。如果你认为客户即将面临绝境，要提醒他注意，并指导其到达安全地带，即便这不是你的职责所在。这关乎你与客户之间的爱心传递。

■ *术语、行话和幻灯片：必须被抛弃的“老三样”*

当你与客户开会，打开笔记本电脑时，你的大多数客户会在内心发出一声叹息。真的是这样的！然而，许多管理人员告诉我，没有幻灯片，他们的员工就无法工作。他们不知道如何进行一场简单的对话，抛弃幻灯片的想法使他们感到恐慌。“如果有幻灯片，我们就能够将数据显示在屏幕上，直观地展示我们想要做的工作，如果没有幻灯片，只能用语言来说明的话，这对我们的员工是非常困难的。另外，有些人喜欢形象直观。他们需要注视讲解的内容。”

你的听众应该注视你，与你建立联系，而不是注视屏幕。我喜欢技术，我本人也是一名销售人员。我们也在培训课程中使用幻灯片，但我们是有节制地使用。这才是问题的关键。我可以向你保证，如果在下一次销售会议中，你抛弃所有的幻灯片或将其缩减三分之二，一定会比以往更为成功。来吧，勇敢地迈出这一步吧！

行话的使用，也是同样的道理。一位销售人员或顾问使用令人费解的行话，除了会把客户搞迷糊以外，没有任何作用。对外行或公司外部人士而言，不确定的术语或词汇毫无意义。你们是在炫耀吗？你们的目的是显示优越感还是令人生厌？

对企业内部而言，行话是一种实用的简略表达方式，每个人都能理解，但如果我们坚持使用客户无法理解的行话，他们就会感到恼怒。列出你自己的行话清单，将其禁止使用。丢掉“中心”这个词，不要说以客户为中心、以患者为中心、以学生为中心，或者以任何事情为中心。丢掉公司网站上、市场营销材料中的类似词汇。这就是行话，它根本无法有效传递你要表达的信息，也无法让客户得到他们需要的信息。

■ 邀请客户参加你的计划会议

许多销售人员对与客户一起开计划会议的想法感到震惊。他们可以举出许多理由来说明，他们不应该这样做，不能这样做，这样做无法奏效，这样做让你自己和客户感到如何不适。但实际上，这是一个非常奇妙的方法，能够加深联系，强化关系。

这样的会议可简单地视为一场研究会，让客户向你透露更多的信息。在与新客户进行初次对话后，计划会议让你有机会确保上次对话的正确性。会议的主题是进一步界定理想的结果，并就此达成一致。如果理想的结果不清晰、不现实或不合适，或者你们之间对于达成一致的“结局”没有口头协议或承诺，你和你的客户计划就会落空，甚至可能会失败。

对客户说：“我们认为这是您关注的焦点和优先顺序，您看是否正确？”此时，客户通常会愿意与你分享新的信息，这些信息，对你成功与否至关重要。

会议的意图远比你实际讲的话要重要得多。如果你的意图正确，就会卓有成效。只有当你和你的客户双方就你的理解达成一致之后，才能谈及你与其他客户正在进行的业务，并提出你的初步建议。

如果开会时有你的其他同事在场，召集会议时要做好计划。开会时，你们是各行其是，拼抢时间，还是作为一个协同的团队展示相互尊重？如果你们两个人都善于进行“开采式”对话，你们两个人均可以在每个步骤提问，但只有一个人能决定何时进入下一步。

■ 询问客户的整体目标，并与其平等相处

在与客户对话期间，你可以在合适的时候询问其公司或部门的整体目标和战略——只能在他完全信任你的意图时，才能提出此类问题。告诉他，你希望了解这类信息，是因为你认为他的成功取决于是否具备良好的长期决策能力，而你所做的每一件事正是确保他的长远目标能够实现，甚至有可能直接促成目标的实现。

郑重地对客户讲：“请牢记你的目标和战略，我们将来要据此采取行动，以帮助你实现目标。这是我们对你的承诺。”

有时候，客户会发出如下抱怨：“你没有起到我们需要的强有力的引导作用”或“你没有对我们提出充分的质疑”。与客户的对话应该是平等主体之间的对话，应该让人产生相互依存的感觉，而不是某个人喋喋不休，某个人用高人一等的态度讲话，或者奉承对方。实际上，你一生中与所有人的对话，包括与你的家人、朋友、同事、公司的 CEO、你最喜爱的咖啡师、墨西哥餐厅的侍应生、首相、卖肉的商贩、银行家以及烛台制造商，都应该是这样的。

你可能不认为所有人是平等的，我也不会采用其他方式说服你。但我希望你想一想，如果你觉得自己身份低于别人，级别低于别人或屈从于他人，而对方也认为如此，多数人的感觉都不会太好（除了几个狂热的独裁者）。这对你的健康不利。如果你认为自己优于他人，或比他人更优秀，请克服这样的想法。

■ 做适当的投入来赢得合适的客户

准备好适当的投入，无论是交易谈判、销售商品还是起草合同。客户会判断你的投资，对此千万不要忽略。如果你试图销售一件价格昂贵的产品，而你却没有投入大量的时间和精力，即使它会带给客户丰厚的回报，

客户也不会对你的承诺有信心。客户不会介意你赚取多少利润，他们介意的是交易的失衡，你所付出的努力低于所收取的酬金。也就是说，客户判断的价值标准是你的投入产出比例。各方都应下点工夫。

有的时候，我们把时间、金钱、精力以及无眠的夜晚，浪费在那些色彩鲜艳的复活节彩蛋上，篮子里的彩蛋看起来如此漂亮，但却永远不会孵化出小鸡。当然，我指的是那些永远无法达成的交易。

我们陶醉、激动，满心希望顺利成交，但这些彩蛋很可能从一开始就无法孵化。怎样避免这种结果呢？我们可以问问自己："我们是否花费足够的时间寻找合适的客户、收集证据证明我们的产品或服务能满足他们的需要？我们是否常常问自己是否应该继续从事这项工作？我们是否做了市场调研，确保没有忽略不应忽略的客户？我们是否为最值得争取的客户提供了毫无竞争力的价格？"

是的，你的竞争优势是你与客户联系的能力，这意味着你无需与每个人建立联系。某些客户、某些行业、某些人根本不值得你投入时间、精力和资源。这就像钓鱼一样，你可能花费许多时间和精力钓鱼，当你奋力拉起钓竿时发现却是一只老旧的靴子。你可能会立即想起某位客户耗费了你大量的时间和精力，让你焦头烂额，筋疲力尽。我认识的每个经验丰富的商人都与一些非常小的客户打交道，与大客户相比，他们的要求更高，需要你投入更多。而大客户，唉，他们都是性情古怪的人！

在你与潜在的客户进行初次对话时，最为聪明的做法之一，就是要准备得更为周密，让你能够赢得合适的项目，并能够集中精力交付成果。如果我们已经赢得了许多大客户，就会有更多的选择，不必在很多池塘中普遍撒网，不用度过许多糟糕的日子。下面给出一些建议：

★ 确定你理想的胜算比率应该是多少。如果你的胜算比率是50%、60%或70%，这会对你的生活质量、你的收入、工作乐趣产生怎样的影响？
★ 客观看待你能处理的客户量。没有人能够应付无限量的客户。

如果你承担过量的工作，让自己每天像上紧了发条一样，你就会发现自己过度操劳，筋疲力尽，这对你的客户也没有好处。

★ 更新你的潜在客户名单，只保留切实可行的客户。拒绝那些与你无关的、盲目的建议或请求。

★ 看看一年中你从潜在客户那里能获得多少收益。在令人愉快的、有利可图的工作和令人厌烦的、无利可图的工作上，你花费同样的时间，浪费你的生命，这有意义吗?

■ 学会承认错误

在理想状态下，你会在预算时间内按时交付产品。否则，你就是噪音。或许充满魅力，但噪音就是噪音。这时你该如何处理？当工作遭到质疑，加速解决问题不仅重要，而且至关重要。回避问题或试图逃避责任可以让你迅速脱身，但请牢记，在任何时候你都应该承担责任！一旦知道自己犯了错，立即坦白承认。

道歉的技巧：不要说“我十分抱歉你会那样想”，这样的回应表明你不承认对问题负有责任。要对你做过（或没做过）的导致客户产生误会的事情感到抱歉。这样讲会好一些：“很抱歉我……了。我把事情弄得一团糟，我希望能够纠正错误，让工作回到正轨上来。”

到此为止，不要继续探究任何原因和借口。就说你对此感到抱歉，并立即采取措施解决问题。

■ 尽量与客户面对面沟通

面对面沟通对于建立联系的作用无可替代。两个人彼此接近，会更容易理解彼此的意图和精神，更容易心领神会。不要再花更多的预算购买“管理”在线客户的技术了，应该鼓励增加差旅预算，登门拜访客户，进行面对面的沟通，即使只有几个小时的时间。这一定会加深与客户之间的关系，增加亲密感，并用实际行动展示我们在客户关系上的投资。机票价格高吗？是的，价格的确高，但是失去客户的代价更高。

■ 你的“不可为”清单

不要越级投诉一位摇摆不定或对你充满敌意的客户。这会疏远你试图回避的人，使其成为你终身的敌人。不要在背后批评他，不要攻击他的价值观，除非不这样做就会违背你自己的核心价值观。

不要让客户陷入困境，在受到质疑时又轻易放弃原来的立场。这不仅会让客户迷惑不解，也会损害你的可信度。

不要向客户表达对业内主要竞争对手或其他人的不尊重。

不要做产品介绍，这样会使人们缄口不语。要与之对话。

不要对内部原则过于敏感，为了保护自己在公司的内部关系而不敢向客户透露他们应该知道的信息。

不要带领新人进行客户关系培育，然后又迅速让他们转移到其他岗位，使得客户感觉刚刚有人开始与之建立关系，那个人却走掉了。这会影响到你的员工赢得客户信任的能力。

不要把客户的同情误认为是客户忠诚。

不要认为既然客户仍和你打交道，他就会忠诚于你。只有达成交易，顾客忠诚才会继续。

深入挖掘“关系”潜力，请用开采式对话

让我们一起看看“开采式”对话，这是我体验过的与客户建立联系的最好的对话。

与顾客对话时，有两个非常重要的方面：积极主动的一面和善于接受的一面。积极主动的意思是，你的目标是销售，无论销售的是产品、服务、计划还是创意。对话中的多数时间都是客户在倾听你谈话。你要经常面带微笑，语速轻快，对自己谈论的话题充满热情。但是，你可能无法及时察觉客户对你的谈话毫无反应，或者根本就没有在听。

善于接受的意思是，通过提问与倾听之间的平衡，了解客户的议事日程。你所面临的挑战是如何减少自己的讲述，集中精力倾听别人谈话。客户讲话时，你不是被动地听，而是集中注意力，关注事情的实际进展。如

果你没有仔细倾听客户的讲述，就无法提出恰当的问题，就不知道自己需要了解的内容。许多人之所以错失机会，就是因为他们没有提取到可以获得最佳结果的关键信息。另外，如果你善于接受，适当地提出问题，有目的地倾听，会提高顾客的热情，增加他们在对话中的投入。许多顾客因为销售人员没有提出恰当的问题而离开了。

多数人，尤其是销售人员，善于采用主动模式。但“开采式”对话要求你具备上述两项技能，并能够在其间灵活转换角色。主动与被动相结合，就会让你有所突破，与客户坦诚相待，提高与客户建立联系的可能性。

无论你的目标是达成一次交易，还是建立长期关系，“开采式”对话都能让你深入了解客户的需要，而不是迅速做出假设之后滔滔不绝地一味推销。你要控制自己，不要急于向客户推荐产品或解决方案，切记，产品和解决方案本身没有任何内在价值，关系才具有内在价值。请记住，顾客在做决策时，首先是感性因素，然后才是理性因素。如果你的房子冷冰冰的，就可能会失去生意。

在“开采式”对话中，你的另一个任务是放缓对话的节奏，以便查明对话需要如何进展，帮助顾客识别核心问题，与顾客一起找到最佳产品或解决方案。让我们再简要叙述一下“开采式”对话的步骤。

■ 找出亟待解决的首要问题

你要提出的首要问题是：“我们谈话的目标是什么？我们谈论的最重要的问题是什么？”在此阶段，销售人员的最大错误是向顾客推荐产品或解决方案，或者直接告诉顾客他们如何为其他公司解决了同类问题，得到了什么样的结果。千万不要这样做！即使客户要求你提供解决方案，也不要急于推销。相反，要认识到你的使命首先是理解对顾客而言什么才是最重要的，顾客在什么地方遇到挫折，他们要得到什么，希望解决怎样的问题。不做上述工作，你根本无法知道何种产品或服务最适用于该顾客。

不要轻率地认为你知道对顾客而言什么是最重要的。结果可能让你大吃一惊。放缓对话的节奏，回到他们试图解决的问题或希望获得的结果上。

你可以谈论的话题很多。你希望选择最好的产品或解决方案，集中精力进行讨论，但此时进行这一步太早了。另外，我相信你已经注意到：顾客询问的往往并非他真正需要的。

■ 向客户阐明问题

在此阶段，你的工作是识别出实际问题，开始确定你的公司是否能够解决问题，以及如何解决。可能存在许多问题，你处理的可能不是真正重要或最重要的那一个。顾客提出的问题是表面症状还是根源？你的公司能够解决全部还是部分问题，或根本无法解决任何问题？

可能会存在以下几种情况：

- ★ 的确存在一个问题，一种解决方案。
- ★ 只存在一个问题，一种解决方案。
- ★ 我知道问题出在什么地方。
- ★ 我已经有了解决方案。
- ★ 我已经有了解决方案，而且我确信你遇到了难题。即使你没遇到问题，这个解决方案也太酷了，你应该需要它。

■ 确定此问题对当前和未来的影响

你要开始评估面前的“机会”了。对你所在的企业而言，这是个切实可行的机会吗？或者，你应该拒绝吗？是否有证据能够证明问题的存在，是确凿的直接证据还是零星的间接证据？证据是如何确认的？这一问题会导致怎样的结果，对企业有何影响？对于刚刚描述的问题，要何时开始正式处理？你对此感觉如何？

阐明问题的重要性。相对于其他问题或做法，是否应该优先解决这个问题？是否会产生足够的投资回报率？必须考虑的“副作用”是什么？解决这个问题是否会引起其他更大的问题？谁负责解决这个问题？试着撤掉解决方案，看看顾客是否在意。

如果他们极力争取你的解决方案，好极了。如果他们对此毫不在意，你就知道了，你可能没有任何机会。

确定个人在问题中的作用

在与潜在顾客的对话中，很少会探讨这个问题。尽管这样的询问看起来有些冒险，但提出这样的问题，一定会让你有别于你的竞争对手，会大大地提升你的可信度。这表明你勇于寻求全部“真相”，这对解决顾客的问题或达成其目标是非常关键的。有时候，通往成功之路的最大障碍，就是坐在你面前的那个人。

导致问题产生的原因可能是系统或个人，也可能二者兼而有之。

问问你的客户：“对于问题的出现，我起到了怎样的作用？”换而言之，这个问题的哪部分是你造成的？你和（或）其他人是否发现解决问题所需的变革难以推行？如果答案是肯定的，如何采取行动，推动变革得以顺利进行？

描述理想的结果

到目前为止，对话一直围绕着问题展开，清晰地界定问题占用了你们的时间和客户的情感。现在是时候放松一点了。阐明理想的结果和详细的目标，想象一下如果赢得了理想的结果，会给客户带来什么样的改变，对此客户抱有什么样的情绪。

采取行动

如果双方都有兴趣和意愿抓住这次机会，并且客户已经确定，与你合作完成任务显然比他单独行动能创造更高的价值，你们就应该确定彼此的工作和下一步的部署。找出执行过程中可能出现的问题，比如：“如何做出停止或前进的决策？这样的决策涉及哪些人？执行过程中可能出现怎样的问题？我们如何应对？执行的时间点有哪些？你希望何时再次会面？再次会面时，还有谁会出席？”

当我在培训课堂上演示“开采式”对话时，我会要求听众在每个步骤提出问题。他们提出的极具洞察力的问题总是给我留下深刻的印象，并让我感到自卑，让我想向他们学习。因此，不要拘泥于我建议的词句。询问和讨论相关的问题，只是不要偏离主题或使对话含混不清。

■ 向客户提出建议

现在，客户将发自内心地愿意倾听你的观点，因为你们之间已经形成了看不见但至关重要的东西——真正的关系。你已获得了客户的信任，因为你始终关注他的问题与目标，而不是自己的产品或服务。一旦赢得客户的信任，并进行了深入的探讨，你在对话或会议结束时提出的建议将远比早些时候提出的建议更能让客户接受。

此时，你要询问客户是否已掌握了应该了解的全部信息。你还应该询问竞争对手的情况。顾客曾与谁会谈过？到目前为止，他是否对你的全部观点持肯定态度？如果答案是否定的，你必须做哪些改变？

你已经获得提出最后一个问题的权利，因为你已经确定了与顾客之间的亲密关系。在对话中，这是关键却经常被忽视的成分，这一成分能够影响客户与你分享信息的多少，以及顾客的最终决定。

在我实施“开采式”对话的过程中，从来没有一位客户中间退出或抗拒对话。许多客户还意外地发现了这种对话的使用价值，将其用在他们与自己的顾客打交道的过程中。我们采用这一模式的原因在于：这其中没有操纵，只有联系、理解和强化关系，使之适用于每一个客户。当然，无论从事什么行业，你的目标仍是销售，只是将适当的产品以适当的方式在适当的时间销售给适当的人或单位。但你与客户之间真正的友谊，你们之间建立起的情感纽带，将使客户成为信任你的回头客。

什么情况下，“开采式”对话行不通？

当然，有时也会出现不适合与客户进行“开采式”对话的情形。例如，你在咖啡店工作，有顾客点了一杯脱脂的拿铁咖啡，如果你试图与其进行一场“开采式”对话，他会把你视为怪人，你的经理会警告你，等待的顾客已经排起长队了！那么，如果你从事的是日常的快速、简单交易，如何与顾客建立联系呢？

对于刚刚从事这项工作的人来说，最简单的一条是：看着他们。我承认，在某些文化环境中，目光接触被视为不尊重的行为，但这是例外。因为受到关注是大多数人的基本需要，如果不看着你的顾客，你就会错失良机。我曾经分享了非洲的问候语“sawu bona”（我看着你）及其回答“siknona”（我在这里）。如果不看着你的顾客，传递的信息就是他们不存在。这不是一个好的策略，不利于鼓励顾客再次消费。

微笑。如果你这一天过得很糟糕，或者感到毫无工作热情，我对此感到抱歉，但不要将自己不愉快的心情传染给你的顾客。如果情况的确非常糟糕，要么待在家里，要么学会如何伪装！这关乎顾客，而不仅是你自己。

做“可靠的朋友”和“优质的资源”

我曾经讲过一个关于冷冰冰的房子的故事。你的公司可能拥有最为坚固的地基，最为耐用的结构，但如果内部寒冷刺骨，没有人会愿意在里面享用晚餐。

问题是：“销售”本身不是错误的信息，但如何销售却是千差万别的，因此，除了为你的销售队伍提供“开采式”对话培训之外，这里还有一些辅助性的措施，帮助你的企业与客户建立温暖的、富有成效的关系。

在各个层级倡导直接沟通

太多时候，领导和管理人员热衷于撰写权威报告、制作精美的案例研究和幻灯片，却不愿意与活生生的人进行对话，而这恰恰是公司成败的决定力量。

我认识某公司的一位主管，她的员工为了公司及其客户的利益，特意与客户建立联系，原因之一就是这位主管亲自与客户交谈，鼓励他们坦率地提供信息,无论对方讲什么,都会专注地倾听。她是一位非常繁忙的女士,掌管着一家大公司,如果她只是留在办公室里参加各种会议,每个人都会理解她,但她深知同时赢得智力资本和情感资本的重要意义。她的一位员工告诉我:"她和你在一起的时候,她的确是全心全意在与你交流。"

有些主管可能会认为,与客户建立关系是销售人员或客服部门的工作。的确,这是他们应负责的工作,但公司的每位成员,无论他们的头衔或职位如何,都应至少在某种程度上与客户建立个人联系。

追溯 + 奖励 = 改进

有了追溯和奖励,工作就会有改进。如果联系对你非常重要,那就要施行追溯和奖励。这是星巴克的做法之一,一直以来,与顾客建立联系都是独特的星巴克体验的关键。

约翰·摩尔与保罗·威廉姆斯在 2001 年提出的"混合饮料宾果游戏"(BINGO,一种碰运气的游戏。——译者注)的想法,至今仍广为谈论,因为这是一个鼓励星巴克员工有目的地与顾客建立联系的游戏程序,是成功的典范。

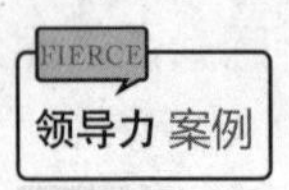

"宾果游戏",与顾客一起享受快乐

当公司要求约翰提出在全店鼓励竞争、刺激卡布奇诺销售的创意时,他求助于保罗,他们提出了一个富有创造性的试饮方法,这个方法成为促使公司成功的主要动力。

说到试饮样品,通常有两种方法。被动试饮是指顾客自己品尝放在桌子上或吧台附近的样品。主动试饮是指店里的员工亲自将样品递到顾客手中,并与之交谈。

毫无意外,到目前为止,主动试饮是与顾客建立联系的最佳方式,能够极大促进产品销售。此时,约翰与保罗面临的难题是:提出激励措施,鼓励员工绕咖啡店游走,邀请客户主动品尝产品。

在 FastCompany.com 网站上，约翰·摩尔将约翰与保罗的故事贴在《星巴克顾客体验计划的剖析》一文中。

保罗：做头脑风暴时，我们开始谈论孩提时代那些经典的棋盘游戏带给我们多少乐趣，比如糖果乐园、生命、五子棋和捕鼠器。游戏越简单越好。我们认为将鼓励竞争转变为棋盘游戏，以使店里的员工联合起来的想法十分美妙。我提到不久前我与朋友们玩的"宾果游戏"，那时我们充分享受到"我找到了"的快乐。

约翰：保罗提议围绕"宾果游戏"鼓励竞争。我们没有使用数字，而是以有趣的游戏代替数字，当店员为顾客提供饮料时，让他们始终与一位顾客互动。

保罗：例如，我们创造的活动包括让一位用笔记本电脑上网的顾客尝试穆哈布奇诺；让身着红衣的顾客尝试太舒柏瑞；教顾客使用"星巴克的饮料语言"定制他们最喜欢的混合饮料。在咖啡店的中心地带，我们让五位顾客和两位店员在店里跳"康加舞"(Conga，起源于拉丁美洲的一种舞蹈，由舞蹈者排成一个长队一起跳。——译者注)，我们的做法的确有些疯狂。

约翰：这个活动不仅使店员感到有趣，也令顾客开心。我记得一个星巴克门店给我们寄来一张完整的"宾果卡"、一张薄薄的海报和一大摞的照片，照片展示了他们的店员与顾客完成的"宾果卡"上全部 25 项活动。

保罗：最终结果是不仅混合饮料的销量攀升，店员的士气也得到了提升。就在上周开会的时候，还有人提及这个两年前的战术！"混合饮料宾果"一次又一次地作为我们帮助店员为顾客提供奇妙体验的最成功典范广为传颂。

约翰在文中补充道："让品尝成为娱乐和品牌，不仅是一个能够增加销量、创造利润的创新做法，也提升了星巴克的文化，鼓励店员与客户之间富有成效的互动让店员与顾客进行对话，为我们的顾客提供特殊礼遇和乐趣，让店员有机会走出吧台，与顾客互动。"

如果在你的公司玩一场“混合饮料宾果”，会是一番怎样的景象？如何进行这场游戏？在哪里进行，谁来参与？如何给你的游戏命名？你的最终目标是什么？如何记录这些活动？除了娱乐、联系顾客、提升销量之外，还能采取什么措施来激励你的员工或团队成员？

当然，人人都希望成为明星，希望自己的想法获得好评，希望“拥有”顾客关系。有这种想法很正常，因为评价或奖励都是依据绩效得来，而绩效与他们达成的交易或销售业绩又直接相关。但请记住：**与关系相比较而言，交易或销售应该是第二位的。**我建议你奖励或鼓励你的员工致力于建立联系，而不仅仅是达成交易。

在员工中间分享信息

毫无疑问，公司的每位成员都应该了解与顾客构建深入、可靠关系的重要性，你应该对你所宣扬的观点身体力行，并对员工的行动表示积极支持。

如果你的关注点完全集中在财务记分卡上，未能关注、捕捉并强化顾客的体验，那将不会与顾客建立联系。更为糟糕的是，你将失去诚信。我相信每一位职业经理人都不希望遇到这种情况。

在企业中构建令人信服的信息分享机制，或进行一场“政治演说”，确保每个人都能认识到到与客户建立联系的重要性。问自己如下问题：

★ **我们想要去哪里？**这个问题提供了一个描绘鼓舞人心的未来蓝图的机会，包括构建理想的客户关系。从客户的角度回答这个问题。你为客户做了哪些他们认为重要的事情？

★ **我们为什么去那里？**除了赚钱之外，一定还有其他原因。还有什么是对你的公司、你本人以及你的客户而言意义极其深远的？

★ **谁与我们同行？**这为我们提供了一个评估公司员工的机会，例如与顾客建立联系并构建长期关系的能力。

★ **我们如何达成目标？**这是一个强调、强化战略重点的机会。

如果你想要一份我在 Fierce 公司做的“政治演说”的副本，请给我发送电子邮件（我的联系信息在这本书的后面），提出请求。我们每年随着业务模式和战略的调整对其进行修订，用起来一直不错，能够满足全球顾客的要求。

深入挖掘关系潜力，请用开采式对话

请始终记住：你与客户在对话中谈论的内容以及谈论的方式，将决定未来哪些事情会发生，哪些不会发生。对话决定我们的成功与失败，这种影响会逐渐累积，然后突然对成败产生质的影响。

此时此刻，作好你的个人行动计划就显得尤为重要了。它要包括以下几个方面：

1. **扩展你在早些时候草拟的那份客户清单。**清单中包括那些给公司带来很少收入的客户，记下他们的名称，包括公司的名称和人名。记下给你带来障碍的核心问题和需要解决的其他问题。不要过于自信，认为不存在任何问题，一切都进展顺利。要知道，“赚钱”通常会掩盖其他问题。记下你与这些客户进行对话的最后期限，标出最具有紧迫性的对话。

2. **召集公司中在沟通联系方面能力最强的同事。**与他们分享顾客有需要，但公司却没有提供的产品或服务的信息。让他们说一说如何解决这些问题，听听他们的想法。

3. **如果你想为顾客做一些“疯狂”的事情**——超出正常的先例或协议范围，说服你的上司，征得上司的许可。

4. **作足准备工作，不要照本宣科。**事先准备好的产品介绍，里面充斥着类似“解决方案”这样的行话，最容易使客户掉头而去。不要做“产品介绍”，也不要奉承。进入“开采式”对话模式。问顾客：“我们应该谈论的最重要的事情是什么？”还可以提问类似“自从我们上次谈话以来，发生了哪些变化”这样的问题。然后是倾听！做真正的自己，毫不做作。让顾客主导对话，要知道每场对话都是千差万别的，因为每位顾客都是独具特色的。如果顾客情绪激动，甚至愤怒，感谢你的幸运星吧！因为你正接近事情的真相，这对你理解顾客的需求至关重要，你具有对此作出反应的能力。

5. 无论你对顾客做出怎样的承诺，要准时兑现你的承诺。

6. 对于你或你所在公司的任何过失承担个人责任。不要千方百计地想蒙混过关。

7. 放宽你牢牢抓住不放的价格，集中精力投入与顾客的关系之中。从长远看，你已经处在这种顾客关系之中。现在，你还可以从哪些方面前行一小步？

8. 如果你认为客户存在判断错误或目光短浅的行为，有礼貌地提出质疑。有些客户的要求是不切合实际的，因此有时说声再见是你最有效的选择。在离去之前，要阐明自己的观点和理由，即使对方是大客户。

9. 亲自与顾客进行对话，如果可能，搭乘飞机也要去。如果预算紧张，说服你的上司，这件事真的非常值得。与顾客面对面地沟通，是强化客户关系的最佳时机。你知道这一点，为之争取吧。

10. 最后，请记住你所做的一切都是在构建或破坏你的声誉，以及与客户之间的关系。到底是构建还是破坏，取决于你。人们宁愿从他喜欢的人那里购买较差的产品，也不愿意从他们不喜欢的人那里购买较好的产品。如果有更多的人喜欢微软，你认为他们会怎么做？如果有人喜欢你，他们会告诉 25 个人或者 125 个人。尽管许多人质疑这个观点，但与客户之间的关系并不是达到目的的手段，客户关系本身是终点，是目标。当你与客户建立深层次的关系，其他的一切就会随之而来。

无论对方是我的同事、顾客还是家庭成员，每次对话都会对我们的关系有所影响。他们是与我们的成败与幸福息息相关的人。如果我们失去了与他们之间的感情资本，我们就会逐渐甚至突然地发现自己失去工作或家庭，雨天里孤独地在街角游荡。

当我们在报纸上看到企业破产或主要管理人员离职的消息，或者看到有人离家出走或离婚，我们所看到的只是“突然”的一面。这个结果的形成是逐步累积的，直到有一天不可避免地突然而至。

比“高科技演示”更重要的是真诚对话

去年我在伦敦期间，UK 新任命的高级顾问马克（非本名）邀请我参观他的公司新建的“客户作战室”，设计作战室的目的是打动客户，从而赢得咨询业务。马克想知道我对此的看法。

这间作战室是利用高科技打造的天堂。一张做工精美的椭圆形矮会议桌，周围是六把舒适的真皮座椅。桌面上镶嵌着两台电脑显示器，使得会议桌乍一看像是玻璃桌面。从显示器上，你可以看到图形、图表、幻灯片和视频。

会议室为高级顾问准备了一个平台，他可以随意推动上面的按钮，这平台布置得就像没有幕布的《绿野仙踪》剧场。桌子上每个大显示器的左右两边各有一个小型的显示器。会议桌周围是七英尺高的全景显示器，色彩柔和的图片和煽动性的短语不断闪现和漂移。

会议桌的上方还悬浮着一台显示器，投射出云彩的影像。激昂的音乐和人性化的照明，充盈着整个空间。我坐到真皮座椅中，观看了一场模拟的客户讲座。

一台显示器上播放着图片，上面是层层叠叠的顾问与客户的面孔；一台显示器上播放的是令人印象深刻的个案研究，客户在吹捧他们的成功以及用数字支持的成功证据。全景显示器上在等待着潜在客户提供输入数据——此时，客户就是我。我按下按钮投票，对问题进行排序，提出其他问题或目标。这的确令人印象非常深刻。

在展示的最后，落地窗帘拉开，一幅气势恢宏的港口日落景观呈现在我眼前。有人为我端来了饮料，我选了一杯雪拉兹。欢宴般的音乐在耳旁环绕，我们向技术致敬，我们向满屋装置所花费的资金致敬。没记错的话，似乎是 200 万。

马克和他的助手——带我经历模拟的那个人，靠在椅背上，微笑着。

我：非常壮观。

(我们坐了一会，呷着酒。)

我：但是，我有个问题。

(马克皱了皱眉头。)

我：我们在哪里对话?

(马克眉头锁得更紧了。)

我：我喜欢技术，这个地方大大出乎我的意料。当我走进这间屋子的时候，你让我享受到了美妙的音乐，时髦而舒适的椅子。我喜欢这种亲密的布局，周围都是显示器，感觉自己被紧紧包围着。你们成功的工作给我留下了深刻的印象。港口上空的日落，好极了。顺便说说，雪拉兹，非常好。但我什么时候与你们对话，而不是与这些电脑显示器打交道?

(马克沉默。)

我：我在这儿已经待了一个小时了，被各种高科技狂轰滥炸，结果却对"亲密"产生了错乱感。我认为你们所做的工作已经超越了幻灯片，你们可以利用技术做出一些令人惊奇的、富有创造性的事情，但我的确失去了自我，我也不知道你是谁。几乎没有眼神的接触。没有人跟我讲话，没有人与我谈话。是你在不停地对我说。

(马克沉默，现在有点不舒服了，我下意识地降低了声音。200万，是个大数目。)

我：比如，在这间让人称奇的会议室中，你在屏幕上随机播放柔和的、不会转移注意力的背景，关掉音乐，看着你的客户，提出问题并认真倾听，如何?

马克：(热切地) 所有这些工作我们已经在前段做好了。从顾客第一次打来电话，到随后的会面，直至最终引导客户进入这间会议室，在我们提出解决方案并像今天这样进行产品介绍之前，我们都是勤勉尽职的。

我：显然，你们在这样的场合开会，已经做到勤勉尽职。我只是认为你们不应该起到主导作用，因为对客户来说，现实是不断变化的。你上次与客户会谈到现在，可能已经发生重大变化。即使你上个星期刚刚与客户确认过，你也应该在开始的时候询问是否发生了你应该知道的新情况。尽管这样的演示展示了你的能力，但你的竞争对手也可能具有相似的能力(是的,我知道你不赞成我的观点)，或者给出类似的解决方案。假定你和你的竞争对手都采用先进的技术和合理的收费，你的客户最有可能雇用的是那些从长远看他们最愿意打交道的人。

(马克的不舒服已经很明显了。)

我：我不是说不要使用这些装置。我建议你与客户有眼神接触，留出反应、提问和倾听的时间，让客户感觉到自己被看到、被听到、被理解。这是人类的基本需要，是很好的商务习惯。否则，你就无法把握顾客在他们最好的一天表现如何。另外,不要让人站在台上。每个人都应该就座，这样才能让人感觉是在进行一场对话，而不是展销，而且你的员工必须做好脱稿讲解的准备。在谈话过程中，他们必须愿意追随客户的脚步。

(沉默！)

我：不说话，你们在想些什么？

马克：坦诚地讲，使用这间会议室的多数人，如果没有事先做好准备，脱稿讲解都会感到不舒服。对他们而言，你所谓的自由流畅的对话是非常困难的。

我：你在跟我开玩笑！

马克摇摇头。

我：好吧，对于什么是良好的开端，我还是提一个建议吧。首先为员工提供对话相关的培训，尤其是能够强化客户关系的对话。

(沉默。)

我：还有一个想法。既然你们能够随心所欲地在屏幕上演示任何内容，与客户交谈时，为什么不在桌面的屏幕上展示噼啪作响的

> 篝火呢，甚至可以带有音效——当然，声音要非常低。多数人对篝火有美好的印象。那种木头燃烧的味道，令人舒服的对话，骇人的鬼故事。在篝火旁，我们与家人和朋友建立联系。这是一种出乎意料的接触，是人与人之间的接触，将会非常有趣。
>
> 马克牢记我的建议，包括篝火的想法。他现在的获胜率让人印象非常深刻，并已成为一个大型交易团队的领导者。

事情就是这样的。不论什么行业，首先与客户建立联系的公司会是该领域的赢家。它可能不是这个行业中最有竞争力的企业，它可能没有最奇特的产品、最低廉的价格，也没有最娴熟的广告宣传——但如果它拥有客户关系，拥有与客户的感情资本，它就会在你毫无察觉的时候悄然兴起，最终赢得一切。

作为领导者，你可能非常胜任你的工作，你的产品或服务可能优于竞争对手。但总有一天，你会发现你的竞争优势就是你本人，尤其是你与客户建立深层次联系的能力。一旦获得亲密与联系，创新、合作、执行与成功一定会随之而来。

FIERCE LEADERSHIP

实战 4

塑造有责任感的人

From Holding People Accountable to Modeling Accountability and Holding People Able

美国前司法部长冈萨雷斯在面对行为失当的指控时，以“错误确实被造成了”含混应对，结果众参两院喊其“下课”；奥巴马上任一年后因未能有效提高就业率，在接受媒体采访时坦承“我错了”，公众支持率立即提升将近 20 个点。责任感的魔力竟如此之大？

构建一种重视首创精神、善于解决问题、行动快捷高效、勇于承担风险的责任文化。谁是你的世界中最伟大的推动者和鼓励者？就是你自己。

面对挑战，有责任感的人会问自己，我要做些什么？他们不但能完成自己的任务，还会帮别人完成工作。

4

我经常会在夜里醒来，思考严肃的问题，并决定必须要告诉教皇。清醒后我才想起，原来我就是教皇。［教皇约翰二十三世(Pope John XXIII)］

我曾经听过一个真实的故事，在旧金山，一位飞行员在没有跑道的情况下驾驶着飞机惊险着陆。幸运的是，这次事件中，没有人受重伤，但飞机却在水中四分五裂。官方向该飞行员调查事故原因，面对律师和行业专家组成的调查团，他回答道："如果……"，这就是他的最后陈述。

在当今的商业时代，多数人听到这样的反应会目瞪口呆，或感到十分有趣。毕竟，当企业负责人最后一次质问"谁该对这次灾难负责"的时候，永远不可能有人跑出来，振臂高呼："我！我来承担责任吧！我就是那个应该承担责任的人！"相反，我们会立刻抬手指向他人："是他、是她、是他们、是它做的！不是我的责任。"

在全球各地的会议上、电话里、走廊中，每天大概能听到数千次面对个人、团队和十几岁的青少年所说的"我对你负责"的说法。我认为，想兑现这句话得靠运气。

不要误会我。责任感至关重要，是迄今为止最为稀缺、最为宝贵的东西。仅次于人际沟通，责任感是成功人士和成功环境所需要的最强大、最受期待而又最难理解的特征。**个人责任感的长期收益会对我们的生活质量产生极大的影响，公司的兴旺发达及福利与其员工所表现出来的责任感直接相关。**

那么，为什么在圆桌集团（The Table Group，一个致力于帮助团队发展和组织机构健全的管理咨询公司。——译者注）的研究数据中，所调查的

132 个管理团队中的 80%，其责任感的得分是“不及格”或“差”？为什么我们提升组织中责任感的努力是如此无效？

因为我们都忙于寻找有责任感的人，而忘记了要去看一看镜子里的自己。这才是我们最应该检查的地方。强大的伙伴关系需要我们了解需要、阐明期望、协作解决、履行承诺。

我们承认擅长上述所有步骤的人不多，尤其是最后一步。因为我们没有理解责任感的真实含义，不知道责任感与职责之间的差别，不清楚责任感因何出现，为何消失，以及它到底需要什么。

本章的目的是阐述这些问题，为你提供全盘计划，构建一种重视首创精神、善于解决问题、行动快捷高效、勇于承担风险的绩效文化。换而言之，企业中到处都是愿意承担责任的人，事事有人负责，而不是互相责备。

面对挑战的时候，他们会问自己，我要做些什么？答案不是回避与掩饰。他们不但自己完成任务，而且能够帮助别人完成工作。

即学即用

在我们深入探讨这个问题之前，仔细思考，写下下述问题的答案。

举例说明，你或你的团队面对的问题中，哪件事情因缺失责任感而变得更糟？由此导致的结果是什么？

____

____

____

举例说明生活中发生的类似问题。由此导致的结果是什么？

____

____

____

当工作出了差错，谁该为此负责？

尽管你已经清楚地与他人确认过工作的截止时间，仍无法避免出现这样或那样的问题、障碍以及延误。人们越来越忙碌，经常被突如其来的事情阻碍：一位同事未完成个人工作；供应商延迟交货：个人突发事件（孩子生病、中毒，家中的狗受伤）使得团队中的主要成员突然无法正常工作。

许多时候，我们分配了过多的工作，使他们无法有效地处理并完成全部工作，当截止日期到了，看着他们给出的理由和借口，我们失望至极。问题是，当类似事件发生时，我们下意识的反应往往是"我想知道谁该对此负责！"得到的也是下意识的回答："不是我！"

我曾经与一家跨国鞋业制造商的高潜能团队合作过。有一次，公司的创始人，一位令人印象深刻的高个子，走进会议室坐在后面。我刚刚开始与团队成员探讨责任感的概念，他就站起来，咆哮着说："我想知道，如果我们派一位成功的商品经理到一个正在苦苦支撑的地区去，经过一段时间却毫无进展，谁应该负责？是这位经理还是派他去的人？"

换而言之，谁该接受他的愤怒？此时此刻，40 位聪明人，这家公司未来的领导者们，尽最大努力使自己缩成一团，试图消失在他的视线范围之外。

这是为什么呢？因为多数人都把责任感与责备、过失、应负责任、犯错误联系在一起，甚至认为可能被解雇。实际上，还不如将责任感定义为"出现问题时，谁会掉脑袋"呢。那也就难怪在听到"谁对此负责？"这样的问题时，没有人愿意举手。相反，我们认为他、她、它、他们做错了事，应该对我们负责！

责备偏好似乎是我们的天性，存在于我们的 DNA 之中！

举一个让人觉得不可思议的例子。世界上最著名的大猩猩可可，因掌握了 1 000 多个美国手语，从而推翻了关于动物智力极限的偏见而闻名，某日打破了一件玩具（通过摄像头发现的）。第二天，它的训练员走进来捡起玩具问它："可可，你的玩具怎么了？"

可可马上指向了训练员的助理。这可是真事！

“我承认，错误确实被造成了”

人类，包括那些身处高位的人，经常会做出一些看似复杂的陈述。让我们看看前司法部长阿尔伯托·冈萨雷斯（Alberto Gonzales）对于自己在解雇美国联邦检察团律师事件中的责任时的无罪陈述吧。

“我承认，错误确实被造成了。”

这位司法部长使用了政客们最喜欢使用的技巧：被动语态。为什么这一技巧如此盛行？因为，被动语态除去了要承担的责任。想想吧，“错误确实被造成了”这句话中没有说明是谁造成了错误。这些令人讨厌的错误就不能自己停止发生吗！

在政府听证会与记者招待会上，被动语态成了各类官员“这是我的错”的廉价代名词，实际上当他们承认“错误发生”的时候，看起来还颇为骄傲呢。

当听到一位官员说“我犯了一个严重的错误”的时候，我们难道不会感到十分振作吗？在对此感到震惊之后，多数人会认为他非常坦诚，并相信同样的错误不会发生。想想看，奥巴马总统对其早期执政中所犯错误的坦率承认，反而让他的民众支持度大大提升。YouTube 上还特意为此开了一个专页，名为“奥巴马说：我错了”，下面转载了数篇奥巴马为个人责任感建立了楷模，以及民众希望当今领导者表现坦率等等的文章。但是，不要指望所有人都会对这种坦率欣然接受，就像对于“被动语态”的热情一样。面对错误的回避和躲闪，毕竟还是人类的本能。

我们真正想知道的是，错误是什么，是谁犯的？请不要给出一个非特指的“他们”。到底是谁犯了错误？告诉我们确切的姓名。是你吗？究竟会采取怎样的措施去纠正错误，并确保错误不会再次发生？

我曾经很喜欢一本连环漫画，漫画中的主人公是一个小商贩，在路边摆摊出售一些奇特的商品和服务。有一次，他在摊位上挂了一个标志：出售“拒绝”。他对漫画中另外一个人物解释说：

> 在这个选举的季节，我就开一间“拒绝”咨询公司。当候选人

和新闻媒体开始无情地互相谴责时，我为客户准备了每个场合使用的拒绝语言。我已经找到了勇敢、直截了当、毫不动摇、坚定、迅速、干脆、断然、愤怒地拒绝的新方法，而且，对于人们愤怒的指控，我找到了与之相匹配的反指控的方法。

有趣、悲伤、真实。

当然，责任感的缺失随处可见，不仅仅局限于政界。从个人角度讲，我希望有人解释为什么好莱坞一直在出品那些垃圾影片？为什么我要被频繁的电话打断正在进行的事务？为什么我自己辛苦攒下的飞行里程数，只能用来在我最不方便的时候飞到我不喜欢去的地方，而且还恰好坐在临近卫生间的最后一排座位上？当仍然没有办法治愈癌症时，为什么我预约的医生还认为让我苦等数个小时没什么大不了的？为什么仍然没有能彻底治愈感冒的良药？对于这些，我能让谁承担责任呢？

以我的知识判断，没有一个个人或群体声称自己对投资银行的失败、逐步高升的油价、没有及时提醒缅甸居民飓风的来临而导致 10 万人失去生命或关于伊拉克拥有大规模杀伤性武器的骗局负责。谁能告诉我，既然我们都知道纳斯达克前主席伯尼·麦道夫将数千名信任他的人置于严重的经济困境之中，为什么没有让他更快地进入司法审判程序？

关键点在于：**责任感的缺失存在于你的企业里，你的生活中，也可能涵盖了你对自己的财务问题的处理（或失当处理）方式。**是的，伯尼就是一只老鼠，但如果当时是你处在他的境地，你又会做些什么呢？

在我们确认“关键点”并探讨对策之前，思考两个相互对立的想法：

★ 公司的进步取决于我的领导、同事与客户。

★ 从一种非常现实的意义上讲，我所在的企业的进步取决于作为个体的我的进步。

你赞成哪个观点？

为什么管理人员的数量如此之多，却无法取得成功，无论他们如何定义成功？原因之一就是他们相信第一个观点。换而言之，他们相信其他人带领着我们工作。“我们的工作进展取决于我们的老板，以及他们如何对待我们；取决于我们的同事，以及他们是否聪明，是否能为我们提供帮助；取决于公司的客户，以及他们对我们的产品或服务的需要；取决于我们的配偶或生活伴侣，取决于他们支持的程度。不管我们做了什么，我们仍然将自己进步与否归责于我们的父母，父母为我们准备了所有好东西，让我们幸福地度过了整个童年时光，或者把我们的生活搞得一团糟。”

这种态度自然使得善于自我保护的利己主义者为每个偶然事件找到了借口。当工作取得成绩时，我们以功臣自居，当出现问题时，责任就不是我们的，而是他、她、他们或它的责任，是他们对你犯了错。事情超出了我们的掌控范围，受到政治、市场、经济和预算等诸多因素的影响。我们尽力做到最好，但实际上，你没有理由期望我们能够克服地球引力。

另一方面，如果有人问我们是否认为自己只是受害者，我们却会回答：“绝不是！我是一个重要人物，我的公司认为我是非常具有潜力的人，这一观点供您参考。” 好，停下一分钟或两分钟。你是否说过或想过下面的事情？

★ 在这些预算的约束下，我们根本就没有办法顺利完成任务。

★ 我的部门正在苦苦挣扎，就是因为战略存在缺陷。

★ 我之所以落后，是因为存在如此这般的障碍，使我无法获得前进的指示。

★ 我们的行业正在遭受损失，因为实现盈利非常困难，工会威胁要举行罢工，竞争对手迫使我们加入价格战，我们的客户对我们有诸多不合理的预期。

★ 我们的问题？油价！

★ 没有适当的技术，我们无法完成任务。

★ 我有 ADD（注意力不足过动症。最主要的症状是频繁地、不自觉地走神。——

译者注)，因此无法在这个项目上集中精力。(你是否注意到，有些人在说他们有 ADD 时，不是在抱怨，而是在炫耀！)

我经常在女性领导者的就职典礼上发表演说，就女性如何步入并保持其高层领导者角色发表一些自己的看法。2005 年，当我阅读凯特里斯特调查公司的《财富 500 强公司中最赚钱的女性管理者》报告时，我大吃一惊。根据调查的结果，女性管理者在工作中会遇到男性很少面对的三大障碍：

★ 性别偏见。

★ 被非正式社交网络排除在外。

★ 缺少楷模。

显然，这是为女性管理者提供了合理的借口和解决方案：不是说女性应该在工作中抵制性别偏见，应该努力使自己融入非正式的社交网络，应该努力奋斗成为他们的同辈或下一代的楷模，而是她们的公司需要多样化和包容，如果女性遇到障碍则公司应受到谴责。我感到震惊的是，她们的责任感在哪里呢?

现在，我不认为这些障碍已经不复存在。令人伤心的是，许多行业中的“玻璃天花板”仍然存在，工作场所依旧存在性别歧视，但让我感到吃惊的是被调查的妇女如此迅速地拒绝她们应承担的责任。毫无疑问，当马德琳·奥尔布赖特开始在白宫出任国务卿时，也同样面对着上述三种情况。许多人对她如何能够从一名秘书成为国务卿感到好奇。奥尔布赖特的回答是：我之所以能从秘书成长为国务卿，归功于我尽我所能地按照别人的要求做好每一件事，包括冲咖啡。我做的咖啡是最好的！

许多妇女仍然扮演着牺牲者的角色，责怪公司、社会甚至全世界，感到自己的职业生涯单调、平淡，质疑为什么事情没有任何改善提高。责任感的建立必须从自身开始。

我非常赞同一家金融公司的数据管理主管的观点。作为一名女性主管，她认为许多女性之所以失败，原因不在于她们没有明确的职业期望，也不是因为她们的上司没有把他们安排到合适的职位上，而在于她们没有花时间反思或了解自己究竟是否具备该岗位所需要的能力；没有积极寻求直接坦诚的反馈，无法了解新的工作岗位对品质和能力的要求，因此无法使自己成为新岗位的候选人；没有采取措施致力于上述工作，无法展示她们不可忽视的智慧、才能和希望学习的意愿。

因此，当听到女性的下述言论时，我承认我对她们没有丝毫的同情。

我根本就不可能成为高层管理者，因为：

★ 人际关系是在高尔夫球场上形成的，而我从不打高尔夫球。

★ 我家孩子小，无法每周工作 80 个小时投入到工作中，因此无法取得进步。

★ 某某人正在密谋和筹划如何得到我渴望得到的职位，但我就不会采取这些策略。

★ 坦白地讲，我为什么需要这些所谓的升职！这些身处高管职位的人非常可怜。我希望好好享受我的周末假期。

★ 人们不听我的，因为我是女性。

我听到太多女性讲过最后一句话，这使我感到非常灰心，有一种想要骂人的冲动。我认为，之所以没有人愿意听她们唠叨，就是因为她们总是在说类似的事情！最好的原因实际上就是最差的借口。

几年前，我的一位女下属经常抱怨客户总是不回复她的电话，导致她没有完成销售目标。最后，我说：“那就让自己成为电话能够得到回复的人！”一开始，她对我的回答感到震惊、受伤和愤怒。但从第二天开始，客户开始回复她的电话，她很快就成为我们的顶级销售员。换而言之，她做了不同的事。是她改变了，而不是客户在改变。

无论你是男性还是女性，我的建议都是：觉醒吧，不要再扮演受害者的角色，不要期望别人帮助你拓展职业生涯，而你却被动地像个局外人。

我总是留意那些受害者的“关键点”。例如，在每次优势对话培训期间，总有人会说类似的话：“如果我能在公司进行这样惹人注目的对话就好了，但我们的领导和企业文化不会支持如此高水准的坦诚。”

上述观点就是一个巨大的“关键点”。这其中的含义就是，这里没有一位是领导。我们可能有一位潜在的领导，而且很有可能是一位非常可爱的人，但他不是领导。他是一位“受害者”。有人告诉他们：“在这里，你不能做你自己。”实际上，更为坦诚的表述是：“此时此刻，在我最美好的一天，我选择不去做我自己。我不愿意鼓起勇气、意志、技能、精神，不愿意成为焦点，总之，不愿意做需要做的事情，不愿意讲需要讲的话。”

因此，当有人说他们无法进行优势对话的原因是公司文化不支持这样的对话时，我通常会说：“哦，这个让你感到不快乐的文化是什么？它在哪里？我看到你的同时，就看到了你公司的文化！”

问题是，文化并不是存在于公司的某种模糊不清的神秘力量。**你我就是文化。当我们每次走进办公室，拿起电话，发送电子邮件的时候，我们每个人的行为就构成了公司的文化。**

优势领导者知道，一次坦诚或谨慎的对话就可能影响到公司的文化。他们知道自己的成功或失败绝不取决于“文化”或“领导力”，而在于他们自身。既然你就是文化，你要先行！说到谁负责任的时候，不要总是指向领导者，除非你就是领导者。

我过去的想法与下面的想法相类似：看，事情就是这样。我的日程写得满满的，待办事项清单中的任务能压垮一头牛！当我几乎没有个人时间的情况下，下一个季度、明年我如何取得个人进步？

我过去也没有抓住其中的要领。后来，我想起一位朋友说过的话，他说：“不知不觉中，我们总是选择纵深生长或慢性死亡。有时候，会突然死亡。”这虽然有点戏剧性，但我明白其中的道理。

因此，我提醒自己，也提醒你，我的读者朋友，“现在”正在发生作用。伟大的故事、伟大的变革、伟大的成就……那些决定命运的时刻、事件、选择和谈话都需要我们把事情落实到位，并且现在就开始。

“受害者模式”的致命诱惑

尽管我们所有人都不时地成为“受害者”，但这仍然是一个令人沉重的字眼，而且已经成为人类生活的一部分。毫无疑问，有的人的确有一点“受害者”的倾向。很可能你就是这样的人。请相信我的本意不是使“受害者”一词妖魔化，从个人角度，我甚至喜欢受害者模式，真希望它能起作用。

你是否希望自己看起来健康并充满活力？你是否经历过承认错误的困难时刻？你最后一次向他人致歉是什么时候？你的形象比学习和结果更重要吗？你是否曾经说过：“错误被造成了？”你是否在某些场合不懂装懂，而不是承认你不懂？你是否曾经责备别人没有给你充分的指导、没有为你提供成功所需的工具、资源和支持？或者你认为事情的发生简直就是不公平的？你是不是某种程度上的风险厌恶者？当你听到“责任感”一词，或当有人认为你应该对某事负责时，你的内心反应是什么？

“受害者”随处可见。典型的情形如下：

★ 我被开了超速驾驶罚单。每个人都超速，为什么我会被逮到！

★ 我的工作负担太重了。我几乎无法全部完成。

★ 我没有得到升职，因为他们把这个职位给我老板的儿子。

★ 我比他们刚刚雇用的那个傻瓜要好得多。

★ 我的成长背景有缺陷。

★ 我的丈夫是个寄生虫。

★ 这种事情总是发生在我身上。我的脑袋上难道写着“倒霉蛋”三个字吗？

★ 他们没有要求我输入。

★ 世道变了！这些都没跟我商量！

★ 这些年轻人根本就没有工作道德。他们坚持在工作与生活之间平衡，真让人愤怒。

★ 我的情况比你糟糕多了！事情超出了我的控制。他们吃定我了。

★ 不，他们确实是吃定我了！

在小布什执政期间，我们的一位培训师在巴西工作，一位当地人对他说："我们的总统不如你们的总统。"我们的培训师大吃一惊，回答道："这对你有好处。"

为什么这个世界上受害者模式如此相同？因为这其中有着奇妙的益处！受害者是轻松自在的——不是我，是你，是他们。

受害者模式如何得到强化？有些时候，是因为每个人都认同某人是个受害者，当此人很会编故事的时候尤为如此。我们对受害者的遭遇表示惊讶和同情。可怜的人，让我帮助你吧。实际上，当有人正眉飞色舞地讲述自己的受害者故事时，如果有人打断他，并开始讲述他们自己的故事，被打断的人会明显感到愤怒！

受害者模式还因为经常得到回报而强化。我们的投诉文化通常支持受害者。会哭的孩子有奶吃，而那些辛苦工作的人，却没有受害者得到的多。

身为受害者也容易让人有一种生活在人群中的感觉。许多人不承担责任，是因为他们不希望失去同事之间的友情。"让我来告诉你吧，咱们这家公司非常邪恶。"我们赞成这样的观点，因为我们是同志。

受害者的另一个巨大的吸引力是：从此不必反省自己。就像我们在第1章了解的那样，反省自己非常困难。我们非常清楚他人的情形，而对于我们自己，却不是如此。在自己头脑中真实的事情，却很有可能并非是真实的。

另外，如果我们真的陷入受害者循环，我们自己就无需完成任何工作，无需面对自己的行为，因为这不是我们的工作。"我已经评价了这个问题，这就是你的责任。如果你和其他每个人都能包容我，我会更快乐。我是无辜的、清白的，我的生活质量与我毫无关系，因此我不必做任何事。这不是由我掌管的。如果在我的掌管范围，我会采取措施。"

当我们深入分析时，就会发现其中存在的缺陷。

作为一名受害者，其主要好处是安全。短期的安全感刺激着我们，因此每次我们都会选择做受害者。尽管它很诱人，但陷入受害者循环非常容易使人上瘾，而且它具有非凡的破坏力。推卸责任之后，受害者会感到沮丧，心情低落，其自尊心和自信心会遭受重大打击。人际关系受到损害，团队丧失凝聚力。然后，受害者会将这些不断恶化的结果视为受害的进一步证据，然后进一步证明其受害的借口是正当的。这种情况下，最好的结果是原地踏步，最差的结果则是事情越来越糟糕。

为了摆脱受害者循环，提高绩效，我们必须承担风险。当你听我谈论风险的时候，这是个极为相对的词：对某些人而言，要承担请一整天假彻底放松的风险；对其他人而言，则要承担连续工作的风险。

承担风险意味着放弃我们所熟悉的东西。然而作为人类，我们的适应能力是惊人的。

让人丧失斗志的“受害者”身份

长久以来，人们一直渴望安全。这种想法已经根植于我们的内心之中。脑科专家研究后承认，我们拥有“爬虫类思维”或称“古老的大脑”或称“残存思维”，这里汇集了我们原始的恐惧。

想象一下：一个原始人站在洞口，向外遥望着大草原。他注意到草原中有什么东西在移动。他感到非做不可的事是什么？“走出去看看是怎么一回事！”这位勇敢者的结果怎样呢？

他成为了野兽的盘中餐。于是，非常简单，其他人还是留在山洞中吧。

如今的情形与古代是一样的。当我们企图离开自己舒适的安全区的时候，原始恐惧感会控制我们的行动，我们会犹豫，思考这是否是个好主意。

自古以来累积的恐惧会告诉我们什么？

“如果我是你，我不会那样做。我的叔叔尝试那样做，但他却死了。”

当我们选择留在山洞中的时候，我们可能展示出怎样的特性？

★ 撤退，或攻击。

★ 愤世嫉俗或吹毛求疵。既然没有用，何必庸人自扰，等等。

★ 自怨自艾。如果我能战胜自己的恐惧感，我怎么还会留在山洞里？

★ 失去自尊感和自信心。

★ 抵制变革。

★ 刻意地指出别人的失败之处来证明自己的做法是安全的。

★ 不求有功，但求无过。

★ 事必躬亲，微观管理。

★ 注意力不集中，为了避开可能导致失败或犯错误的一切。

★ 没有发自肺腑的快乐或兴奋，混沌度日。

★ 对“正确”的需求变得极度强烈，不惜一切代价让事情按照自己的方式进行。

在一次关于“优势责任感”的培训课程中，我们有一个游戏互动的环节，让学员创作自己梦想的洞穴，以此确认“穴居诱惑”对人的吸引力。参加者选择代表不同物品的标签，将其贴在他们笔记本中的一个洞穴的图片上，想尽办法装饰他们的洞穴，使自己能舒服地长期居住。

你的选择是什么？我会选择壁炉、舒服的沙发、一杯红酒、“请勿打扰”的标志、我的笔记本电脑、我的狗、我喜欢的一些好书、鲜花、我获得的国际奖项（证明我突出的工作表现）和一个相框，里面是那位承担主要风险并因此被立即解雇的人的照片。

我们喜欢自己的洞穴。这个洞穴足够精致，我们可以偶尔去小住，但如果我们永远住在那里不再出来的话，就成了问题。

如果生活的主要目的是创造安全感，那么我们不会成为变革推动者，不会将最好的东西带进自己的生活，更谈不上带给我们周围的人。住在山洞中的人当然不会是那些最终成为公司 CEO、高级管理人员和经理的人。至少，他所在的公司不要指望在 21 世纪能得以生存并兴旺发达了。

你是继续当你的“山顶洞人”呢，还是离开？

“证据清单”其实是“借口清单”

每一个“受害者”心里都有一份“为什么我是受害者”的证据清单。记住，重要的并不是如何证明这份清单上的理由正确，而是你如何利用这些证据证明成为受害者是正确的。毕竟，每一个“受害”的事件都有可能是真实的。可能玛利亚真的踢了你的腿，或者你的老公是个暴君！如果你受到迫害，你就是受害者。

受害本身不是问题。问题来自下一阶段，我们开始收集证据，证明在当时的情况下我们的确无能为力。这种辩护非常具有诱惑力，以至于好多人喜欢随身携带证明自己无能为力的“证据清单”，仿佛这是一枚令人骄傲的勋章。

比方说，我的经理在电话中训斥我。我可能会反驳说：“你知道为什么我的工作没有成效吗？你知道为什么我的人际关系有问题吗？你知道为什么我对自己感觉不好吗？我的这份清单，你敢不买账吗？你进来，亲口告诉我，我需要更卖力地工作！你还有没有同情心！”

为什么这些理直气壮、冠冕堂皇的清单对多数人如此重要？

因为这些清单就是我们自身。我们认同自己的清单。如果你弄错了我的清单，那就是你使我犯了错误。我也感觉到，你认同你自己的清单，因此我可不想让你犯错误。

对我们的清单买账的人是我们的朋友，是真正理解我们的人，而那些不买我们的账，不理解我们的人，则是我们心头的一根刺。在“受害者模式”中，最为常见和最让令人心碎的结果就是转身离开。**当我们把那些不认同我们的人排除在外的时候，我们承担着是将最为需要的那个人排除在外的风险。**

有趣的是，当有人按照我们的希望，接受“证据清单”并说“哦，可怜的人，看看他们对你做了些什么。让我来安慰你吧”的时候，尽管我们乐在其中，但同时却不会再尊重他们了，因为这是一份表明我们在某种情形下无能为力的清单。

“你认同了我，因此我对你既爱又恨。”

但如果没有这些清单，我们该怎么办？我们将不得不做那些我们不想做的事情；某些情况下，那还是会使我们感到恐惧的事情。

记住，我没有说你的清单是不正确的。你清单上的每一项都可能100%正确，但这并不重要。重要的是，这是你的借口，是你对事件的辩解，目的是避免责任，好让自己继续留在山洞中。

激发责任感 = 激发行动力

如果你正在实践“乌贼眼”，可能已经注意到：让人承担责任是不正之风，会带来更多的问题，而不是解决问题。看看下面选项中哪些“关键点”适用于你本人、所在团队或企业。

1. **员工们不求有功，但求无过。**即使立法也不会激起人们对承担责任的热情。而且，强制规定会使内部产生阻力，最多也只能让人们在怨恨中顺从。“约翰，我想跟进你的工作进展情况。你要对你的工作负责。”责任被强加在约翰身上。于是约翰只是在受到监督的时候才表现出足够的责任感，就像小孩子一样，只有当父母在的时候才表现得很乖。

2. **产出不足。**就像人际关系一样，环境是我们营造的，要么享受，要么忍耐。当包括领导者在内没有人对结果承担责任的时候，人们只是做一天和尚撞一天钟，等待着结束的那天。时间在一分一秒中耗费。如果你身边的人只是在勉强地忍受每一天，我猜想他们的产出不会很高。

3. **工作分配不够明晰，项目推进困难。**大家担心因绩效不佳而受到责备，因此没有人愿意承担责任，甚至非常抵制对责任的具体认定。问题游移不定或者责任不清，事情很难解决。

4. **员工们如井底之蛙，视野狭窄。**由于担心受到责备，大家把精力全都用在寻找证明中庸之道合理化的证据上，而不是致力于克服前进道路上的障碍。

5. **恼人的意外频频出现。**多数人不愿意承认现实的困境，当团队一起承担“责任”时，大家所做的只是尽可能使可悲的结局晚些显露出来。因此，除非经理保持非凡的警觉，否则通常只能在最后一刻，就是在“截止日”之前，他才会发现离目标还有多远。

6. 带给员工“一代人的挫败感”。第二次世界大战后出生的那一代人试图通过让 X 代人和 Y 代人承担责任来激发其工作动力，他们觉得，如果这些年轻人意识到有可能丢饭碗，就会奋起应对挑战。这些老员工重视工作的稳定性，他们会忍受诸多胡言乱语而保住工作，但年轻人明显不是这样想的。因为 X 代人和 Y 代人只会留在公司一段时间，只要他们积累了足够的经验，可以在简历中写上公司名字的时候，他们就会离开公司。而且，第二次世界大战后出生的那代人很快就到了退休的年龄，让他人承担责任又能怎样呢？

7. 工作成效不能长期持续。紧急情况下，通过公司规定的“责任感”可以在短期内见效，但从长远来讲，将会形成一个痛苦不堪、消极抵抗的劳动力队伍。让人感到悲哀的是，如果发号施令和实施控制的领导者说“在承担责任这个问题上，我们需要更强硬”，那么他们得到负面结果的速度就更快。

8. 同事之间充满仇恨。我们的工作环境中充满敌意、分裂和搬弄是非的气氛，人们总是关注谁在工作、在做些什么，并迅速指出过错和缺点。

9. 领导困难。人们不再来你的办公室，而是在你不知道的情况下，到别人那里去，因为太害怕告诉你工作无法正常运转了。这种情况下，你只好继续威胁他们，否则就会失去信誉。

10. “依赖”成为一种企业文化。人们只做你吩咐他们做的事情。为什么要自寻烦恼多做一些呢？

11. 工作缺少热情。一些人会变得麻木不仁，缺少人情味。

12. 战略失效，缺乏首创精神。“我们无法完成任务，原因在于……”

13. 职业生涯停滞不前。面对失败责备他人，不是领导者应有的行为。

现在，我希望你已经改变了原来的观念和行为，从而获得你自己与你的企业所希望的结果。见表 4.1，两相对照，其间的区别不言自明。

很不幸，许多人选择了左侧的那一栏，但是，正如我们在之前的案例中提到过的，“如果你在这场争论中赢了，你能赢得什么？”你凭着乌贼眼赢得了所有的“关键点”，甚至更多，但这里面没有一个对你有益处。

表 4.1　消极观念与积极观念的对比

消极的观念	积极的观念
如果其他人或整个环境做出改变，我就能获得想要的结果。	我能采取怎样的方式，来获得想要的结果？
现实无法改变，为其争斗毫无意义。	我们或许可以通过考虑周到的对话改变现实。
收集证据力证我的行为和表现，这一点非常重要。	我宁愿获得想要的结果，而不是找到正确的理由证明自己为何无法获得想要的结果。
如果事情进展不顺利，职责决定了谁应该承担责任。	职责决定了谁应该排除工作进行过程中的障碍，使其如期进行。
授权需要我让人们负责。	授权需要我塑造职责、分派任务，并使人们具备相应的能力。
我无法创造自己想要的结果，因为现实超出了我的掌控范围。	考虑到目前的现实情况，我需要想方设法地采取措施，创造出想要的结果、事业、人际关系和生活。
这与我无关。这与他、她、他们、它们以及客观形势有关。	这或多或少与我本人、我的行为、信念或态度有关，一旦认识到情势需要我做出改变，我应该有所行动。
他人的理由毫无说服力，而我的理由却是真实存在的。	每个人的理由，既包括我自己的理由，也包括那些"毫无说服力"的理由，都是真实存在的。
在现有的资源条件下，我尽力而为。成败取决于管理层如何解决问题，排除我前进道路上的障碍。	尽我所能，依靠自己的力量解决问题，如果无法解决，我要提出解决建议，并提出明确的要求，以确保取得成功。

另一方面，如果你选择了右侧的观念，会发生什么事？何时发生？

★ 员工们自动自发地为团队和企业营造出骄傲和忠诚的企业文化。

★ 他们带来了活力和能量，激励人们集结在开始行动的人身边。

★ 复杂问题得到重视并被妥善解决。

★ 工作得以及时完成。

如果我和真正有责任感的人在一起，我的第一个念头就是：多么令人惊奇！我的第二个念头是：好极了！

责任感是一种生活方式

对于多数人来讲，“优势责任感”的概念乍一听有些令人恐惧，让人感觉好斗，充满了矛盾，带有繁重工作负担的味道。但如果你从最积极的角度思考这个词，就像优势忠诚、优势决心或优势友谊一样，你可以把“优势责任感”与“积极面对突发事件”和“行动力”联系在一起，即使在遇到困难的时候。

下面是优势责任感的正式定义：

优势责任感（fier· ce respon·si·bility）

词性：名词，动词

★ 希望对结果承担责任。

★ 注重解决措施，积极采取行动。

★ 这是一种态度。

★ 是对“如何度过一生”的个人化选择。

问题是：虽然给定了目标，我该如何实现？前进道路障碍重重，困扰问题摆在眼前，我要如何去做？

困难时期，需要简单答案。只需说：如果事实如此，一切由我决定。

回想一下本章开头时提到的问题：责任感的缺失使得事情越来越糟。如果你问自己“对于这个问题 / 这次失败的运作 / 这一令人失望的结果，我该对哪部分负责”，你就会发现你体内“推诿责任”的 DNA 开始作怪。

责任感不是一个过程或一种工具。它能够帮助过程或工具更为有效。想一想，你的公司里是否存在这样的现象：一个很好的架构和流程，在某些人的掌控之下顺畅地运作，而在另外一些人手里却故障不断？我认为多数流程和架构在本质上是不分好坏的，关键要看它们掌控在什么样的人手里。

如果不让他人承担责任，而是我们自己承担责任，让他人各尽其职，各尽所能，促成变革，结果又会如何呢？如果我们不是对其他人指手画脚，横加指责，而是塑造责任感，鼓励其他人承担责任，结果又会如何？

结果就是人们将无法命令他人承担责任了。**说“你需要为此负责”是毫无意义的，能让我负责任的只有我自己。**个人责任感是一种生活方式，与所有的优势实战一样，这是一项需要自己完成的工作。关于责任感的对话只能是一场与自己进行的对话。但好处是其具有感染性。因此，让我们身体力行，然后看看如何对他人施加影响，让他们也采取行动。

与其他优势领导力实践一样，责任感的实践也是从你自身开始，以你自身为结束。我们在所有人面前承担责任，不要夸夸其谈，要以行动塑造责任感。完成你承诺完成的工作。对令人失望的结果承担责任。集中精力采取行动。多问问自己：对于这样的结果，我将如何处理？

如果是他人出了错，也问自己同样的问题。事情已经这样了，你要采取怎样的措施？必须停止责备。花一些时间，思考一下你希望改善什么，希望从工作中获得什么。其中有些结果是有形的、外在的，易于计量。我们可以看到、感受到并触及到他们，可以对它们挑挑拣拣，或者将他们存进银行。这些结果包括更高的薪水、晋升、更为宽敞的办公室、更加自由的时间、完成销售目标、维持一套机制、准时供货。

还有一些难以计量的无形结果。工作与生活的平衡、内心的平静安宁、满意度、减轻工作压力、成就感、同事之间的友情、情感交流、凝聚力、自豪感。

设置目标时，一定要同时注重有形结果和无形结果，以免顾此失彼。许多人从小就认为，如果我们拥有了可以衡量的一切，我们就会感到幸福，但我认识许多非常富有却倍感痛苦的人，因为他们虽然获得了巨额财富，却没有完成无形目标。你拥有一种财富，并不意味着你就会拥有另外一种财富。

对于不想升职，不想获得大办公室的人来说，有形的目标往往是非常相似的，但无形目标却大相径庭。例如，“二战”后出生的人希望获得工作安全感。而20世纪60年代到80年代生人并不认为工作安全感非常重要。他们寻求个人成长与职业发展，如果他们的目标没有实现，就会转而寻找下一个。关键的问题是，我们必须设法实现无形目标，这才是我们真正渴望从工作中获取的结果。

当你思考自己渴望得到的结果时，优势对话的第一个原则就派上了用场：鼓起勇气去质疑现实。如果回避应负责的结果，那承担个人责任的可能性就不大。失败、垮台、离婚、公司解散，这些恶果会逐步累积，然后突然来临。

如果将责任感作为一种生活方式，你就会始终关注你的工作进展如何，当然就会在需要纠正的时候采取措施了。另外，要妥善处理你当前所面临的最为艰难的挑战。如果你打算拖延处理，请不要继续这样下去了！拖延对于问题的解决没有任何好处。那些选择承担责任的人，会直接寻求解决方案，采取行动，解决问题。这些人或许恰恰是日后成功的优势领导者，也是每一家企业得以成长的中坚力量。

即学即用

点击暂停按钮，记录你对下述问题的答案：

如果我承担责任，希望得到的有形结果是什么？

____

____

如果我承担责任，希望得到的无形结果是什么？

____

____

至此，既然我们对“责任始于自身”的观点已经非常清楚了，让我们看看如何帮他人塑造责任感，让他们各尽所能吧。

用“开采式对话”建立责任循环

如果你发现工作和生活中存在不如意的地方，我想那就是你没有承担起责任的领域。为了引导你进行思考，我制定了一个“责任循环”，下面我们就看看如何利用它来一步步建立起你的个人责任感。

步骤 1　反省你自己的“责任感”

在你的生活中，是否有感觉不幸福之处？也许在某种环境下，你的职业生涯或个人生活无法正常运转，你与同事或家庭成员之间也有点麻烦。你的借口可能是：如果换个经理，我的境况就会变好。但是，你有什么证据能证明这样的结论是正确的？

我们总是无法选择自己所处的环境，但我们能够选择如何进行评价。如果我们希望提升有形与无形的结果，优势责任感是最为高效的选择。承担责任需要极大的勇气。在失败、垮台、失业、破产、离婚等事件中，我们可能一直认为自己是正确的。

然而我们可能不得不承认自己的错误。想想你希望生活中有所改善的地方，然后填在图 4.1 的“受害者责任循环”中。

正如我早前所言，如果坚持认为“不承认错误”或“求稳”对我们而言是最重要的，我们就只能成为受害者，待在山洞中不敢越雷池一步。但问题是，如果我身处山洞之中，提高绩效就非常困难。因此，我们所面临的挑战是离开山洞，抛弃原来舒适的生活和作为受害者的安全感，开始承担起责任。

当恐惧逼迫我们回到山洞中去的时候，我们需要更重要的人或事情帮助我们战胜恐惧，走出山洞，到三角洲去寻找更好的食物。有时，这会很痛苦，甚至触及底线。有时，我们知道保持现状于事无补，需要有人承担一定的风险，否则每个人都会饿死。

也许，当你获得了希望得到的结果，回过头来看看一路上最为成功的地方，那可能就是你承担责任的地方。

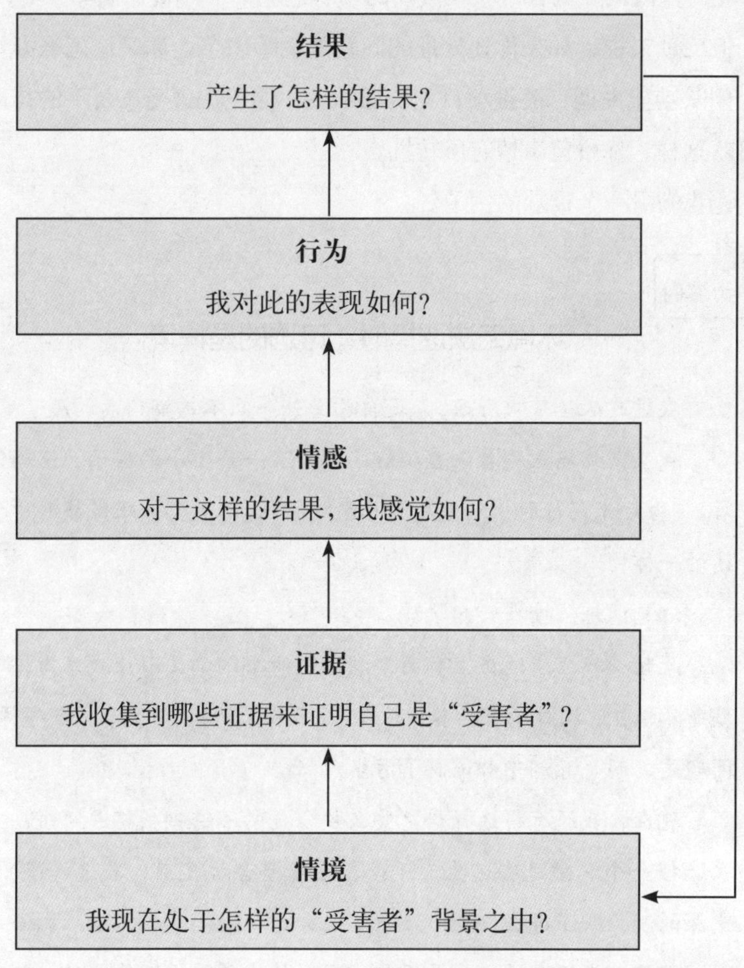

图 4.1　受害者责任循环

例如,你所处环境的人际关系非常健康、有益。你是在什么样的“情境”下，建立起如此令人愉快的人际关系的?你承担了怎样的责任?你何时发现自己远离了山洞，开拓全新的、未知的领域?或许，你的身边有深深信任你的同事。或许，你在截止日期之前完成了一个复杂的项目，并且将成本控制在预算范围之内，尽管在整个过程中困难重重。

你每天作出的决策，产生了多好的结果!

花一些时间，为你一生中成功的领域建立一个“责任循环”吧。

但反过来说，如果你要处理的问题是烫手山芋，你又该怎么办？也许整个团队功能失调，关键项目上资源不足，你正在遭受不公平的待遇。你不喜欢这样。你希望事情有所转机。

让我们看一个极端的例子。

环境无法选择时，可选的是情境

假设我从睡梦中醒来，发现自己身处一间不锈钢构成的屋子里。

我注意到墙上亮着一盏小灯，下面有一条小小的提示，上面写着：“当灯光闪烁时，墙壁将开始聚拢挤压。”天哪，跟谍战片中描述的一样！

灯光闪烁。墙壁开始聚拢。

此时，我发现地板上有两个洞。这两个洞都足以让我容身，四壁是不锈钢，洞口均有标签，写着“2.5 米深”和“1.5 米深”字样，问题是，两个孔洞中都灌满了污水。

现在，我还有得选择吗？要么被合拢的不锈钢板挤成肉饼，要么选择一个洞跳进去逃生。于是，在墙壁合拢之前，我选择了 1.5 米深的洞，跳了进去。

就目前情况来看，我是否作出了最佳决策？很可能是的，但我现在被密封在一个不锈钢圆筒中，四周是 1.5 米深的污水！

现在我还有得选择吗？有的。我的最后选择就是“情境”。我可以说：“这是我碰到的最糟糕的事情。太不公平了，为什么这样的事情总是发生在我身上？”或者，我可以说：“感谢上帝，事情总算到此为止了。”

我并不是说，在碰到类似的糟糕情况时，你应该勉勉强强地说：“噢，可怜的孩子，污水！看来不得不喜欢它了！”但相对于另一种说法而言，我会采用这个。我猜想，之所以那么多人感觉自己不幸福，原因是我们总是将现实与幻想中的“理想情境”进行比较。我们将现实生活中的配偶与迷人的助手进行比较，将我们现实中的工作与富有吸引力的工作相比较，将现实中的公司、客户与有吸引力的公司和客户进行比较。

为什么不能拥抱现实呢？探寻可做的选择，阐明希望的结果，并朝着那个方向努力。不要问我该如何从污水筒中脱身，我一点头绪都没有。但在回想了起初我是如何落到此等境地之后，我会试着想出一些办法。

为什么我们总让自己置身于“唉，为什么是我？”这样的情境之中？为什么我们不愿意承认我们有选择，尤其是当我们面临生活的困境时？因为承认困境将使自己不得不离开山洞，冒险走入荒野。相对于接受身陷污水筒这样的现实并采取行动摆脱困境而言，抱怨、憎恨和责备更为容易。

多年以前，一位美洲原住民在一次会议上发言。他说，总感觉有两只狗生活在他的体内。一只是吝啬的、充满敌意的狗，另一只是优雅的、富有同情心的狗。他们总是彼此争斗。一位听众问：“哪一只狗赢了？”他回答道：“我喂食最多的那只赢了。”

责任感是一种选择。我们可以选择喂食那只受到伤害的狗或者是承担责任的狗，但这选择很难，因为我们难以抛弃我们的受害者清单。我们已经耗费了大量的资源、时间、努力和对策。每当我们感到不安全的时候，这份清单就会跳入脑海。受害者循环的主要好处就是安全，只要我们的最高追求是安全，我们就永远不会摆脱这个受害者循环。因此，当我谈论责任感的时候，指的不是“安全”的选择，而是更为有效的选择。实际上，受害者模式更多地是指短期的安全，但却以牺牲长期进步为代价。我希望无论在什么环境下，你都能拥有一种长期有效的工具，而不是对环境作出反应。

你拥有能力。问题是：你的能力用在哪里？你可能拥有的是抵抗的能力：“我被公司裁员了，失去了工作。我能责备谁？！”或者你可以正面积极地利用你的才能：“这是一个改变生活的好机会，因此我要努力积攒成功的资本。”

即学即用

想一想你希望达成什么目标，即使你现在的感觉犹如置身于 1.5 米深的污水之中。想一想对你而言真正重要的事情，你渴望得到的东西。即使你认为这绝不可能实现，也在下面写下你的愿望。

____

如果我告诉你，即使环境富有挑战性，你也可以得到自己想要的结果，你对自己有何看法？记下这些内容，这可能是经验、特质、优势，以及能想到的有助于完成目标的任何事。

其实，对大多数人而言，填写这份清单要难于填写受害者清单。

____

____

对于这样一份自我评估，你感觉如何？充满希望，大受鼓舞？在这样的情绪下，你的行为会有怎样的变化？会作出怎样的决策？采取什么行动？你认为你会创造怎样的结果？

不要收集你无法胜任的证据，你现在的目标是收集确保你会成功的资料，这包括寻找支持自己成功的其他人的帮助，而不是寻找受害者同盟。

你会不会失败呢？会，但你能够在失败中学习。没有人能够完全避免失败。我们能做的就是改变失败产生的情境。

优势责任感与所有权相关。你将问题归为己有，这至关重要。打个比方来说，租房者和房东，谁会更好地照管他们的房子？因此，我希望你拥有你的责任，而不是暂时租住。

从拥有所有权开始，进入决策角色。当我们真正负起责任的时候，决策的变化是惊人的。然后，针对某个问题采取行动。此时此刻，我们已经远离山洞。每次我们承担风险的时候，我们将信心满满。

我将引用那些选择优势责任感并将之付诸实践者的话，以此总结承担责任的益处。

★ 我不仅吸取了失败的教训，还学到了成功的经验。

★ 我成长了，我变得更坚强。

★ 越来越多的人愿意与我相处。

★ 我个人的前途更光明。

★ 我的认知能力得到了拓展。

★ 我的大脑和精神都苏醒了。我更加珍惜眼前，而不是无精打采地缅怀过去。

★ 我的情感得到极大丰富。我自我感觉良好，我非常快乐。

★ 我已经走出了自我的山洞，敢于冒险。

★ 我获得了别人的羡慕和尊重。

★ 我已经取得令人瞩目的成绩。

步骤 2　帮助其他人建立责任感

到目前为止，你已经完成了自我实践，与自己进行了优势对话，你的责任感已初步建立。如果你生活中的其他人，包括你的同事、朋友、家人，也养成承担责任的习惯，他们及其身边的人是否会极大地提高绩效呢？

下面是一个真实的故事，你可以从中效仿。

优势对话给 AT&T 团队带来的提升

为了树立自信心，鼓励跨部门合作，并实现高压力、高风险的战略目标，AT&T 移动公司网络工程的执行董事彼得·尼尔聘请了我，让我与该公司分布在全国各地的七位工程主管进行一系列的战略对话，对话的主题是如何实现他们的目标以及培养领导者特质，彼得相信这些是跨部门团队取得成功的主要因素。

彼得曾担任过传输工程部的主管，他发现该部的地区分部之间几乎没有联系，各自为政。彼得解释道："我们是由各自独立的工程团队组成的集体，各自有着不同的业绩标准，每个团队工作的业绩也不尽相同，但我们需要对共同的结果负责。”

说到责任感，传输工程部在业界的名声是：经常错过最后期限，无法交工，并为自己的失职寻找各种外在借口和原因，责备个人，抱怨环境问题。像大猩猩可可一样，他们总是指责别人，自己却从不承担责任。一个通用的借口是：“我/我们知道这是不可能的。在限定的时间期限内，我们根本就无法完成这项工作。”他们这种十分顽固的受害者形象在整个AT&T移动公司众人皆知。

其实，公司规定了4个关键的考核标准：可计量的工作结果、工作速度、财务业绩和创新，以此衡量部门绩效。彼得认为，要想实现上述目标，需要在整个业务部门进行全新的对话。

在对话启动期间，我开始给团队成员打基础，讲述优势对话的原则与实践，包括问题准备清单，确保将来进行的讨论都能够一炮打响。然后，我们制定了当年的目标，这些目标具体、明确、高效，而且是可计量的，例如财务责任、系统能力与绩效、业务创新、工具开发、网络计划与工程。

我问他们，是否认为在给定的时间框架和资源约束条件下，这些目标是切实可行的。他们有些喘不过气，但承认目标可行，尽管有些大但可以实现。接着我们制定了详尽的60天行动计划，其中包括一张图表，表中明确规定了具体的负责人、工作完成的时间、完成的工作内容。

然后，我们开始谈论责任的问题。什么是责任？责任与职责有何不同？谁分派责任？有人承担责任，情况会怎样？无人承担责任时，又会如何？为什么责任会消失不见？此时此刻，团队正面临着怎样的责任问题，因逃避责任使得问题越变越糟？他们知道答案。

我们谈及他们在业界作为受害者的名声，当然，这不是什么值得骄傲的事情，并谈论优势责任感的概念，之后我禁止他们指责别人而非自己承担责任。然后，我说道：

“你有15分钟的时间，起身在房间走动，查看我们在墙壁上粘贴的所有内容。注意人员、内容、时间表，尤其是上面有你名字的项目。当我们再次集合的时候，请告诉我们你是否认为无法按时完成表中标明的工作。如果你认为无法完成，请告诉我们要想圆满完成任务你还需要什么支持，我们可以据此计算为你提供的资源，或者结合工作的现实环境，做出一个更现实的交货期。一旦你在这张表格上签字，我们就结束会议，并要求你承担所承诺的责任。每隔一个月，我们会再次召开会议，每次会议我们都会检查到期的任务项。然后，我们会讨论自上次会议后已经改变的事物，处理你提出的下一组问题，继续拓展计划。”

几乎每个人都至少变更一次“到期日”，确定缺少的资源，想出如何得到这些资源的办法。然后，我们庄严宣誓，如何起死回生，如何让老树发新枝。好了，虽然没有斩雄鸡、喝血酒，但我们确实发誓了。

未来的 12 个月中，团队成员会晤了 5 次。我们探索并实践那些对 AT&T 移动公司的成功运营非常重要的领导特质。他们利用之前学到的动态对话模式，询问现实问题，处理面临的最为艰难的任务，为关键项目设计战略与蓝图，越来越多地表扬团队成员的聪明才智，强调进一步的合作，确保每一位成员都不会掉队。

彼得对此感到非常高兴。“我的团队能够在‘战略对话’中熟练地鼓励同事，因此提升了整个组织中个人的责任感。”彼得骄傲地指出，好处显而易见：

★ 超额完成 5 个年度目标中的 4 个，且正在完成第 5 个；

★ 效率越来越高，财务绩效水平提高超过 25%；

★ 获得了每年改进所必需的基础，这对在 AT&T 移动公司内部以及整个移动电话业取得成功是至关重要的；

★ 实现了跨部门的合作，传输工程交付的连接系统，使得 AWS 的第三代网络提前 6 个月完工；

★ 获得了进行下一阶段商业竞争所需的技能；

★ 掌握了团队的思想和技术，掌握了员工对话和电话会议的原则；

★ 彼此更加了解。团队成员相互倾听，将心比心、相互理解的程度更深；

★ 分享共同的目标。这个项目让团队成员视野更开阔，接触到更多的新思想。这样的辅导有助于个体和整个团队更加团结。

彼得总结道："我的团队能与任何团队相抗衡。现在，我们的目标是将我们学到的一切和我们运营的方式一起传播到整个公司。我们身处一个成长迅速、竞争激烈的行业，我们必须每天进行这样的对话，否则我们将无法立足。"

昨天，一起工作6年之后，我与彼得聊天，他现在是另外一家公司的高管。他快乐而成功，希望在他领导的新团队以及整个组织推行"优势"策略。

现在，回到你和你所处的环境上。与那些固守"受害者"观念的人相处是困难的，因为他们总是试图说服你相信他们的受害者清单，因此，当你试图帮助他们摆脱受害者循环时，有些事一定不要做。不要躲避他们，不要向别人控诉他们，不要生气，不要告诉他们需要做什么，也不要讲如何解决问题，不要说他们的借口是错误的。

记住，受害者循环源于恐惧。我们费尽力气，试图帮助他们摆脱受害者循环，但实际上，却增加了他们的恐惧感，因为我们采取的措施就像在山洞中放火，强迫他们走出来一样。

如果你对他们的问题避而不谈，也会产生同样的后果。生活在群体中是人类的强烈需要，回避只能加深恐惧。但是，如果我们安抚受害者，并给他们发放补贴，其他人就会发现那些顽固不化的受害者得到更好的待遇，于是他们可能也进入受害者模式。

无论我们回避还是安抚受害者，问题都仍然存在，甚至变得更糟。而对于已为人父母的人来说，帮助自己的子女营造有责任感的生活方式的最失败方法，就是全盘接收他们的“受害者清单”，之后为他们建一个有吸引力、安全的洞穴。这样，他们就会永远不想离开了。

优势领导者会建立责任感的楷模，人们唯领导者马首是瞻。**如果你希望自己的孩子承担风险，直面挑战，你自己必须首先承担风险，迎接挑战。你必须在孩子们面前树立责任感的形象，并使他们具备承担责任的能力。**

无论是孩子还是成年人，让他们能够承担责任的最有力的方式是让他们参与“开采式”对话，实现以下四个目标：

★ 询问现实情况。

★ 激发学习热情。

★ 应对艰难的挑战。

★ 丰富人际关系。

第 2 章里，我们在面试中运用了“开采式”对话。现在，我们对这一说法稍加修正，以此帮助人们摆脱受害者模式。记住，我们之所以称其为“开采式”，是因为谈话就一个主题深入展开。如果你挖井取水，挖一个 100 英尺深的井远比挖 100 个 1 英尺深的井得到水的概率要大。这样的对话使问题更加清晰，让我们挖到深埋地下的“黄金”，增进相互理解，促使我们采取行动并推动变革。

让我们看一次典型的“开采式”对话，思考一下它是如何指引人们承担个人责任的。

步骤 3　行动！实施“开采式”对话

现在，让我们再次练习“开采式对话”，用以下 8 个步骤来引导人们摆脱受害者模式。

■ *识别对方的关键问题*

如果你发现有人处于受害者模式中，向他提出问题，以便了解情况。

问题诸如“你看起来很生气（悲伤、受挫、孤独等），请告诉我怎么了？”这时，你自身的态度非常重要，要真诚地倾听他们的诉说。

■ *帮助对方阐明问题*

表现出强烈的好奇心。细节并不总是最重要的，要注意倾听实际问题，因为提出问题的同时就是在解决问题。因此，在对话中花费时间确定问题至关重要。

尽管阐明问题会增加整个对话的时间，但提问将有助于你的同事进一步确认自己的问题。花时间了解整个事件，倾听他们的诉说，减轻他们情感上的负担，从而使他们更易于接受变革。

此时真正的难题是如何保持情感投入。对方在说明自己的受害者清单，这对他们而言是千真万确的。当人们感知到你的情感投入时，他们通常会更加坦率。

请注意情感投入与同情之间的差别。如果你在对话中表现出同情和安抚，会让他们感觉你似乎高人一等，导致他们产生自我防御；如果你认可了他们作为受害者的理由，可能导致他们不再尊重你。记住，对那些接受清单的人，他们既爱又恨。

说一些类似“我想那一定很难，听起来情况确实糟糕”的话。确认他们所面临的现实情况，而不是认可他们的自我辩护。

■ *确定对方的问题对于当前的影响*

焦点在于“当前的”影响。你可以问：“现在，这件事对你产生怎样的影响？”如果你的同事突然跑题，将他带回到正在讨论的问题上：“尽管我也关心这里涉及的其他人、其他事，但让我们集中精力探讨当前对你的影响。”

这个问题有助于帮助人们摆脱“受害者循环”，因为答案分门别类地列出了问题导致的代价，强调解决问题的重要性。问对方：“还有什么别的吗？”直到得到一份完整全面的代价清单。

下面是第 2 个问题，这非常重要。“当你想到自己刚刚列出的所有后果时，你感觉如何？”然后专心致志地倾听。

倾听他们的谈话，只是个开端。如果没有了解他们内心的情感，就像坐在一辆油箱空空的汽车上一样，你拼命踩油门，却哪里也去不了。情感就像汽油一样，促使我们采取行动。记住，人们在作决策时首先是出于感性，然后才回归到理性。

在“开采式”对话过程中，如果没有触及对方的情感，他的行为就不会发生任何变化，明天还会和今天一样。

让对方说出实情。你可以说：“你说你感到沮丧、受挫（或者愤怒、担忧等），请详细谈谈。”也可以提问：“你还有什么别的感觉？”

■ *确定所探讨的问题对于未来的意义*

现在，我们的重点在于如果问题没有得到解决，会发生什么事情。你可以提问：“如果在我们谈话 6 个月或 1 年之后，事情没有任何变化，你可能对我说些什么？”“那时可能还会发生什么事情？”请他们说实话。

然后，再次询问情感问题。“当想到可能发生的情形时，你感觉如何？”人们会审视问题带来的长期影响，从而增加他们采取行动的决心。

■ *对于问题的产生，对方有何“贡献”*

这是对话过程中非常重要的一步。我们希望通过这一步引导人们承担责任。一句简单的开场白就会起作用。简单地提问：“你知道自己在这件事当中发挥了什么作用吗？”

对于这一问题，多数人希望回去收集证据，证明自己是受害者。但你知道，正确的态度是向自己和他人承认自己对问题的产生负有责任。

如果有人说“我不知道”，坚持刨根问题，“如果你知道，你会怎样做？”显然，此时提问的语气非常重要。

语气中不能有讽刺、高高在上或威胁的味道。要表达自己确实想要知道问题原委的心情。

■ 描述问题解决后的理想情况

此步骤切忌急于求成，因为它不仅影响重大，而且的确触及情感问题。我通常会说："让我们设想一下，你所担忧的事已经不再是个问题了。问题已经得到圆满的解决。这时，局面会有什么样的不同？"

对于未来的悲观设想往往会让人产生恐惧。当我们考虑离开山洞时，内心的恐惧会让我们仔细思量这到底是不是个好主意。如果恐惧不断地萦绕在我们耳畔，我们就需要另外一种声音，大声地鼓励我们。对未来愿景的积极态度能够帮助我们战胜恐惧。再次探问他们的情感。与第 4 点问题一样："当想到可能发生的情形时，你感觉如何？"

■ 促使对方采取行动

这一步骤的重点在于采取行动，解决问题。一旦考虑采取建设性行动，谈话者就已经进入了责任感循环。

提问："就你目前所处的情形来看，似乎任务过于繁重，有失公平。那么，你能采取什么样的行动方案来扭转事态？"打破砂锅问到底，争取让对方阐明可以承诺的行动方案。让他们确定采取行动的最后期限，当然，越快越好。如果你认为他们提出的解决方案于事无补，则要继续提问。提一些类似"我不清楚你的方案如何运作。能详细说明吗"的问题。

询问他们将如何获得支持。"谁能帮助你？他们会如何提供帮助？"记住，新行为如果不获得别人的支持，不会产生任何效果。

提问："我什么时候可以了解你的进展情况？"留下对方的电话号码或邮箱地址，如果他们采取行动，一定要跟踪事情的进展情况。

谈话结束后，感谢对方付出的巨大努力。

要遵守承诺，一定要跟踪他们的进展情况！

我还忘记告诉你对话的秘密规则：不要使用判断性语句。不要提建议，只提问题！不要提出引导性问题，例如："你是否曾经想过尝试……？"这样提问是不公平的。

对多数人来讲，遵守这一规则的艰难令人难以置信，因为我们是如此喜欢给出建议！但进行“开采式”对话时，在进行到第 7 步之前，不要给出任何建议，这对对话的成败至关重要！否则，你会让参与对话的人产生依赖感。如果你告诉他们做什么，如何去做，代替他们去做，他们会越来越依赖你。承担责任的要点是授权给他们，而不是让你成为他们能力的新来源。

除此之外，你提出的想法可能对你有效，对他们却无效，而且，他们提出的想法越多，他们对此付出的承诺越多。如果你一定要提一两个建议，就在最后提出。因为你在对话中一直倾听他们的观点，他们认为你聪明而富有同情心。

不要做任何记录。在对话中表现出权威即可。

对话的功能如此强大，几乎改变了人们的职业生涯、婚姻和生活。我强烈建议你请求某人为你进行一场“开采式”对话，探讨正困扰你的工作或家庭的实际问题。

相信自己能够回答所有的问题。问题的答案就在这个房间里，在你的掌控之中。在寻找答案的过程中，你可以寻求他人的帮助。

■ 提示：避免落入受害者的陷阱

在对话中，我们多数人都会受到常见的陷阱的诱惑，从而使“开采式”对话无法进入正轨。因此，不要：

- ★ 忽视他们的清单（“这听起来也不是很糟糕嘛！”）
- ★ 深陷于他们的故事之中，表现出同情和安抚。“哦，你真可怜！”
- ★ 提建议。受害者很喜欢你这么做，因为他们习惯于依赖外部力量。
- ★ 跳过某些步骤，直接进入：“对此，你准备做些什么？”
- ★ 将对话变成了审判。
- ★ 在对方讲述受害者的故事时，打断对方：“哇，这让我想起发生在我自己身上的故事！”于是，开始谈论你自己的故事，而不是他们的。

其他一些重要提示：

★"开采式"对话不是一种竞赛。那些喜欢竞争的人们看到步骤表的时候，往往是算计如何从第一步到最后一步获胜。这种想法是错误的。对话的重点是深度，而不是速度。减缓对话的速度，让对方确实能够通过对话有所领悟。

★确保你的目的是帮助别人，而不是在完成一份隐形的日程表。

★深入挖掘。对话中最好用的词是："还有什么？"

★保持中立，既表现出真情投入，又不要作出判断。

★让沉默帮助我们度过对话中的艰难时刻。

★专心倾听，仿佛你是第一次听到一样。

★让对方多说。注意捕捉他或她的自言自语。有一些事情是他们知道，但自己却毫无知觉的，替他们说出来。

★无论汇报结构如何，都要将对话看成是平等主体之间的对话。

★参加对话时，不要携带任何物件，让自己全神贯注。

步骤 4　向对方求证对话的效果

即使你自己认为对话进展顺利，向对方求证和确定对话的效果仍然非常重要。一场对话不仅仅是你的"待办事项表"中列举的一件任务。许多人期望对话有实质性的结果。

我建议，在对话结束一天之后，向对方求证对话的效果。如果他们在对话过程中满怀希望，有所感悟，经过一晚上的思考，就会真正理解其中的奥秘。

迅速致电或发送电子邮件，"只是想让你知道我在想着你。感谢你在昨天对话过程中的坦诚和努力。既然你已经考虑了一个晚上，请告诉我你感觉如何，告诉我你的更深层次理解。你完全可以信赖我，我会跟进你的行动步骤。再次感谢你跟我谈话。从此以后，我相信你能够承担责任。我会一直关注你，为你的成功欢呼喝彩。"

步骤 5　再次实践，只能更好

你可能会有所质疑，“开采式”对话是否过于刻板？看起来是否有些尴尬、不自然？例如，你的客户可能会坚持自己的观点，拒绝回答你提出的问题，认为你在玩心理游戏，或者认为你这样做是不合时宜的？

你不是在玩心理游戏。我不是心理医生，也不敢涉足那个领域。有时，我的几位客户感觉到有点儿不安，但我认为没有人感到对话不合时宜。大胆？是的。别具一格？这个当然。不合时宜？绝对没有。

当然，在你开始实践“开采式”对话时，可能会有几次尴尬的经历，因此，首先与你的同事或朋友练习。“今天过得怎么样？”如果对方今天过得一团糟，他就会开始讲述自己的遭遇，而你就启动了“开采式”对话。这是第 1 步。许多人在自己周围进行“开采式”对话作为实验，结果他与自己的同事进行了 10 年来最好的交流。进行“开采式”对话 3 次以后，你就会感觉非常自然，更为重要的是，你就能够跟随他人的反应，见机而动。

我相信，只要有信心，勤于实践，这种对话模式有效率可以达到 95%。但没有人在这方面会做到完美无缺；尽管我非常擅长这样的工作，但仍时不时地允许对话中有所偏离。于是，我会找到对话那个人，确认我在对话中听到的一切以及对话的效果，让他们知道下次我会做得更好。我也确实做到了。

这就是我塑造责任感的方式。如果我告诉自己或其他人：“对话毫无作用。不可能与那样的人交谈！”那么我在责任感上的分数就会大大降低。

大声地告诉每个人：我在这里！

如果你打算在自己的公司中推行优势责任感，我的建议是：

1. 与你的每位下属规划并实施“开采式”对话。让他们知道，你们双方在对话过程中会谈到最重要的事情。记住：对于他们提交的问题，要问清他们在其中起到了什么作用，不要给出建议。

2. 列出每天早晨或每周一次团队短会的日程计划，确保对优先顺序和时间安排达成一致。告诉某人："这是应该首先考虑的事。"给他留出时间解释说明。一种比较好的沟通方式是："我希望你能在周四之前完成。我们会在周五上午检查。"如果没有设定最后期限，人们就无法对其负责。

3. 向每个人清楚地说明，他们的"待办事项表"中的优先次序是如何排定的。你的同事可能会说："这与我无关，因为我不明白为什么我应该那样做。我不明白到底什么是重要的？哪里是底线？要解决什么业务问题？这会产生怎样的影响？"回答上述问题有助于提高人们的责任感。

4. 在团队会议上，让每个成员作简报，汇报他们已经完成的工作和未来一周的工作计划。

5. 阻止"受害者"对话。当有人表现出受害者倾向时，要及时制止："我认为你完全了解，在这个问题上你的所作所为像一个受害者一样。"将对话从他们无法做什么转移到他们能做什么上。鼓励人们进行他们所需的内部对话，以取得更好的绩效。

6. 充分、公开地表达谢意，感谢大家在重重困难中圆满完成工作！

7. 如果有人落后了，则在团队会议上，在每个成员面前（是的，在每个人面前！）问："你将采取怎样的计划赶上来？"而不是单独召集那些经常无法完成工作的人开会指责他们。

那么，你的个人行动计划又如何呢？

电影《无间道风云》（*The Departed*，美国版无间道——译者注。）中，杰克·尼科尔森（Jack Nicholson）在影片一开场以其一贯的强横口吻说道："我不想去适应环境，我希望环境适应我。"

尽管他在片中饰演的是一个双手沾满鲜血的反面人物，但他的观点却是正确的。环境与我们的一切紧密相关，实际上，环境正是你施加影响后的产物。

个人的成长并非易事。这就是我希望你在公司、团队、会议室都要果断地塑造环境的原因所在。我希望让其他人感受到"我在这里！"的氛围。我希望人们感受到你的行为方式，在你的公司快乐地工作和生活。

总而言之，我希望你在大多数日子里表现出最佳状态。你就是你，与众不同，你是清醒的、负责任的，随时可以开动！责任感将从你的内心油然而生。

即学即用

阅读本章内容之后，写下你未来 30 ~ 90 天中个人和职业的最高目标。如果你刚刚开始练习“优势责任感”，那就先完成你承诺完成的事！记住：如果你没有塑造好自身的责任感，就不要指望别人承担责任。

如果你没有在到期日之前完成某个分配给你的项目，却对团队成员漫不经心地说：“继续干活吧！好好干！”那还能指望别人按时交工吗？要以身作则。

下面是一个优秀行动计划的范例：

1. **与自己进行一场优势对话。**“我在为员工和家庭成员塑造责任感方面做得如何？我的受害者清单上列举了哪些内容？当工作进展不顺利的时候，我经常采用哪些原因和借口？我的做法给我周围的人带来什么影响？我到底赢得了什么？”你的目标和采取的行动要具体明确。

2. **讲真话，讲真话，讲真话。**在全部对话中，要格外注意诚实守信。

3. **在塑造责任感的过程中，要寻找支持者。**没有他人的支持，想要摆脱受害者模式、转而承担责任是非常困难的。告诉他们，如果看到你采用了消极的方式，请他们及时指出来。

4. **如果你觉得自己的职业发展与晋升是由上司决定的，马上停止这种想法！**个人职业生涯的发展，完全取决于你。了解自己对职业发展的渴望。你擅长哪些岗位的工作？在当今环境下，由于许多企业热衷于海外雇佣、裁员和采用先进技术，因此一定要充分利用自己的可转移技能。你可以给什么职位加分？公布你的目标，请求大家如实反馈。

5. **如果你的上司不支持你的工作，问自己如何另辟蹊径，好让他 / 她全心全意地支持你。**然后，开展自己的工作。

6. 在这本书后面列出的"我要进行的对话"清单中，填上名字和主题。开始实施这些对话。

这个世界的进步与发展，完全取决于作为个体的我们的进步。对我是如此，对你也是一样。每个人，不论他是总理或总统、是墨西哥餐厅里给我点菜的年轻女招待、是在乞力马扎罗山下驯养山羊的马赛人、是帮我家建树屋的工匠、是联邦快递员、是电信公司的女客服代表，还是牧师、警察、强盗、实习生、新手父母、宠物店老板、鱼贩子，都会对我们所生存的环境产生影响。

从精神层面上讲，我们每个人实际上都是宇宙的中心，我们所想、所感、所做的一切都会对他人产生影响。虽然听起来有些复杂，但如果你关注过量子力学，或者信奉佛教，或者只是单纯地关注周围发生的一切，你就能够理解这一说法。

我们给这个世界带来的影响，其持续程度甚至超出我们的想象。当然，世界在不断变化，建筑在逐层而建，直到我们几乎无法辨认出原来的结构。但如果没有基础，就永远不会有发展。从现在开始，为你的"优势责任感"奠定第一块基石吧。

FIERCE LEADERSHIP

实战 5

实现全员参与和包容

From Employee Engagement Programs To Actually Engaging Employees

阿拉斯加航空公司强调“多种族员工队伍”，企图用这种方式表现包容性，反而使员工感觉受到差别对待，造成了消极氛围；

西雅图太平洋大学的团队每次开会前都要做一件“有趣的事”，一起大笑一场后高效率地完成工作，该校的学生领袖满意度在全美前250所大学中排名首位。

员工的参与和包容不是认知问题，而是情感问题。如果你想成为一名卓越的领导者，你必须具备与员工和客户建立深入关系的能力，否则，你就得降低自己的目标。

关系的建立非常缓慢，有时是在地下进行的。仅凭观察，你可能无法掌控正在发生的事情。一棵树的大半部分，生长在你脚下的土壤中。

[美国作家玛吉·皮尔西（Marge Piercy）]

公司就像一座巨大的发电站。把耳朵贴在门板上，你会听到人们私下里的谈话，并会明白公司里的吵闹、争论、甚至咳嗽声背后都暗藏玄机。

我在一家公司的员工自助餐厅进行民意调查，询问到一位女性的时候，就遭遇了尴尬的局面。我问她："如果用从 0 到 5 这 6 个数字衡量员工的参与程度，5 代表完全参与，你的参与程度如何？"

"你可以直接将我的参与程度记为 0！"

"参与程度为 0？哇……"

显然，我需要改善提问方式。

"你认为你在工作中，与团队的共事以及和上司的合作过程中，你的参与程度如何？你的公司希望你完成的目标是什么？"从来没有人谴责过我所作调查的科学性，但下面答案中的情绪不言自明。

"我就在这里，不是吗？"筋疲力竭的受访者说。

"你在人力资源部门工作吗？你的同事正在进行另外一场浪费时间的调查，是吧？"我追问道。

"我觉得，在这样的工作场所中，我对工作的投入程度就和有色人种差不多。哦，当然，我绝对喜欢我的工作和我的老板，能在这里工作，我感到非常激动！"进一步的探寻显示，这位女性喜欢这个星球上的每个人和一切事物，从来没有不幸的事情发生在她身上，从来没有过负面的想法。她可能吸毒。或许她应该吸毒。

究竟有没有高参与度的员工？当然有，但在多数企业中，高参与度的员工只占很小的比例。多数人只是得过且过。对企业而言，还有什么能算是大问题呢？

没有员工参与，何来执行力？

对企业来说最大的问题就是，如果没有员工的参与，你的公司就危险了。优秀的人才会离职、会有挫败感、会凭空消失，更糟糕的是，他们会每天出现在公司，但他们的心却不在公司了。他们会变得处处不满、自暴自弃，不再对公司抱有任何期待。这将会触及你的底线。

尽管所有公司都鼓励员工包容、参与、携手并进，但其中的相当一部分仅仅是将其视为提升员工满意度的举措之一。当然，员工包容与参与是会让大家感觉良好。但除此之外，它还能提高生产率、降低员工离职率，增加收益。

我的想法是：包容 + 参与 = 执行力。

依我之见，没有执行力，所谓的员工满意度不过是虚幻的幸福感。下面介绍相关概念。

员工的包容是指，无论员工是何性别、年龄、性取向、种族、宗教信仰、理想抱负、职位或头衔，以及身体是否有残疾或其他人口统计方面的差别，员工都感觉到自己在公司有一席之地，公司会留意他们的存在，倾听他们的声音，重视他们的价值，他们会有出色的绩效，会获得提升的机会。他们不会觉得受到排斥、“身份较低”、被遗忘、被忽视、被超越、得不到尊重或受到不公正的对待。

包容的核心在于囊括同一团体的全体成员，大到一个国家或种族，小到一个家庭或一家公司。让我感到欣慰的是，我的孙女麦兹和克莱拉都在充满包容氛围的教室中学习，他们最终走上工作岗位的环境也是如此。在一起学习的孩子们，学习如何在一起生活，这是我们实现所谓“世界和平”的必要条件。

通常，人们将“员工参与”理解为员工的个人生活目标与公司目标达成一致，即当他们面对抉择的时候，会以公司利益为先。在《让员工更加投入：新工作场所忠诚度》(*Getting Engaged: The New Workplace Loyalty*)一书中，作者蒂姆·拉特利奇（Tim Rutledge）解释道：参与度高的员工被其所从事的工作吸引，对其作出承诺，受到工作的鼓舞。

毫无疑问，“员工参与”是许多公司的主要目标。毕竟，高参与度的员工产出更高，为公司赚取更高的利润，培养更多忠诚的客户。高参与度的员工有助于培养良好的工作氛围，富有道德意识和责任感。他们在公司工作的时间更长，流动性更低，对工作质量和公司成长付出更多的努力，实际上，高参与度员工的生产率比那些没有积极投入的员工高出20% ~ 28%。

但是《盖洛普管理学刊》的“半年度员工参与指数”却表明：

★ 20% 的员工积极参与到他们的工作之中。

★ 54% 的员工没有积极参与到他们的工作之中。

★ 17% 的员工是全无敬业精神的。

为了更详细地说明上述数字，布莱辛·怀特公司（Blessing White）发布了一份题为《员工参与状况 2008》的报告。该项研究在全球范围内调查了 7 500 名员工，对 40 位人力资源经理和一线管理人员进行了访谈，结果表明：只有 27%（低于 1/3）的北美工人完全投入工作。来看看具体数字：

★ 27% 的员工“几乎完全投入”。

★ 12% 的员工属于“度蜜月型或仓鼠型”：“度蜜月型”是指刚刚进入一家公司或接手一个新职位的人，正努力找到工作的感觉或者努力搞清楚怎样为公司做出最大的贡献；“仓鼠型”员工工作勤勤恳恳，但完成的都是可有可无的任务，对公司的实际贡献寥寥。

★ 13% 的员工属于“游离者”：这类员工是警醒的，他们很可能感到筋疲力尽，他们可以成为一流的人才，却未能达到自己心中的个人成功标准。如果不加以关注，他们很可能退化为全无敬业精神的员工，而且常常起到反面的表率作用，让周围的人和自己一起退化。

★ 19% 的员工属于全无敬业精神者：他们没有从工作中得到自己想要的东西。如果不对其采取行动，他们很可能拿着薪水，享受着优越的工作条件，对公司贡献却极小。

如果公司致力于鼓励员工的包容与参与，这些令人沮丧的数字从何而来？因为包容与参与无法通过伪造、培训或强制获得，也无法通过命令或让人口干舌燥的管理研讨会获得。正如其他优势实战一样，包容与参与要从自身做起，从你做起。

在某个地方重要，在每个地方都重要

几年前，我与前国务卿马德琳·奥尔布赖特在华盛顿进行一场演讲，观众是在政府权力机构工作的女性。在我们讲话之后，有人问道：“奥尔布赖特女士，如果您只能对在全球范围内的政府工作人员提出一条建议，您的建议是什么？”

她毫不犹豫地回答道：“我的建议是，不要只注重某一点，要考虑好所有的点和面。”

我已经与数千人分享这一观点，不仅因为它的英明，还因为它适用于这个星球上的任何一个社区、家庭、企业以及任何一个工作场所。如果我们掌握了这一观点的内涵，我们就会享受到真正合作的好处，这种合作是跨越边界、跨越团队、跨越职能、跨越意识形态的。这一点也是企业从优秀通向卓越的捷径。

如果你和公司里的其他人都能理解奥尔布赖特的建议，并按照她的建议行事，你就能做到“包容与参与”。

即学即用

图 5.1 所示的是一家高矩阵化的跨国企业，每位成员都在一个“舱格”中工作。参照下图，为你的企业画一张图表，并指明你在公司的位置。

假设这家公司的首席执行官问每个人一个问题：“接下来的 12 个月中，我们应将资源集中应用在哪里？”北美的财务与会计主管对此问题的回答可能与南美的研发人员、印度的信息技术人员、欧洲的人力资源管理人员的答案截然不同。

你所在的公司结构如何？在图 5.2 的空白图表上填写姓名、部门、职责和位置。即使其位置只是一间小办公室的一个角落，也要在表上标识，以此了解相关性和真实性。

当你审视自己的公司时，考虑每个区域对其他区域的影响。考虑你与谁对话，谁与你对话，他们还与谁对话。谁被孤立在外？遗漏了谁的意见与观点？这张图上没有谁？哪些个人和群体应该参与对话？

几年前，我曾听过一种说法，希望自己能够记起它源于何处，以使我能够正确地归因。有人提出，在每家企业中，无论其规模大小，都有 3 个基本单元（排名不分前后）：公司、公司的部门（按规模大小、地理位置和职能分）、员工（体态、身高、肤色各不相同的个人贡献者）。每个单元（公司、部门、员工）都有其独特的、唯一的特性，有自己的目标、责任、明确的目的地，这一切都应该得到赞赏、指导和支持。每次错过了最后期限，每次工作赢得一点进步，每一个新构想，都将所有人联系在一起，相互依靠，相互影响，同呼吸、共命运。

在你的公司某一个地方重要的事情，在公司的每一个地方都很重要，或者应该重要。

我们面临的挑战是，如何让这一观念在整个公司推广并实施。我们必须拓展“包容”的观念，使其超越常见的怀疑；拓展“参与”的观念，使其超越老生常谈的“启发式领导”，那种通过背诵公司使命或讲一番鼓舞

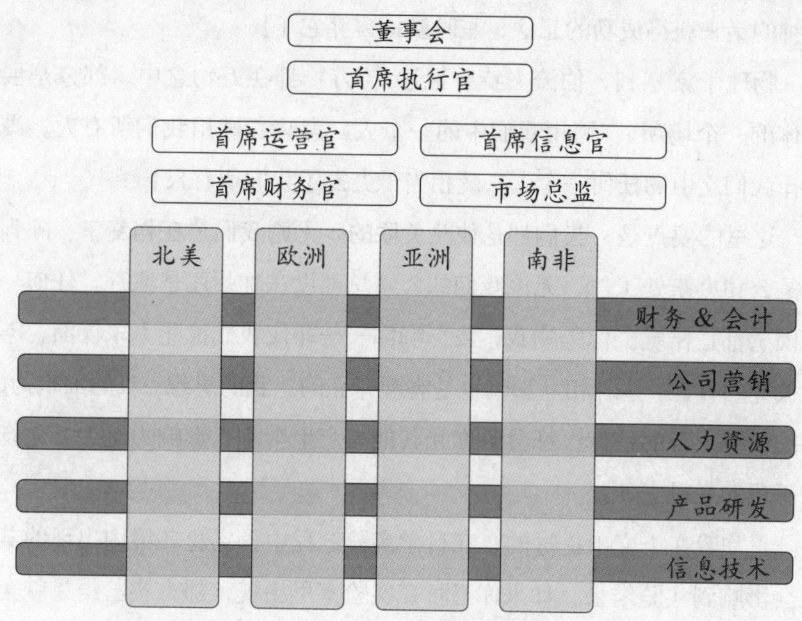

图 5.1 跨国企业矩阵图

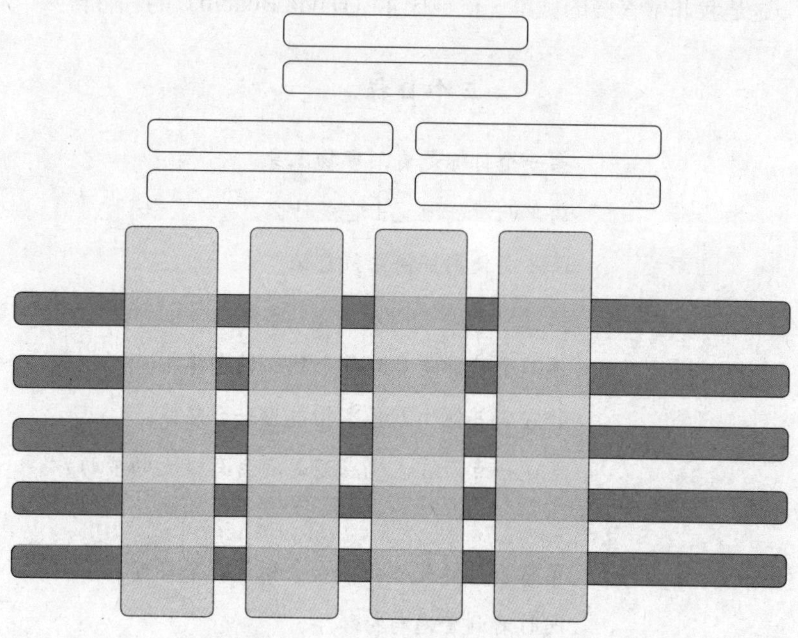

图 5.2 你所在企业的矩阵图

精神的话来获得成功的想法，是时候该摒弃它了！

物理学家亨利·伯涛夫特曾说过："万物都在万物之中。部分是展示整体的一个场所。"聘用我们中的一个人，意味着聘用我们所有人。没有选择我们之中的任何一个人，就相当于失去了我们所有人。

这里的要点是，我们都是彼此关联的。无论我们是在档案室、陈列室还是公司办事处工作，无论我们的公司总部设在加州还是迪拜，任何一种隔阂感都是错觉。你影响我，我影响你——即使我们彼此素未谋面，不知道彼此的存在，这种相互影响也是客观存在的。我的思想、我的细胞构成，我的情感、我的信仰、都会对你和其他人产生影响，影响力之大、之复杂超乎我的意料之外。

正如我在上文中提过的，在科学实验过程中，实验环境内出现的某个人会影响到实验结果。如果你当时在实验室里出现，那么实验结果就会不同于我、佛瑞德、山姆或凯瑟琳出现后的结果。因为，你身上肉眼看不到的某种物质会被每个与你关联的人和事物敏锐地察觉，反之亦然。

这是我非常喜爱的戴维·巴德比尔（David Budbill）的一首诗：

三个目标

第一个目标是看到事物本身
简单而清晰地说出它是什么。
请不要使用任何象征意义。

第二个目标是看到每个独立的个体，
将它与其他十万种事物视为一个整体。
就这一点而言，喝点葡萄酒会有极大的帮助。

第三个目标是领会第一个和第二个目标，
同时看到普遍与特殊。

当你领会诗中的含义时，给他打个电话如何？

在某个地方发生的重要事情，在每个地方都重要。许多比我聪明的人已经描述了银河系的本质，但现在，让我们找出你公司的天文望远镜吧。

企业是相互关联的网，这种关联是通过对话和会议形成的。每次对话，每次会议，都会产生连锁反应，就像鲁布·戈德堡（Rube Goldberg，美国著名的漫画家、雕刻家、作者、工程师、发明家，因创作异想天开的机械系列漫画受到大众的欢迎。——译者注）的搞笑漫画“全自动简易铅笔刀”一样。

> 做个风筝（A），打开窗户（B），放飞风筝（C）。
>
> 风筝绳拉起小门（D），蛾虫（E）逃出来，蛀蚀了红色的法兰绒衬衫（F）。
>
> 衬衫被蛀变轻了，走路变得不稳（G），踩在开关（H）上，使电熨斗（I）加热，把短裤（J）烧着了。
>
> 烟雾（K）进入树洞（L），熏出了其中的负鼠（M），负鼠跳入了篮子（N）中，拉动绳子（O），提起了笼子（P），啄木鸟（Q）跳出来，啄食铅笔（R）上的木头。于是铅笔中的铅暴露出来。
>
> 一旦负鼠或啄木鸟生病或无法工作，紧急用刀（S）便准备到位。

同样，我与你（A）进行对话，促使你与罗布（B）进行对话，这决定了罗布在今天下午进行的会议（C）上对团队的态度，罗布在会议上的表现又被传递到其他同事（D-J）和客户（K-N）那里，当他们下班回家时，会带着同样的态度问自己的配偶“亲爱的，今天过得怎么样？”于是每一个配偶（0-X）也感受到了这种传递。

尽管你是独立存在的个体，但仍会对你所生活的这个世界产生深刻的影响。

你与助手之间的谈话会影响到他对尊重、快乐的感知，他会在与周围的人进行谈话时传递他所感知和领悟的内容。

你与同事之间的谈话，会影响到他们与你合作和协作的意愿（当不是必须进行合作与协作时)。他们会在公司内部传播你的观点和经验。

你与上司之间的对话会使你的职业生涯平步青云，或者停滞不前。

你与客户之间的对话会决定这一天的成功与失败。这方面的细节，请参见第 5 章。

你始终奉行的思想和行为影响着周围的每个人，他们又对自己身边的人施加影响。让我们回到第 3 章的内容，**谁是你的世界中最伟大的推动者和鼓励者？就是你自己。**你的宇宙围绕你自身旋转。一次对话、一次会议、一封电子邮件都会影响到这个宇宙的运转。

在图 5.3 里，我以我在 Fierce 公司的关系网说明这种影响。我与首席运营官哈雷进行的对话，影响到他与培训主管艾梅之间的对话，这又影响到艾梅与全球参与相关培训的每个人之间的对话。我相信培训课程的好与坏，取决于引导课程的人，这对我非常重要！

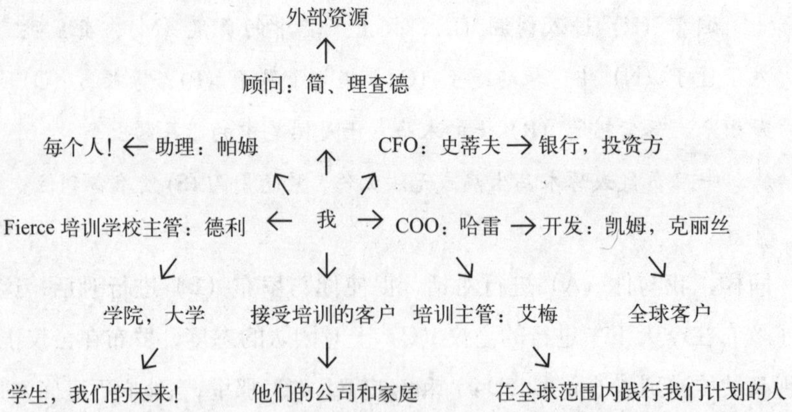

外部资源
↑
顾问：简、理查德

每个人！← 助理：帕姆　　↑　　CFO：史蒂夫 → 银行，投资方
↖　↗
Fierce 培训学校主管：德利 ← 我 → COO：哈雷 → 开发：凯姆，克丽丝
↙　↓　↘　↘
学院，大学　接受培训的客户　培训主管：艾梅　全球客户
↙　↓　↘
学生，我们的未来！　他们的公司和家庭　在全球范围内践行我们计划的人

图 5.3　Fierce 公司的关系网

即学即用

在你的关系网中，你与谁进行谈话？填写图 5.4，在图中添加箭头和连线，或者马上拿起一张纸，开始绘制你的关系网，包括你的上司、你的助手、同事——你能够产生直接影响的人以及能够影响到你的人。

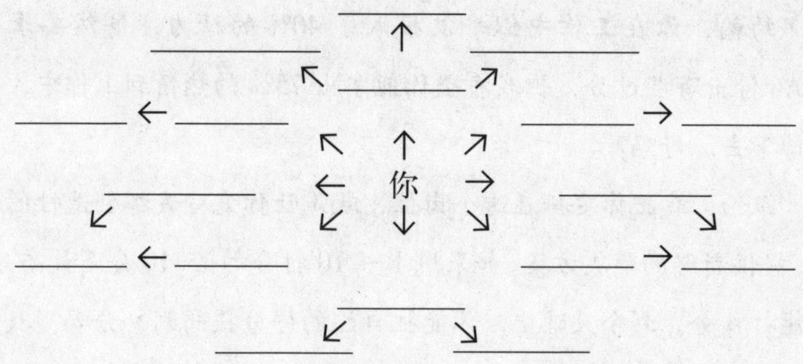

图 5.4　你所在公司的关系网

审视这张关系图，你忘记加上谁？没有跟进谁？哪个人是颇有价值的，即使他们没有正式的领导职位？谁是核心？谁又是包容与参与的核心？

尽管有太多的研究关注员工参与，但“世界大型企业联合会”对这类研究的总评显示，其中最重要的主题是：“员工对其所在公司不断提升的情感联系，可以激发员工付出更多的自发性努力。”所有的研究都认为，**员工与其直接领导者之间的关系是激励员工参与的最强力量，在这里，我大胆预测，这也是激励员工包容的最强力量。**

的确，多数员工希望从事能够影响到公司成败的建设性工作，他们也会为此感到骄傲。他们需要机会发展自己的职业生涯。他们需要在工作中交朋友。能交到挚友当然最好，但最重要的是他们与领导的关系，比如说与你的关系。

我不想说“我曾告诉过你”，但我的确对你说过：员工的包容与参与不是认知问题，而是情感问题。如果你想成为一名卓越的领导者，你必须具备与员工和客户建立深入关系的能力，否则，你就得降低自己的目标。

为什么多数人不愿意去考虑和提及我们付出的代价呢，这很好理解，因为职业关系令人悲哀，令人身心俱疲，令人倍感迷惑。要是我们能够通过打电话下达简单的命令，让员工倍受鼓舞地工作，从而建立良好的人际关系，那该多好啊！

约翰，你在工作中似乎仅投入了40%的精力。虽然要求你100%付出有些过分，但我希望你能拿出75%的热情到工作中，并保持下去。好吗？

凯伦，我把你安排在这个岗位，就是让你充分发挥创造性的才能，提供新鲜的解决方案，如果用1～10打分的话，10分是最高分，你能打4分。到今天晚上，你能把自己的得分提高到9分吗？我们的客户期望得到新颖的解决方案。谢谢你。

坎迪，每次你看到我走过来，都会砰地一声关上门，咬牙切齿地猛戳你用便笺纸卷和橡皮筋自制的巫毒娃娃。这使我感觉你不太喜欢我。我希望你能改变自己的想法，视我为你在工作中遇到的最好的上司。这是命令！

诺姆，每次我把自己的建议传达给你的时候，你都是一副目瞪口呆、不省人事的状态。昨天，你居然流口水，说梦话，显然没有领悟到我思想的闪光之处。我希望到这个月的月末，你能够提高对我的尊重程度，从当前的0水平，提高到5，年末再提升8个点。

蒂姆，我非常讨厌你的人开会的时候迟到早退，暗地里用手机发送短消息，当我问你们有何想法时，你们总是哑口无言。从这一刻起，你们应该准时出席会议，完全投入到会议议题之中，渴望承担艰难的挑战。准备好，就位、预备、出发！！

可惜，这种方法是纸上谈兵，永远无法实现。

员工不积极，原因何在？

如果你在练习“乌贼眼”，你会发现什么？是否发现你的公司所进行的“员工参与和包容改革”是无效的？检查下述“关键点”中哪些适用于你的团队、公司或你本人。

1. 上一年度的员工满意度调查结果令人焦虑，今年的员工满意度没有

得到显著提高。从每个人的面部表情、肢体语言、旷工、绩效、编制的各种离职理由中可见一斑。渐渐地，员工在工作时无精打采，心不在焉，然后是缺勤。

2.“多样性”的定义狭窄有限，大致只包含男性 / 女性、异性恋者 / 同性恋者、基督教徒 / 佛教徒、黑人 / 白人等。在我们所归属的任何一个群体内部，有那么多不同的观点、信仰、次序、动机、目的、目标和运作模式，难道会有人把所有的女人、所有的同性恋者、所有的黑人，所有的基督教徒看成是最基本的分类吗？各种不同表现形式的“多样性”，值得我们去关注。

3. 开会的时候几乎没人提出异议。无论探讨什么主题，出席会议的都是同样的人，从未积极地征求过那些受到决策影响并负责战略实施的员工的不同观点，在决策执行过程中也从未征求过他们的意见和建议。

4. 没有进行必要的对话，因为害怕冒犯他人，害怕被认为失礼或感觉迟钝。面对现实吧，在每个“差异化”的种群中，总有几个人喜欢怒气冲冲地寻找自己被冒犯的原因，如果你说了他们不愿意听到的话，就会激怒他们，用“感觉迟钝、区别对待”或者“偏见”这样的帽子来压你！因此，在与他们相处的时候，你总是小心翼翼的。以“尊重”的名义，你压抑了自己的真实想法。想想吧，到底是谁在操纵局势！

5. 虽然你们是一家跨国公司，行为却像本地公司一样。当你们的决策会影响到全世界的同事和客户时，却没有征求世界范围内同事和客户的意见和建议。结果，你制定的政策遭到了较大的阻力，从文化角度讲，工作主动性注定无法实现。

6. 会议的程式化语言使得员工参与的几率很小。这类语言包括：强化以客户为中心、价值持续增长、确保持续地提高生产效率、缩短反馈的周期、强化风险管理、国际杠杆效率最大化、加强独特的性能……“唉呀呀，不好意思，我打瞌睡了。”

7. 领导者试图以其习惯的方式让每个人参与进来。例如，领导者喜欢与同龄人一起高效工作，却无法在年幼和年老的员工中实现一这目标，因为他们的目标与看重的事情存在“代沟”。

8. **你的员工满意度调查是匿名进行的**。任何匿名形式都说明员工参与存在很大的问题。如果你对此感到怀疑，请再次阅读第 1 章的内容。

9. **员工反馈没有被转化为有意义的行动**。如果员工对某一点一致反映不满，公司却没有采取任何改进措施，那还不如不去做员工满意度调查。通常，不采取行动会导致员工更为涣散和冷漠。

10. **员工对反馈没什么兴趣**。因为从过去的经历上看，反馈不会产生有效的改变或改善，他们为什么还要花费时间和精力填写反馈意见呢？就像鲍勃·迪伦在一首歌中唱的那样，“我不是说你对我不和善，你是在浪费我宝贵的时间。”

11. **在领导岗位中，女性和少数民族的数量非常少**。看看公司的组织机构图，如果管理层中的性别和民族都相同，问题就很明显了。

12. **员工的包容与参与度，没有与管理层的薪资水平挂钩**。尽管调查结果令人尴尬，但一线管理人员却没有变革的动力，因为他们的待遇与此没有关系。

13. **猎头公司将你的公司视为求职者的来源，而不是找工作的目的地**。公司的一些顶尖人才就在你的眼皮底下被挖走。他们的离职谈话暴露了公司存在的问题，但没有人采取措施解决问题。在花费额外的成本招募新人和进行岗位更换的同时，还损失了知识和经验，这意味着成长与创新已经离你而去。

“包容”不是程序，而是真心

有一次，一位跨国公司的人力资源主管告诉我：“我们曾经自欺欺人地安慰自己说，如果我们持续提供关于包容意识的培训，事情就会有所改变。我们启动了针对女性和少数民族的项目，后来又将其扩展到 LGBT，也就是女同性恋者、同性恋、双性恋者和跨性别者，但一切仍未改变。那么，现在我们应该做什么呢？提供更多的课程。”

在加入 Fierce 公司之前，克丽丝·道格拉斯在阿拉斯加航空公司做了 25 年的人力资源主管，她告诉我："阿拉斯加航空公司有强制的包容性程序，强调'领导团队的多样化'和'多种族员工队伍'，我们在工作中努力实践上述原则，成功地筛选员工。"

"但这种做法带来了一种意想不到的影响：员工认为，公司在通过'多样化'暗示大家，你是受歧视的。多样化带来了消极的氛围。实际上，全世界的公司都受此困扰，只是术语不同罢了。但这并没有改变其负面影响。"

为什么会出现这样的情况呢？我认为，这种做法的问题在于：

★ 大多数认知培训课程并没有让人们真正理解包容的内涵。

★ 认知不会自动转化为行动。

★ 我们抛弃了"多样化"这一术语，转而使用"包容"，但仍使人们感到厌烦。

★ 我们使包容变得如此复杂，这很可笑。

任职于新泽西州怀卡托管理学院战略与人力资源管理系的琳达·特威内姆博士，她的研究主题是：如果企业在决策过程中有员工的参与，倾听了他们真实的意见，会对工作场所的福利产生怎样的效果？她提的问题非常好。但是，她的答案是这样开头的：

> 员工谈话的双向选择，目的是寻求绩效最大化，但文献研究的结果显示，这样做能够强化企业的控制，却无法真正提升员工在雇佣决策中的参与权。一家中等规模的跨国公司所做的"参与行动研究（PAR）计划"表明，员工希望改变在工作场所中的生活状况，他们认为这样可以提高福利。同时，我们发起 PAR 程序的另一个目的是反映哈伯玛斯（Habermasian，主张透过日常生活中沟通的实践，帮助人们相互了解与自我理解。——译者注）沟通行为的观念，致力于实现"理想的言语行为"。

你理解上述研究的全部内涵吗？我也不理解。当特威内姆博士的研究以“员工谈话的双向选择”开篇时，你就知道自己遇到了麻烦。

我不会选择特威内姆博士教授的课程。我很肯定她是一位可爱的女士，我可能会非常喜欢和她聊一聊我们曾去过的有趣的地方，或者是我们最喜欢的菜谱，比如野生蘑菇。但说到“沟通行为的哈伯玛斯观念”？还是饶了我吧！此外，“言语行为”又是什么意思？这一莫名其妙的术语是否能够使我们感受到更多的包容与参与？

另一方面，我想提一下摩根大通公司的CEO杰米·戴蒙的观点，他是如此描述包容文化的：“……当你进入一座建筑物时，你能感觉到包容。包容文化就是人们花点时间特意向你问声好，并且对你的问题感兴趣。包容文化就是尊重与你一起工作的人们；当你需要支持的时候，你知道他们会帮忙，他们也愿意倾听你的观点。”

由此可见，大多数企业中真正的问题是什么？就是：我们没有参与，没有包容。问题不是出在其他地方，而在于我们自身。

我们希望员工参与，希望他们感受到包容，而我们自己却游离在包容与参与之外，只关注自己的“待办事项表”。我们希望其他人每天都能够实现晦涩难懂的“自发努力”，我们自己却没有时间与他们进行增进关系的对话。我们太忙碌了，他们根本找不到人影。即使我们希望花更多的时间与员工在一起，也不愿意与他们走得过近。我们的职位要求我们与他们保持适当距离。对话与会议本是能够增进人们之间联系的途径，我们却对此感到深深的不安。另外，与员工之间的亲近感需要我们投入太多的感情，但这需要花费太多的时间。

事实是，从长远看，如果我们不进行这样的对话，所付出的代价会更高。当你游离在这个世界之外，无法实现包容，这个世界同样也会抛弃你。你和世界之间，你和你的企业之间，选择是双向的。你的同事、合伙人、员工会对你失去兴趣，因为你对他们也不感兴趣。如果你希望工作在你身边的人参与并包容，必须对他们付出真情实感，真正地去爱他们，获得与他们建立深入联系的能力，否则你就只能降低自己的目标。

改变固有观念，收获全新自我

除非我们改变那些使我们停滞不前的观念，否则我们包容与参与的能力不会持久。表 5.1 中列出了一些观念，左侧栏内的是大多数领导者固有的观念，右侧栏内的是与之相反的、能带来完全不同的结果的观念。你的观念是什么？

表 5.1　新旧管理观念对比

我认为	我认为
我的工作任务排得满满的，我的注意力都集中在自己的部门。如果我们的所做所为导致其他部门出现问题，那是其他部门需要解决的事。	对企业而言重要的事情，关乎企业中的任何一个部门，因此在进行决策之前，我应该考虑到其他部门，并参与其他部门的工作。
与我的宗教和思想信仰不同的人，不值得我去尊重和包容。	正确的生活方式不止一条。
公司召开会议讨论战略、解决问题、作出决策时，只应邀请管理者参加。	我应该邀请那些有想法的人参加会议，让他们参与问题的解决，参与制定对他们产生影响的战略，不论头衔、职位或“级别”。
没有出席会议的人就应该闭嘴，因为这是专家才能做的工作。	在设计关乎公司未来发展的战略时，新员工或年轻员工的观点与其他员工的观点同样有效，同样重要。
说服别人相信我的观点是正确的，这很重要。	探讨多种观点，可以导致更好的决定。
对于我们应该做些什么，我不喜欢人们质疑我的建议和我的观点的现实性。	我的目的是使事情朝着正确的方向发展，而不是让自己正确。我希望其他人表达不同的甚至是相反的观点。
有些话题，所有人都不应提及，因为这些话题非常敏感，可能令有些人感到不舒服。	不管可能牵连到谁，或者让谁感觉不舒服，公开并处理导致问题的重大议题都非常重要。

（续表）

我认为	我认为
作为领导者，我需要分享信息，分配工作任务。对于那些不了解我的工作的人，我没有时间听他们的观点。	开会时，我鼓励坦诚的对话，尤其是别人与我观点不同时。这会使我们都有所收获，执行更有效率。
为了使工作有效进行，我必须与下属保持一定的职业上的距离。	我对下属有着真挚的感情，与他们之间有着情感联系。
我的血统、职位、收入、经验和取得的成绩，让我与众不同，比其他人更有价值。	我接受的教育和经验让我为公司创造价值，在我的内心深处，认为我们都是平等的。

任何企业都不希望员工参与程度低、员工流动率高，以及随之而来的客户流失。除了偶尔有几个麻烦的人之外，没有人希望别人感到自我贬值和没有受到应有的尊重。如果你持有左侧的观念，你在员工包容与参与方面的努力会举步维艰。记住，上述选择不是你的观念对与错的问题，这关乎员工是否会为你努力工作。那么，如何摒弃一个让你无法实现愿望的观念呢？

即学即用

试试下面的做法。在右侧栏内选择一个让你难以接受的观念，写下来。

____

____

____

将这一观念当成你的人生箴言。至少在 24 小时之内，心悦诚服地对自己讲这句箴言。随时随地想着，不断地重复。

实践 24 小时之后，看看自己的执行情况。执行得如何？我今天的行为有何不同？由此产生了怎样的结果？这些结果是正面的还是负面的？我对自己感觉如何，更喜欢自己还是更讨厌自己？是否感觉更幸福、更富有效率、内心更为平和？他人的反应如何？如果你喜欢由此产生的结果，喜欢你和他人对此的感觉，那就继续将这一观念作为人生箴言，直到你发自内心地相信它。

当你准备好之后，再继续尝试第二个观念，以此类推。

等到你赞同全部或大多数右侧的观点，开始渴望实现包容与参与，你的机会就来了。你目前面临的重要问题是，如何实现这一转变呢？

我们之间是彼此关联的网

与每一项优势实战一样，改变始于行动！不要只是谈论包容与参与，现在就开始实践！包容与参与应是一种生活方式，每个人通过自己的行动，将其根植于企业之中。它应该体现在每次对话与会议中，不是自上而下或自下而上，而是肩并肩地实践包容与参与。让我们倾听彼此的声音。

为什么包容与参与如此重要？诗人威廉·斯塔福德（William Stafford）的诗作《相互理解的礼节》给出了答案。读一下这首诗的第一节：

> 如果你不知道我是哪种人
> 我也不知道你是哪种人
> 其他人的模式就会占上风
> 追随了错误的神祇，我们就可能错过自己的明星

这些诗句引起了我的共鸣。我们中的许多人追随了错误的神祇，尤其是“我能得到什么好处”之神。我们正处在一个全新的、充满挑战的时代，我不希望错过自己的明星。想一想那么多人所承受的苦难，想一想他们付出的一切代价，想一想我们错误的意图、动机和行为使个人、国家和全世界背负的沉重后果。

我们希望人们抛弃旧模式，但商业领域中旧模式的吸引力却如此强大。如果我们还像以前一样随意偏离方向，在作决策的时候不考虑他人，只关

心我们自身的利益，不仅会使我们周围的黑暗越来越深，而且会使工作场所充满厌倦与悲伤，执行毫无效率，工作和生活一团糟。

面对旧模式及其代价，我希望你已经厌倦了孤立隔绝，将开始寻求人际交往之旅。

我们所说的人际交往，不能仅仅发生在探讨轻松、安全的话题的时候，也应当发生在最为艰难和紧迫的情况下。**没有受到任何抨击的领导是没有价值的。只有在艰难时期实现包容与参与，才能给员工形成最深刻而珍贵的印象**。所以，不要再闭目塞听，打开心门，邀请更多的人交流，人与人之间的相互理解与和谐统一会让每个参与者感到骄傲。当我们基于共同的目标组成家庭和团队时，我们的能力会得以扩大。集体的智慧和力量，将使你的企业产生积极的变化。

《哈利·波特与密室》一书中的人物卫斯理先生给哈利·波特提出过一条建议："哈利，永远不要相信只考虑自己的东西，除非你能看出它的大脑在哪里。"

除非我们能够看出别人的大脑在哪里，否则我们不要相信他们。记住，日久才能知人心。当那些能够分清主次、拥有决策和分配资源能力并能使决策正确运行的人召开会议，询问每个人对即将作出的决策、面临的内部冲突、公司的运行方向和优先次序的实际看法时，我们会很欣慰，因为我们能看到每个人的大脑究竟在哪里。

Fierce公司每年会有两次聚会，了解团队的每个成员是如何适当地运用自己的能力的。聚会一般在年中举办，方便大家互相询问实际情况，并根据需要变更计划。每个参加会议的人都用幻灯片（PPT）回答下述问题，以确保在开会之前每个人都对问题有了相当的思考。我们要求他们不要在开会之前与其他团队成员讨论他们的答案。我们更有兴趣了解彼此的"第一想法"，个人最坦率的想法，而不是群体思维。注意，我在稍后会解释"沙滩球条纹"的概念。

当我站在自己的"沙滩球条纹"上审视公司和自己的目标、职责时，我认为：

接下来的 3 个月中，对公司至关重要的是……（按照优先顺序，列出 3 条）

接下来的 12 个月中，对公司至关重要的是……（按照优先顺序，列出 3 条）

接下来的 3 个月中，对我而言至关重要的是……（按照优先顺序，列出 3 条）

接下来的 12 个月中，对我而言至关重要的是……（按照优先顺序，列出 3 条）

今年，我取得的最大成绩是……

明年，我将取得的最大成绩是……

我们下一年的收入目标是多少？

除了阐明优先顺序和目标之外，我们还要参与回答下面这样的问题：

如果我们明年继续毫无畏惧地勇往直前，还需要做些什么？

想象一下在新的一年中我们一起工作的场景。最常见的行为、价值、优点和成绩是什么？

在我们与彼此以及客户真诚对话时，应该用怎样的价值观念界定我们？

从现在开始的 5 年之后，我希望用下述语句描绘公司……

我们共度两天辉煌的日子，之后开始实施由此得到的行动计划。我们在 6 月会旧事重提，彼此分享哪些地方发生了变化，我们学到了什么，计划是否依然正确。如果答案是否定的，我们就会变更计划。

因此，邀请人们开会，告诉他们你要展示你所掌控的一个重要主题，然后让他们阐述自己的工作。在会议开始时，邀请大家提出否定意见，让内部矛盾浮出水面。告诉人们，你希望从他们的意见中得到启发。要做到言行一致。在此过程中，你不仅要作出更好的决策，还要拓展自己的人际关系，这些人对于你的成功、幸福与否至关重要。让我们采用优势研讨会中经常采用的方法，开始“包容与参与”的优势实战吧。

你可以采用的最有力工具就是沙滩球会议，这对于下述问题至关重要：

★ 要制定的决策。

★ 要设计的战略。

★ 待评价的机会。

★ 要解决的问题。

我们几乎每天都要面对上述工作！你希望自己能够做好它们，希望终极“任务”能够毫无瑕疵地、毫无怨言地得以完成。那么，需要怎么办呢？

步骤 1　准备组织“沙滩球会议”

我曾经让你通过组织一次对话和会议，描绘你所在企业中的人际关系网。现在，我希望你用一只巨大的沙滩球描绘你的公司。见图 5.5。

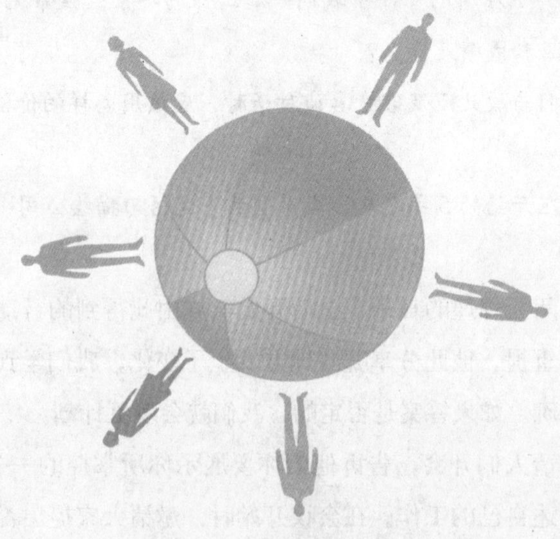

图 5.5　沙滩球会议

公司的每个人分别以不同颜色的条纹地带作为工作场所，分别有不同的视角。显然，从事市场营销、人力资源、制造、财务、码头装运的员工，彼此的看法会有显著的差别，甚至还会相互矛盾；还有你的客户，他们可能分别处在沙滩球上的蓝色、红色、绿色、金色条纹上……

“沙滩球会议”为我们提供了一个发现不同观点的机会：将不同的观点与事实、个人观点和他人的看法联系起来，用心理解他人的观点，只有这样才能作出最佳决策。会议期间，谁的观点正确并不重要，重要的是参与会议的每个人都有备而来，将自己的观点摆在桌面上，共同探讨问题。如果进展顺利，当会议结束时，我们的想法可能会和之前完全不同。即便我们不完全赞同彼此的观点，也会彼此信任，并对“复杂多变的现实会影响决策者的行为”这一观念有更深刻的理解。

让我们来举办一次“沙滩球会议”吧。

选择一个你希望解决的问题。它要么非常重大，要么反复出现。会议开始时，先开门见山地阐明主题。每个人的注意力都要集中在待讨论的主题上，不要东拉西扯地讨论不同的话题。会议开始前，举办者先填写一份“沙滩球会议问题准备表”（见表 5.2），以便更深入地理解所提出的问题，确保会议能够一举成功。

现在，请填写表格。记住，提出的问题就是要解决的问题。你希望讨论的主题或解决的问题是什么？不要在细枝末节上纠缠不清。

接下来，好好想一想，对于待解决的问题，谁的观点是重要的？请忘记彼此的职位。事情发生时，谁在场？谁受到问题的影响？如果解决了问题会影响到谁？解决方案的实施，需要谁的合作？谁可能反对解决方案？谁经常反对你的观点？谁是“客户”？谁与讨论的问题无关——尽管他或她对被邀请参会感到不可思议，但可能在会议上提出独特的观点？

记下他们的名字。

我邀请下述人员参加会议：____________________________

表 5.2 沙滩球会议问题准备表

最重要的问题	问题一定要简洁明了。用 1 ～ 2 个句子表达问题的实质。是担心、挑战、机会，还是更加麻烦的反复出现的问题？
该问题的重要性	例如：问题会对获利能力、人员、产品、服务、顾客、时间、未来或其他相关因素产生怎样的影响？如果问题得不到解决，会对未来产生怎样的影响？
最理想的结果	我希望得到怎样的具体结果？
相关的背景信息	用项目符号概括背景信息：什么内容、什么原因、发生在什么地方、什么时候、怎样发生的、涉及哪些人等；哪些力量仍在起作用？当前状况如何？
已做的工作	到目前为止，我做了什么？
备选方案	我正在考虑的方案是什么？我的倾向是什么？
我希望从团队中获得的帮助	例如：可供选择的解决方案，做出正确决策的信心，结果的确认，如何寻找更多的信息，当前计划的评价等等。

开会之前，发出需要其他人查阅的相关资料。如果你在会议开始后分发一大堆统计数据让大家看，就会破坏会议室中的活力。如果你希望一举成功，就应该在会前为他们提供相应的信息，做好开会的准备，会上分享各自的观点。

步骤 2 向你的同事发出会议邀请

在你的会议邀请中，确保让每个人都清楚：

- ★ 会议讨论的主题。
- ★ 会议的重要性。
- ★ 你希望了解他们对于解决问题的愿景。
- ★ 你希望他们能够精力充沛地参加会议和讨论会议的主题。

步骤 3　开会啦!

以下是本次“沙滩球会议”的相关程序：

1. **会议开始时，首先感谢与会者的到来，敦促他们关掉随身携带的各种电子设备**。这意味着要关闭他们的移动电话、黑莓手机，以及可能发出铃声、嗡嗡声或震动的高科技设备，防止它们使参会的人分心。如果有人开启了笔记本电脑，也让他们关上。告诉他们，你希望在开会时大家有目光接触，深入地倾听，而且你不希望有人在开会的时候做任何记录，因此把纸和笔也收起来。当然，这也包括你本人!

2. **给每个人分发一份“问题准备表”**。引导会议迅速步入正轨，让人们集中注意力和资源，直奔主题。

3. **告诉与会者，你希望倾听来自“沙滩球”上每个彩色条纹的观点，尤其是那些与众不同的或与你方向不同的观点**。你甚至可以在会议桌上摆一只沙滩球，或者在活页挂图或白板上画一只。用下面的说法来引导他们：

> 我们开会的目的是解决……的问题，我会告诉你们，我认为该怎样做。我的观点是基于我在沙滩球上的位置提出的。我处在蓝色条纹上，这决定了我看待问题的角度。从我所处的位置，很难看到其他颜色，因此我需要知道你从自己的角度是如何看待问题的。请你指出你的观点与我的有何不同，并告诉我，我遗漏了什么。这是你为这次会议增值的地方。我希望能从你的观点中受到启发，我想会议结束时，一切会有所不同。

4. **询问与会者，对于“问题准备表”上列出的问题有何需要阐明之处，然后一一作答**。

5. **集中精力倾听每一位团队成员的想法和他们关注的问题**。通常，我会以幽默的方式做开场白：“从这一刻起，90% 的谈话由你们完成。尽管你有权保持沉默，但我已经注意到你们中的有些人欠缺这方面的能力。”通常，这会引起与会者的一阵笑声，并向那些说得过多的人发出一个清晰的警告。你的目的不是要说服他们遵照你的思维方式，不是要保住你的职位，而是理解他们的想法。如果你不同意或不理解某一观点，请不要说“是的，可是……”这样的说法会让发言者认为你不是真的在提问。用“那么”代替“可是”。“是的，那么……”就能够让人们畅所欲言。如果有人说：“我不知道。”继续提问：“如果你知道，会怎样？”如果有人说：“我没有什么补充的了。”继续问道：“如果你有要补充的，补充些什么呢？”不要让任何人溜掉。每个人必须参与对话，如果你这一次做得很好，下一次对话中不会有人没有准备好就来参加会议。

6. 在每个人都谈了自己的观点，谈话开始失去动力或人们开始重复的时候，问大家：“我们已经倾听了每个人的观点，你觉得哪个观点最值得推荐？”让与会者写下他们的选择。也可以提出“如果你站在我的立场上，会怎样做？”或其他最为合适的问题。

7. 让每个人读一下他的选择。除了说“谢谢”之外，不要作出任何反应。记住，在这次会议上，90%的谈话由他们完成。

8. 在每个人都读完之后，向他们复述你听到的内容，并问他们：“我是否遗漏了关键的内容？”

9. 再次感谢每个人，并告诉他们你准备采取的措施以及采取行动的时间。如果你现在还无法确定，告诉他们你需要时间考虑，会在稍后通知他们。

10. 让他们在自己的选择上签字后交给你，如果你希望获得更多信息，可以在日后跟进。

11. 用“谢谢你们参加会议，感谢你们的聪明才智。做得非常好！”之类的话结束会议。

开始和结束会议都要准时。我承认自己非常讨厌召集会议的人迟到，还说“让我们再等几分钟，会有更多的人出席会议”这样的话。拖延开会时间的后果不仅仅是缺乏效率和增加不必要的麻烦这么简单。某调查机构对包括高级管理者在内的360名工作人员进行了调查，发现40%的被调查者认为同事开会迟到或在最后一分钟取消会议，只能表明他们不尊重自己的时间。

当人们准时出席会议，却发现其他人还没有到场的时候，会感到自己不受尊重。他们会感到这些迟到的人只重视自己的时间，而不尊重同事的时间，这很不利于促进包容与参与。无论在会议开始时还是结束时，都不要浪费任何人的时间。如果你准时开会，并且专心致志，同心协力，你完全可以按时完成会议议题。会议自然会准时结束。

我曾经指导过一位名叫威尔的客户，他是一位非常友善的乐观人士，在洛杉矶一家公司担任高管。我问威尔的助手会给他的老板怎样的建议，他的助手说："我希望他能端正开会时的行为，他总是在开会的时候让别人等他。如果计划在 10 点钟开会，我敢保证除了我没有人会在 10 点钟出现在会议室。当我给那些应该出席会议的人打电话时，他们会问：'威尔到了吗？'当然，威尔还没有来，于是继续等待。在威尔出席会议之前，其他人不会离开自己的办公室。其中的部分原因是权力的争斗，更重要的是，大家都非常忙碌，他们无法忍受坐在会议室中白白浪费时间，谁知道威尔什么时候会来呢。结果，有些时候，即使威尔在场，也跟不在场一样。他对此感到迷惑不解。"

实际上，威尔非常重视他的每一位同事，但他在开会时的表现却恰恰相反。这种令人伤心、令人恼火的现象存在于许多企业中，造成了巨大的浪费。为什么会这样？

"一心几用"的混乱，竟也是企业文化？

一次，我和克丽丝·道格拉斯一起去费城，与一家跨国公司的 12 位决策者会面，我们此行的目的，是为他们的销售经理举办一场培训，然后与他们合作制订具体课程。我们预先约定的会面时间是 8：30 ~ 17：00。

早上 6 点，我们接到电话，要求我们提前一个小时到。当我们与该公司的一位外聘顾问（已与该公司合作一年）会面的时候，麻烦开始了。这位顾问名叫吉姆，但他要求我们称他为吉姆博士；而这家公司牵头做培训课程的人，我们就叫他史蒂夫吧。

吉姆博士：我需要帮助你们准备这一天的日程。

克丽丝：太好了。我们需要了解些什么？

吉姆博士：需要了解这家公司的企业文化，了解这里的环境。我要提醒你们注意，否则你们不会亲自感受到。

我：听起来有些不吉利……

吉姆博士：这就是现实。让我们赶紧开始吧，你们没有一整天的时间。

我：发生了什么事？

吉姆博士：人们必须参加其他会议。他们需要在同一时间参加两个或两个以上的会议。这事儿不会每天都发生，但是在这里也是非常普遍的。

克丽丝：请跟我们说说。

吉姆博士：好的，在中午之前，史蒂夫不会来。（克丽丝和我倒吸了一口气。）他在下午 3 点左右必须离开。第一个小时，有几个人会来到这里，其中包括销售培训的主管，然后这些人出去一个或两个小时。其中 4 个人要赶飞机，所以必须在下午 2 点钟离开。其他人——我不记得是哪位，告诉我他们需要不时地走出会议室接听电话。

（克丽丝和我相互看了一眼，我们的眼睛开始发光。）

吉姆博士：之所以会这样，不是因为对你们或你们的公司不满。这就是这里的文化。你们必须接受它。

听完他的话，我差一点脱口而出："你做这家公司的顾问已经多久了？对于他们的混乱局面，你难道视而不见吗？他们请你的目的就是造成这种混乱吗？"但我勉强控制住了自己，因为随着年龄的增长，我认识到自己多少有表达强迫症的倾向，所以学会了在必要的时候保持沉默。

我们留下来了，全力以赴地帮助他们解决问题，虽然人们还是

> 不断地进进出出。但事后回想，我们其实应该立即礼貌地退出，直到他们能够保证那些同意参会的人全部出席会议，才重新返回。

你了解这种“文化”吗？你是否生活在这种文化氛围之中？你喜欢它吗？会议过程中、地铁中、浴室里、飞机上，每个人总是不断检查自己的黑莓手机和移动电话，看是否有什么事情发生，总是感觉到心神不宁，担心在有事情发生的时候失去联系，担心此时可能有人需要向他们报告，需要他们做些什么。

我们期望发生什么“事情”？设想一下，如果我们果真无法露面、亲自干预或立即提供帮助，是否真的会满盘皆输？这可能意味着有人没有安排好流程，使得其他人无法各尽所能，各司其职。你怎么能喜欢为他工作？

如果你允许这种文化存在，自己也是这样做的，请立即停止！谢谢。

你们都非常忙，这我理解。但是，在错综复杂的工作环境中，哪一个人不忙呢？你需要做的，是调整你的时间表，使之匹配你的工作，而不是反其道而行之，让其他人配合你的时间。

你觉得你的员工投入多少精力合适？投入到哪些领域？让你的助手也参与这场对话。他或她能够帮助你更好地安排行程，这样就不会让其他人过多地迁就你的时间表，而是在你需要出现的场合集中精力工作，每件事都不会成为危机，不会有优先次序，你可以更好地利用自己的时间，不让人们无谓地等待。优势对话必须的条件之一，就是你要充分利用时间，不要再接受反其道而行之的事物。

步骤 4　听取汇报

你可以在会议结束或改天非正式地听取汇报。需要询问的问题如下：

★ 你从这次会议中领悟到什么？

★ 下次开会时，我们需要在哪些方面改善和提升？

★ 我们哪里做得不错？”

★ 上次开会时，我们还应该邀请谁来参加？我们错过了哪些有价值的观点？

一旦你依据他人的建议做出决定或采取行动，再次与他们联系，让他们知道结果以及下一步的工作。

步骤 5　再做一遍，只能更好

再做一次，你在选择参会人员方面会越来越有创意。他们可能是技术支持人员、公司其他分部的人员、客户，或者是卖方。

注意识别并纠正你的失策之处。你是不是说得太多了？你是不是发现自己喜欢争辩？你是否使用了“可是”一词？

在会议过程中，如果有人破坏了气氛，让其他人感到被贬低或犯了错误，或开场时间太长，或阻碍别人表达自己的观点等，要私下里关注他们，告诉他们，下一次开会的时候要做得更好。

总而言之，要周密安排沙滩球会议。选择合适的人参加会议，事先清晰地界定重要的主题，大家聚集在一起，分享彼此的观点，就像智囊团一样。征求并倾听每个人的观点。询问大家的实际情况，促使与会人员相互学习，处理好令人不快的主题，加深彼此间的关系。会议中，大家应该集中注意力，节奏适当加快，准时开始，准时结束。

如果做到上述这些，你就是在推动人们建立联系。尊重因理解而加深，多数人乐于让领导者引领，但仍希望自己在会议中占有一席之地，因此当有人征询我们的观点时，这表明有人会仔细地聆听。这样的情形应该是经常性的，应该是生活的一部分，而不是难得一见的场景。

实际上，没有对其他人的观点显示出足够的尊重，是许多工作场所面临的重大问题。

与我们现行的多数会议模式相比，沙滩球会议更富有成效、更富有魅力和促进作用。那些曾参加过沙滩球会议的人，在其他会议上不仅自己表现得更好，还能鼓励他人做得更好。

几种值得尝试的团队实践

除了沙滩球会议之外，我还强烈建议你在团队中尝试其他几种高包容度、高参与度的团队实践。

第一种，我们称之为“生命线”。它的意思是说，员工们不应该仅仅看到彼此的工作和职位，而是将彼此看作活生生的人，不仅包括工作，还包括工作之外的一切。下面介绍这种方式是如何起作用的。

绘制“生命线”

召集团队成员，给每个人发一张活页纸和一支马克笔，让他们在 15 分钟之内绘制自己的生命线，从他们儿时最初的记忆开始。

绘制之初，先在活页纸正中从左至右画一条直线。这代表中心线，无所谓好与坏。然后让他们绘制生命中个人成长与职业发展的波峰和波谷，在中心线上面和下面用 X 标注，每个 X 上要注明事件、年度和他们当时感受到的情绪。接下来，让他们把各个 X 连接起来，使其看起来就像一幅销售记录或股票价格图。

在绘制的过程中，要求你的团队成员认真思考和回忆。绘制完成的生命线，应该就如图 5.6 所示。

完后生命线的绘制之后，问问谁愿意首先发言。让他站在会议室的前面，举起其生命曲线图，向团队成员讲述他生命中的重大事件。

当他讲完时，问问他：“这些事件如何塑造了今天的你？”等他回答完毕，继续问：“这些事件如何影响到你的领导方式？”

每个人大概需要 20 分钟的时间，因此会议的时间会比较长，这取决于团队成员的数量，但我保证绝对值得这样做。每个人都会了解关于队友以前不知道的一些事情，这使他们不仅能够更好地理解别人做了什么，还能知晓他们为什么这样做。以后并肩同行的路上，他们会自发地相互理解。

要知道，人们所披露的事情可能令人吃惊。我记得有一次在倾听一位团队成员叙述时，每隔 60 秒，他就会被他身上便携式化疗滴注装置上的

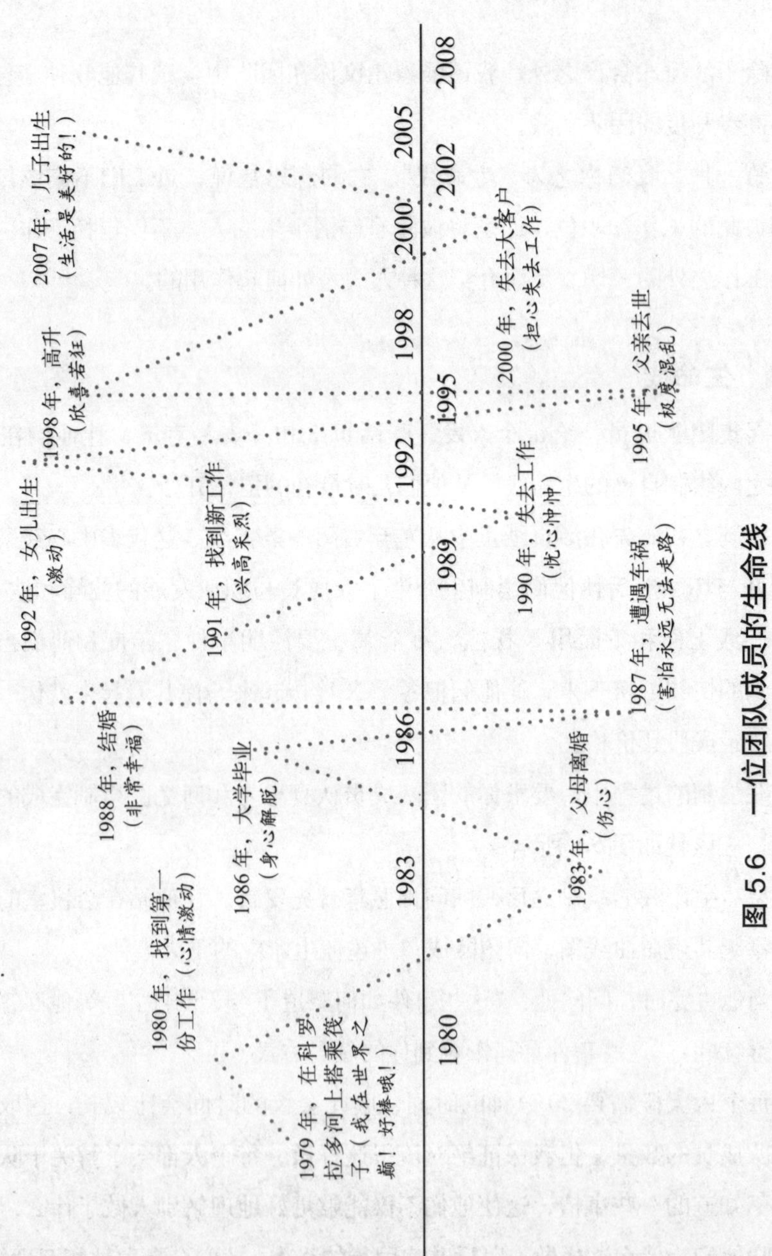

图 5.6　一位团队成员的生命线

泵发出的声音打断。我们还了解到另外一位团队成员曾经目睹他的父亲在打猎过程中意外地射杀了他的母亲。我们还知道，另一位团队成员因投资不当而失去了全部净资产。我们还了解到伟大的成功、意想不到的瞬间，以及惊人的成就。如果这样的练习做得到位，与他们进入这间会议室之时相比，屋中的每个人都会加深彼此间的联系，更加包容，工作更为投入。

分享“重大事件”

每个周一的上午，我们的团队都在 9 点钟开会，了解每个人的工作任务、项目的进展情况、配合客户情况、需要的帮助等等，把事情安排得井井有条，但在我们开始之前，要花一些时间进行“重大事件”练习，每个人都要简单地讲述自从上次会议后他个人和职业发展中的重大事件。

我们开会的时间是周一，从个人角度讲，他们通常会谈论周末做了些什么。有时候谈论亲戚的消息，孩子最近的成绩，找房子的最新经历，乘坐滑翔降落伞的惊险感受，然后，他们会说些与工作有关的最新消息。通常，每个人要花费 60 秒钟讲述“重大事件”。在我们每个人的时间都如此宝贵的时候，为什么要这样做呢？因为这使我们可以了解每个人的情绪和状况，给我们恭喜和同情的机会，并有助于更加了解彼此。

“重大事件”是我的团队开会的标准程序。这使大家的关系更为紧密，提醒他们每个人都有家庭、嗜好和个人生活。我并非建议你在每次开会的时候都这样做，但对于经常在一起工作的团队而言，定期讲讲“重大事件”是好事，大大有助于团队新成员或开会时临时拜访人员的参与和包容。每个人都在公司之内，都有所作为，工作之外我们都过着丰富多彩的生活。要一视同仁。

如果团队规模过大（人数多于 12 ~ 15 人），而你的确时间紧迫，你还可以采用其他做法，就是进行快捷版的“个人重大事件”。“在 15 秒钟之内，请告诉我们最近 30 天发生的最重要的个人事件。”或者让他们三人一组互相分享彼此的重大事件。

或者，就在会议开始的时候，做一件使人发笑、打破沉默的事。我们的一位同事提供了这样做的范例，那是他在 SPU（西雅图太平洋大学）领导团队时，"我们在开始的时候总是做一件有趣的事，即使这样做有些无聊。有的时候，我们都要笑死了，以至于大厅里的人们怀疑我们是否能够完成工作，但我们确实完成了。我们工作的效率非常高。实际上，正是由于我们的工作，使得学校在 250 所大学中脱颖而出，在学生领袖满意度上排名第一，取得这样的成绩，很可能就是因为这种丰富的人际关系文化。"

还有一个例子，投资大师彼得·林奇（Peter Lynch）在开始开会的时候引入了"悟禅"环节：播放一些搞笑的线上短片或卡通，让人们发笑，从而加深人际联系，提高工作绩效。这样，人们从不会迟到，因为他们不想错过"悟禅"。

学习几种新语言（至少学习几个单词）

这个练习不是针对整个团队，而是针对你个人的。我曾见过一个别开生面的欢迎致辞。一位高级管理人员站在麦克风前，说："欢迎你们(法语)，哈罗（肯尼亚语），你好（西班牙语），您好（东非语），欢迎（芬兰语）……"他一口气用公司内所有员工的母语欢迎人们的到来。他说这些的时候，没有看笔记，没有讲词提示器。当用员工们的母语欢迎他们的时候，他的目光直视人们的脸。

他的问候表明他重视听众的差异，显示他对听众的尊重。这是让人感到温暖的、加深人际联系的最好方式。掌声充满热情，人人都笑逐颜开。他也露齿而笑，并承认在过去 24 小时中他完成了最为艰难、最为重要的任务，就是学习和记忆所有的问候词。

如果你的员工来自不同的国度，不同的文化，我希望你也能在下次开会的时候尝试这一做法。

理解并接受年代差异

有一种错误至极的做法，就是将每个"时代"的人分门别类，贴上"这就是你"的标签。不同年龄的人会彼此分享核心价值观和事情的优先等级，这样他们会感到高兴和放松；不同时代的人也存在着显著的差异，如果你希望创建参与和包容的工作场所，应该考虑这一点。

在佐格比公司（Zogby，国际权威民调公司。——译者注）发布的《美国梦的变迁》报告中，约翰·佐格比说道："近期有观点指出，出生于1979 ~ 1990 年的 Y 时代人，也被称为'全球化第一代人'，认为可观的养老金和终身工作保障的想法是非常可笑的。这代人愿意去任何地方，经历任何事情，喜欢在外国工作和生活，对他们而言，家庭生活的级别要优先于工作生活，弹性的、多样化的、合作的、有趣的、学习型的工作环境至关重要。因此，如果你经营的公司、领导的团队或你的客户中有这个时代的人，你最好还是为他们创造上述工作环境。"

第二次世界大战后出生的"婴儿潮"一代人，也重视工作与生活之间的平衡，并希望自己能在退休后实现这一目标。佐格比建议：为了使这一代人积极投入工作，你最好在安排他们的工作和职位时，允许他们从事第二职业，与其使他们陷入永无止境的自我沉迷之中，不如给他们机会来体现更高的社会效用。

X 代人，或者称其为"耐克一代"，出生于 20 世纪 60 至 80 年代，信奉"尽管去做"的想法。佐格比认为，随着年龄的增长，他们会率先追寻真正的美国梦——精神上的满足更胜于物质上的富足。因此，更高的工作头衔和更高的工资都不如完成工作的成就感更能激发他们参与工作的热情。

佐格比建议我们不要忽视退伍老兵或称"秘密的一代人"（1922 ~ 1945 年）。他们已经提前消耗了几十年的健康生命，他们希望通过自愿的、有指导和终身学习的机会弥补那些黄金岁月。

与不同时代的人一起工作时，如果不理解他们的异同之处，你可能会发现即使你付出了最大努力，也不会得到大家的认可，不会打动他们。在 Fierce 公司，所有不同年代出生的人不仅能够友好相处，而且能玩得很好。我们的差异极其重要。我们鼓励大家相互学习，我们的相似之处非常让人舒心。

与他人建立深层次关系，你准备好了吗?

许多公司为员工提供这方面的培训。但是，仅仅参加一次培训课程还远远不够。如果你希望在整个企业实现和拓展员工间的包容与参与，你可以按照我的个人行动计划去实施。

1. **不要继续空谈企业所拥有的多元种族和多元人才的优势了，开始实践吧**。成功构建多元化团队最迅速、更为有效的方法是：召集一群人，让他们在短期内完成一个重要而艰难的任务。

2. **集合公司里公认的最好的领导者**。确保他们代表所有的部门、团队以及观点，从收发室到公司高层。让他们说出想到的最需要解决的问题、最需要作出的决策、最需要设计的战略以及最需要评价的机会。

3. **不要妄想一劳永逸**。当有人离职时，进行离职谈话，找出哪个环节出了问题，尽快调整。要让那些不适合当前工作或者做一天和尚撞一天钟的人明白，开除他们是很容易的。不要让他们继续抱有侥幸心理。

4. **选择一个由不同时代员工构成的工作场所，不仅指出年代差异，还要展示出年代间的相似之处**。我发现，其实每个人都对其他人充满好奇。结果可能出乎意料之外：我们的相似之处多于差异。这一现实有助于我们之间建立相互联系。

5. **与人力资源部门合作，让他们更易于说出聘用或辞退某人的真实想法，而不是说一些表面正确的空话套话**。人力资源部门应起到积极的促进作用，而不是障碍。

6. **不论你走到哪里，都要致力于构建坚实持久的人际关系，这种独特的能力不仅能强化个体对于公司商业模式的认知，对于员工和客户的关系也不无裨益**。

7. **召开一次沙滩球会议，集中精力解决一个问题或设计一个战略**。邀请两个与你的团队或讨论主题毫无关系的人参加会议，虽然没有人预料到他们会出席，允许他们平等加入谈话。他们可以是在完全不同的部门工作的员工，也可以是维护人员，还可以是另一条街办公楼中的实习医生、另一个分部的执行副总裁、你最喜欢的咖啡师傅、售货员、客户、潜在客户。如果公司规模较小，则邀请同一座办公楼中另一家小公司的员工或你仰慕的大公司的员工参加会议。询问他们的想法，侧耳倾听。

8. 如果你的团队组建不久，可以与他们一起开一次“生命线”会议。

9. 从“重大事件”开始你的会议。

10. 当你询问他人意见时，不要满足于“很好”这样的回答。帮助员工和客户清楚地表达他们的真实想法。语气中要鼓励员工，不要害怕诱导。

11. 询问人们的职业目标及其原因。告诉他们，关于这个目标他们做得如何，要说真话！在你的企业中提升优秀员工，即使提升可能在短期内对你的发展造成不利影响。太多的领导者只是支持对员工本人及其领导最为有利的升职。这样的行为目光短浅，不会给你带来任何进步。如果你看到某人顺理成章地升职，而你希望他们能和你一起完成某一特定项目，就清楚地表达你的想法。建立稳定的地位是领导工作的一部分。

12. 列出你负责主持和需要参加的对话。谁值得你表扬？谁应该道歉？你应该支持谁？谁应该说真话？能从谁那里学上一两招？

13. 亲自进行这些对话。技术的发展日新月异，但包容与参与只是要求你从椅子中站起来，花点时间与人进行面对面的交流。当你能够与人面谈的时候，就不要发送电子邮件。当一个人所面对的全部是屏幕上的文字，他或她可能会赋予这些文字自己的理解，与你的本意相差甚远。

14. 多授权给他人，不要轻易剥夺他人的责任。要支持，而不是命令。要指导，而不是说服。授权不是表面文章，要出自善意，因为这关系到其他人的发展。

15. 告诉一位家庭成员，他或她对你有多么重要。当我问一位朋友，为什么选择和这个男人结婚时，她说：“因为他知道自己对我的感觉。”谁需要知道你对他们的看法，想一想。

在妙丽叶·芭贝里（Muriel Barbery）的小说《刺猬的优雅》（*The Elegance of the Hedgehog*）中，一位超级聪明的 12 岁女孩帕洛玛，描述了她对巴黎的学校唱诗班年度表演的看法。

每一次，都像一场奇迹。这里所有的人，充满了痛苦、憎恨或期望，各有各的麻烦。这一学年，各种鸡毛蒜皮的小事时时发生在老师和不同大小的孩子们身上，我们在生活中奋力挣扎，喊叫、泪水、笑声、争斗、崩溃、破灭的希望和意想不到的好运充斥其中——但当唱诗班开始唱歌，这一切都消失了。

琐碎的日常生活不见了，在歌声中，你会突然感受到超越兄弟般的情感、深深的团结友谊，甚至是爱。这完美的精神交流，使日常生活的丑陋渐渐消失殆尽。就连歌手的脸都变了，不再是我正在看着的某某人，而是超越了个体的人类，渐渐围绕在音乐的周围。

每一次，都会发生同样的事。我想哭，喉咙发紧，我极力控制自己，但有时却控制不住：我不能自已地哭泣。于是，当他们唱圣歌的时候，我向下看着地面，几乎承载不住这么多的情感：这太美了，大家一起唱歌，一起分享。我不再是我自己，只是一个崇高整体的一部分，其他人也属于这个整体。我总是想，此时此刻为什么不能成为日常生活的规则，而不是仅仅发生在唱诗的这一特殊时刻呢?

当音乐停止时，每个人都开始鼓掌，他们的面部表情变得活跃起来，唱诗班容光焕发。这一刻如此美丽。

最后，我想知道真实的世界是否能像歌中唱到的那样。

我知道帕洛玛的感觉，我想你也有那种感觉，当音乐把你带到了你想去的地方，你希望将每个人，无论爱与不爱，都召集在身边，彼此坦诚相对。当这些情感冲击着我的灵魂时，我发誓不会让交流、善良、欢乐、友爱和渴望的感觉溜走，这就是此时此刻的我。

在凯利·乔·菲尔普斯（Kelly Joe Phelps，美国乡村布鲁斯歌手——译者注）的歌声中，我写下了书中的很多内容。我喜欢他的声音，透出密西西比河两岸的气息。他的歌词很美，但相对于他的声音，却是次要的。他的音乐唤醒了我，让我心甘情愿地、不知不觉地进入一种朴实无华的、安详的状态，让我想倒一杯红酒，点燃篝火，陷入回忆之中。我可以用眼睛看懂凯利·乔·菲尔普斯的音乐。他的音乐沁人心脾，这是你无法从别处体会到的感觉。

在写这段文字的时候，我听的是“中世纪三重唱”组合的音乐，三支美妙的声线，唱着传统的民谣、圣歌和挪威的摇篮曲，有国家地理节目组在野外摄录的非洲皮斯特池塘的自然音响作为背景。时间在写作中一天天度过，在我笔耕不辍之时，摄影机聚焦于皮斯特池塘。夜深人静，一只尾羽长长的鸟儿唱着美妙的咏叹调，土狼出没猎食，餐盘大小的蚕蛾不断地在摄像机镜头前飞来飞去。

我的爱犬哈米斯每天早上都要到我的腿上趴几分钟，聚精会神地看着摄像头下所发生的一切。这曾经是我们每天早上的惯例，并持续到现在。皮特斯池塘中青蛙的叫声就像我的池塘中青蛙的叫声一样，只是更有异域情调。所有的这些声音——鸟儿、动物、昆虫、水、风发出的声音都会对我产生影响。他们让我进入一种更深层次的智力、情感或精神状态。

我为什么要讲这些？因为我相信参与需要融合不同的思想、观念、情感和世界观，而这一切需要通过其他人的言语、歌声和行动来实现。

实现员工参与，这种人与人之间的交往、这种超越有形的设想和信仰的视角，以及对人才的挖掘和超越性思维，绝非易事。如果人们只是重复地联系自己人，就永远不会进步，因为他们只能看到镜子中的自己，陷入自己的模式、自己的面孔和意识形态之中，无法自拔。

寻求人们的不同观点、不同看法、不同思想经常会遇到各种挑战，这需要我们放弃自己的判断，敞开心扉。但我们必须提醒自己要超越目前的状态，非常仔细地挑选合适的“音乐”，停止高谈阔论，倾听彼此的心声。

促进员工参与和包容，一个值得我们追求的目标，就是此时此刻，我们将与这个人、开会时坐在桌子对面的人、开会时滔滔不绝的人或静静地坐着的人、准备晚餐的人、我们反对的人、我们不重视的人、素未谋面的人，建立深入的人际关系。现在就开始。

FIERCE
LEADERSHIP

实战 6

如何理解和利用自身的领导潜能

From Legislated Optimism to Radical Transparency

面对市场不景气、销售收入下滑的局面，星巴克 CEO 舒尔茨向全体员工坦言公司的困境并寻求良策，在全员的支持下成功逆袭；面对竞争对手的步步紧逼，微软高层鼓励工程师撰写网络日志，对项目进行自由讨论并提出合理化建议，这一份真诚和透明，竟成了挽回市场份额的关键。

顺从的文化留不住人才，“官方的真相”亦难以令人信服。在这个声誉经济时代，能在公司内外掀起循环人浪的领导者，才是真正的优势领导者。

如果领导者无法迅速而真诚地发掘自己的内在特性，他的领导就是无效的。

6 当一个人的薪水依赖于对某事物的不解，那么让他理解该事物是困难的。

[美国小说家辛克莱·刘易斯（Sinclair Lewis)]

世界上存在着少数特殊的疾病，治疗比其带来的痛苦更危险。强烈的、不正常的或不合逻辑的“事实恐惧症”，就是其中之一。

这听起来似乎是一种非常罕见的精神疾病，但我敢打赌，每三个人中就有两个人在遭受“事实恐惧症”的折磨。而公认的治疗方法，也就是遍布世界各地的公司所采取的管理方式，只能使得这种疾病越来越严重。

有多少次，你告诉你的上司、同事、客户、配偶的是他们想听到的话，而非你的真实想法？有多少次，你描述着虚假的、乐观的现实，而对问题视而不见或假装问题并不存在？你是否曾经撒过礼仪性的谎言？

我猜想这种情形一定发生过多次。讲真话与讲官话套话相比，前者不会让你得到晋升。这既令人烦忧又如此危险，以至于我们不得不在自己的诚实品质上贴一个“待售”标志，来防止自己说真话。毕竟，我们都见证了讲真话的人面临的遭遇——无法升职、无法加薪，失去职位，这让人印象深刻。

平庸的领导者希望谋求一致，而优势的领导者则希望了解事实真相。作为领导者，需要鼓励我们的下属讲出全部事实，描述整体景况，即使事实丑陋不堪、让人不快，即使事实与我们的愿望相背离，也要听真话。因为只有你的下属讲真话，我们才能够尽最大努力解决最紧迫的问题。

几年前，在为华盛顿互助银行进行优势对话项目的培训后，尽管参加培训的人员非常感兴趣，认为这些实践恰好是银行所急需的，并迫切想在公司各层面推广“沙滩球会议”，但其高层管理者却不这样认为。慢慢地，由于策略上的失败，华盛顿互助银行的业绩呈螺旋式下降，2008 年 9 月 25 日，整个银行终于土崩瓦解，由摩根大通公司接管了其业务中残余的存款、资产、负债。这样的并购对摩根大通公司是好事，而对于华盛顿互助银行却是十分遗憾的。现在，每当看到那座曾是西雅图最漂亮建筑的办公大楼，我就不由自主地想，如果当年银行的 CEO 凯瑞・基林格能经常召集敢于直面危机的人，提出力挽狂澜的建议，事情可能会有所不同。

鼓足勇气是一种境界，你知道这有多困难。有领导在场的时候，如果有人大声讲出事实，空气会瞬间紧张起来，让人窒息，领导也变得有些不自然，目光扫过整间会议室。大家在他的瞪视下更加沉默，开始坐立不安，目光游移。最后，领导严肃地发表意见，仿佛面对的是登革热的带菌者：“约翰，我知道事情的利害关系。我们都安排好了。”其中的含义就是：“真是一派胡言。你根本就不懂什么是‘团队合作精神’！”

因为我们未经过滤的真实想法通常有重要意义，所以受到这种待遇会令人感到耻辱。我们或许不清楚自己为何知道、如何知道，但我们确实知道，这些想法是最为真实和坦诚的。但多数情况下，我们因为害怕而无法抓住这些想法，更不敢讲出来。无可否认，有时我们“知道”的未必就是事实，因为我们并不清楚全部情况，但当某些事情看起来、听起来或者感觉不妙时，尽管我们可能与其无利害关系，我们的 BS 探测系统还是会发出警报声。向其他人指出错误需要勇气，接受这种告诫也同样需要勇气。这足以表明一家公司是否拥有“优势领导力”：“谢谢你能告诉我此事，让我们纠正它。”而不是说：“不要对其他人提起这件事，没有什么可担心的。”

没有人知晓全部答案，领导也一样

当诚实受到打压，当领导扭曲事实，坚持要求每个人始终粉饰当前的危机，情况将会如何？我称之为“官方的真相”。我之所以把这部分内容放在本书的最后，是因为它可能触及你的神经，这部分探讨的内容很大程度上与利己主义有关，与我们是如何费尽心机地坚持构建出生活的美好景象有关，即使这只是幻想。这是一种保护机制。上帝保佑，希望我们被视为英雄，而不是小丑或恶棍。

不要误解我。我是个地地道道的、近乎疯狂的乐观主义者。我完全赞成乐观主义精神，甚至怀疑乐观主义是美国对这个世界的最有价值的贡献之一，这是强有力的资产，能够帮助个人和组织实现并超越崇高的目标。乐观本身不是问题，困扰我们的是“官方规定的”乐观。

“官方的真相”是领导单方面的权限。当官方规定了乐观，开会不再有任何意义。沟通的渠道变成了领导者的单线传达，他们不重视、不欢迎反对的声音，我们的想法在无声无息中消亡。因为领导者及其心腹总是最具权威性，他们所传递的信息总是乐观的。准确的信息经过粉饰后传递给其他人，仿佛领导者的意图是让我们相信他们已经击溃了半空中的所有食死徒（Death Eaters, 是《哈利·波特》中伏地魔党羽的称号。——译者注），老爱唱反调的人将被发配到阿兹卡班（Azkaban,《哈利·波特》中用来关押有罪的魔法师的监狱。——译者注）。

在这样的文化氛围中，领导们知道的只能是片面之词。他们提出问题，不是因为他们想知道答案是什么，而是因为他们想知道自己在提问的时候听起来如何。当每个人停止思考，这样得出的结论常常是毫无精彩可言的。领导们已经替我们想好了答案，并且认为这相当不错。我们没有必要告诉他们我们每天做了哪些实事，因为这样做无益于晋升。

这让我想起了著名的节目主持人乔恩·斯图尔特（Jon Stewart）对美国前总统乔治·W. 布什的调侃：“你要么赞成我的立场，要么让自己立即遭到热核反应堆的烘焙，你自己看着办吧。”

“官方的真相”就像是虚假的广告，允许信用卡公司、贷款经纪人、无线运营商突然提高收费而不需要任何明确的原因，或像一种委婉的说法，是贴在我们的日常用品上的容易让人误解的标签：有机（解读：标价过高）、低脂肪（解读：口味差）、健康（解读：不是真的）、更新改良（解读：更新和提高了价格）、免费（解读：除吸管外，都不免费）。

最近，《今日》杂志上有一段描写食品生产商通过给食品包装“减肥”来欺骗消费者的报道，其中一个例子是四季宝花生酱。装花生酱的标准罐看起来似乎与以往没什么差别，但实际上，四季宝公司在罐底设计了一个大大的半球形“凹陷”，虽然罐体的高度和直径保持不变，其容量却从 0.5 公斤减少到了 0.45 公斤。这样，即使四季宝的价格稍稍上涨，消费者只是认为生产商在经济紧张时期基本上控制了物价，但实际上，消费者是用更多的钱买到了更少的商品。这听起来像是一种欺骗手段，它确实就是！

这让我想起了托尼·霍克兰德（Tony Hoagland）的一首调侃诗，名为《大把抓》。

大把抓

玉米片营销经理想出一个好点子，
告诉了玉米片公司的高管，
六个月之后，工厂中每包玉米片的数量都减少了几片。

但他们在外包装上标榜为，
“大把抓”，
因此，“大”的含义被小小地修改，
其含义是有点大，或者只是比以前的“大”稍微小一点。
孔子曾说这样的事会发生，
营业部门的骗子会用语言歪曲事实，
从此以后，文字越来越具有欺诈意味。

直到没有人知道如何造一架梯子，
没有人知道如何查看马的牙齿，
或者最好的选择就是闭嘴的时候。

我们就生活在他所预言的时代中。

所言非所指，
并且人们总是在说个不停。

28号公路旁，广告牌的灯光彻夜闪烁，
上面有一位漂亮女孩，
身上覆盖着溶化了的奶酪——

看她是如何召唤着深夜里川流不息的车流；
看看在监测卫星下，醉酒的司机是如何突然转向的！
现在，我们正身处荒野之中，
对各种信号感到困惑，
感到呼吸短促，
和后现代的失落感。
在一篇文章中，我一定是错过了其第一部分，
没有看到文章的标题，
我几乎无法理解自己的渴望，
我说的这些话，不知道对谁而发。

难怪我希望午餐量多一点，
咸味浓一些。
难怪我用餐的时候会呆呆地望着远方。

与使人误解的广告相比，“官方的真相”更值得关注——阻碍我们讲真话，向我们保证一切都运转正常，告诉我们一把能抓到很多玉米片，说服我们唱《我们相信领导的能力》的圣歌，强行将我们置于“要么支持，要么反对”的两难境地。这是非常危险的。

这种做法已经延伸到国家领导者身上。我希望大家都来谴责这一做法，坚持要所有的领导者，无论是公司的领导者还是国家的领导人，都要对我

们讲真话，不要人人都知道却不愿意说出来，要表现我们的真正实力。

人类在解决问题的过程中，使自己的能力不断得到提高，当他们直面现实问题、探寻苦难根源的时候，通常能够取得成功。但那些意识到真实问题的人常常犹豫是否指出问题，他们的担心如下：

★ 自己被视为制造问题的一方；

★ 他们不清楚如何解决问题，这会让人陷入进退两难的尴尬境地；

★ 如果被别人想出解决问题的办法，那会令人更为尴尬；

★ 如果他们的领导在计划制定和发布指令方面还不如他们，领导的脸往哪儿放。

我曾培训过一家公司，不久之后，他们被另一家公司所兼并。兼并方高管在一份声明中宣称："我们的文化是适应。如果你被告知要做某事，不要问任何问题，照做即可。"这些我认识已有一年的员工们已经习惯于定期地询问真实情况，彼此保持坦诚，因此拒绝留下来工作。

在 Fierce 公司，我要特别感谢一下凯姆·特里普，他多次退回我关于创建一家稳定的世界级服务型企业的计划，相反，我们开始制定世界顶级的教材，授权客户自助学习我们的培训课程。我承认，当凯姆第一次提出这个建议时，我当时的反应的确是"你还是等我死了吧"，但幸运的是，我最终敞开心扉接受了他的建议。后来，这一问题解决得非常圆满。

现在，"你还是等我死了吧"这个说法成为我们公司的一句玩笑话，其含义是：某人将要提出一个非常疯狂而伟大的观点，它可能使我们更上一层楼。

当有人不顾及传言，不顾及别人内心的感觉，不顾及死者和将死之人，不拷问真相，不征求不同意见，贸然断言"这就是事情的进展情况，这是事实，是正确的方向。一切都进展顺利"的时候，你必须要知道：那个人不是刚刚以破釜沉舟的勇气获得了成功，也没有实现创新和员工参与协作，或者获得相当可观的营业收入和净利润。他只是在吹牛而已。

掩盖的目的？利润！

当然，有些事情需要领导刻意保密，比如，近期的合并或收购、研发中绝对机密的最新发明，这是出于安全与法律角度，或者避免股票价格的震荡。但是，当领导们对于风险材料的保密、掩盖或净化是出于避免或拖延承认失败的目的时，他们就会使公司和参与其中的每个人都处于风险之下。这样的做法不是明智，而是傲慢、欺骗和愚蠢。

如果你对当今世界仍存在这种领导风格感到难以理解，想一想美国国家宇航局是如何拒绝公布其令人不安的飞行安全调查数据，担心严峻的事实会扰乱航空旅客的心绪，从而损害航空公司的利润（包括我在内的许多人怀疑，他们对利润的关注甚至超出了对旅客的关注）；想一想尽管"9·11"恐怖袭击事件调查委员会反复要求提供与审讯有关的详细文件资料和其他信息，但美国中央情报局还是毁灭了录像带，对基地恐怖组织嫌疑人施以残忍的审讯手段；默克（Merck）和先令-普劳（Schering-Plough）公司承认，他们知道常用的胆固醇类药物依泽替米贝（Zetia）和维多灵（Vytorin）不仅无法减缓动脉中脂肪斑块的堆积，而且可能还会促进斑块的形成，但在他们了解真相的两年之后，依然没有对外披露此事。诚然，服用这些药品对患者的身体无益，还有可能提高上百万患者患心脏病的风险，但说出事实真相就会导致公司利润即刻下滑。为什么要讲出真相呢？毕竟，所有企业的首要目的是为了获利！

我们都能回想起美国投资银行贝尔斯登公司惊人的崩溃，这是美国经济晴雨表中最惊心动魄的指标之一。就在几天前，贝尔斯登公司的CEO还向投资者、公司员工和新闻媒体保证没有必要恐慌。

2008年秋季，没有什么事比雷曼兄弟、房利美、房地美、美林证券公司、美国国际集团、华盛顿互助银行的失败以及后来华尔街的灾难更令人震惊，这让许多高层管理人员和政治领袖不得不承认事态的严重性。布莱恩·威廉斯（Brian Williams）采访了CNBC（美国全国广播公司财经频道。——译者注）的专家，他们没有试图迎合和掩饰，而是展现了令人为之一振的坦诚。他们对当前的形式感到担忧，他们也就这么说了。

严峻的形势已经持续了多久？他们是如何走向破产的？“慢慢积累，然后轰然倒塌。”

如果这些公司的领导者当初能够及时发现他们“逐步”下滑的趋势并坦白承认，而不是描绘一幅美好的前景，信誓旦旦地向股东和全世界保证一切都好，他们还会陷入困境吗？基于对事实的保留或操纵的“乐观”是不被允许的。当一家公司的声明与事实不符时，公司的免疫系统就受到了弱化，面对经济低迷、竞争对手的新产品和居高不下的油价，这样的公司极易受到影响。这一切会毁掉免疫系统已经瘫痪的公司。

这让我想起一个空气清新器的电视广告。在既定程序的控制下，该产品能够每隔 5 分钟、15 分钟、60 分钟喷出芳香剂，其宣传口号是：“感受一下家的味道。”这听起来是不是很美？可是，空气清新器当然不会除去污秽的味道，它只是将其掩盖。如果你的房子臭气熏天，不要指望水池会自动停止发出臭味，不要只是用一种味道掩盖另一种味道。如果情况的确很糟糕，即使将空气清新器设定为“高速”，又有什么用呢？

在最近的一条新闻中，我了解到在房间里使用除臭剂和干燥剂可能导致身体受到伤害。这是个完美的隐喻：掩饰不利于健康。这就引出一个问题，你的家、你的团队和你的公司是什么味道？是否也存在着你或其他人试图掩盖气味的问题？

深度聆听和建立人际关系的能力

如果你正在练习“乌贼眼”，你注意到什么？也许你和你所在企业中的人们倾向于告诉别人他们想听的内容，而不是实话实说。乐观成为“指定用品”，企业经营思维狭隘，与领导者意图相悖的意见受到压抑，在情况变差时，所有人还坚持认为一切都好。看一看在下述观点中，哪些“关键点”适用于你的团队、你的公司或者你本人。

1. **凡事都一如所料**。总是同样的人、同样的流程、同样的焦虑、同样的理论支持着同样的战略，自然，这也会产生同样的结果。我们致力于实现 A 选项，而仓库的伙计们建议实施 Q 选项（这可以让我们节约成本），但是开会的时候没有邀请他们。

2. 人们把“热情的平台”或“战术图解”等夸大的措辞挂在嘴边上，这是从天字第一号讲坛（白宫）流传下来的特殊语言。这是一种增加手头工作权重的尝试，目的是使我们所从事工作的看起来更加重要，但这就像剧场版《绿野仙踪》幕布后面传来的雷声，没有人会当真。

3.“齐刷刷地点头”成为流行趋势。当被问及有何想法时，开会的人们都低下头，避开提问者的目光。如果领导者点名让某人发言，他会做深思熟虑状点头，别人会当他是同意了。实际上，他并不赞成领导者的观点，但由于指出问题的人被视为麻烦制造者，没有人愿意这样做。

4. 公司里有种“Mokita”的氛围。该词来自巴布亚新几内亚，其含义是：“每个人都知道，却没有人提起。”“Mokita”的数量是判断团队是否健康的标志。另外，“Mokita”也是一种鸡尾酒的名字。我想这种酒的意思是说，当足够的料被放进去，真相自然就呼之欲出了。

5.“官方的真相”与“基层的真相”存在差距。当一家公司离灾难越来越近时，在那里工作的人们会根据他们每天面对的现实，承认危机正在迫近，尽管 CEO 的说法（官方的真相）与人们的判断正好相反。安然公司、贝尔斯登公司、房利美、房地美、华盛顿互助银行、美国国际集团、美国通用公司、福特 & 克莱斯勒汽车公司……一个接一个地走向失败。当你拿到这本书时，面临危机的公司名单还会增加。

6. 缺乏创新。当制度规定了乐观，预测未来总是阳光普照，不会下雨，创新就会被遗忘。既然一切都进展顺利，我们就可以放松，一直重复我们从前所做的一切。我们感觉良好，我们是伟大的，我们是成功的，我们已经实现了计划。没有什么能够撼动我们。我们快乐地哼唱着歌曲，放假休息。

7. 执行过程中充满烦恼。如果我们已经确保一切进展顺利，为何又要求我们采用新措施？如果新措施执行困难，我们会认为主要是因为它是绝对错误的。肯定有地方不对头。于是，我们行动缓慢，故意拖拉，对各种障碍指指点点。

8. 缺少责任感。如果领导起初没有请求我们提意见，或者我们的意见没有受到重视，我们就不愿意对决策的成败承担责任，尤其是当领导者鼓吹公司的美好前景、否认公司功能失调的时候。这是“他们的”计划，“他们的”好点子，不是我们的。

9. 对一切错误横加指责。问题不在这，而是在那；问题与我无关，与我们无关，是你们的问题，是他们的问题。问题是生产工艺，而不是制造；是近海，而不是上岸；是销售，而不是广告推销；是你，而不是我；是我们竞争对手生产出了一流产品，而不是我们缺少创新的问题，不是我们不切合实际的工作计划的问题。

10. 如果你的公司是一辆车，那么许多警示灯都在红光闪烁。当 CEO 或新闻秘书笑容满面地出现在镜头前，否认有任何事情值得担心的时候，那些与真实数据有利害关系的人却正与猎头会谈，希望在公司轰然倒塌之前脱离困境。假装什么都不知道？对我们来说太难了。

11. 我们不可以作假账，但有些时候我们虚构事实。我们告诉自己，从技术层面上讲，保留、模糊、避免、重新编造事实不是说谎，只是乐观的表现。“呆伯特”卡通的最后一幅画表现了我对这一问题的想法。“如果你听到口哨声，那是你的灵魂在从鼻子中逃脱。”那个声音表明你的免疫系统正在泄气。你的团队正在退出，你的世界正在坍塌。

如果你的企业中存在上述现象，你需要承担怎样的责任？这可能或多或少取决于你的观念。看看表 6.1，确认哪些是你当前持有的观念。

如果你信奉左侧的观念，请做好接受其后果的准备。当我们说谎或歪曲事实的时候，我们自己和他人都要为之付出极其惨重的代价。当人们知道自己听到的情况与事实不一致，甚至是彻头彻尾的谎言，他们就会在精神和灵魂上感到窒息。这会给人们带来长期的创伤，当他们忍无可忍之时，他们会揭穿我们。

持有左侧观念的人们可能会称他们为告密者，会千方百计地试图找出他们，让他们生活在炼狱里。但告密者本身不是问题。问题是，为什么我们的下属觉得必须要在我们背后、或者向我们的上级表达对我们所作所为

表6.1　关于“官方真相”的正负观念对比

负面的观念	正面的观念
我是领导，所以我最清楚。你们听我的就是了，让我来领导。	“领导能力”并不意味着无所不知。没有人知晓全部答案，我也一样。
作为领导者，我比其他人更知情，因此其他人无法向我提出建议。	吸纳多方面的意见才能作出最佳决策。如果有人认为存在危险，我希望他们能毫无保留地说出来。
公司支付我一大笔钱，因此我应该从事繁重的工作。公司支付其他人薪水的目的是让他们执行我的决策和战略。	强大的领导力平台需要人们在思考与采取行动时能够超越当前的角色。我希望每个人都认真思考，努力工作。
多数人无法面对真相。为什么让他们徒增烦恼呢?	人们能够直面真相，因此人们需要了解真相，以帮助我们做出规划。
我发言的目的是表现我自己以及我的观点。	我发言的目的是成为我自己。当对话结束时，我希望自己会有所不同。
除非我已经知道答案，否则我很少提出问题。这样我看起来还不错。	我从来不会提出已经知晓答案的问题。我只能朝着一个方向运动，那就是向前。
如果我公开分享自己的全部观点，人们会窃取它们，然后将其当作自己的观点。	我与同事之间坦率地分享观点，这样我们就能够彼此互动，相互商议，保持能量和动力。

的严重关注？除非是我们的所作所为大错特错、涉嫌违法或置他人于危险之中！

在赞成左侧观念的文化氛围中，另一个后果就是：当制度规定员工们不要质疑现实、只需做指派给自己的工作即可时，他们不可能寻找并指出威胁和机会在哪里，也不可能在日常工作中共享相关事务的信息，例如新产品创新。更重要的是，你是否真的希望这些点头称是的人在你身边工作？拥有健康的自我形象、高情商、渴望个人发展和职业晋升的人怎么会被这种顺从文化所吸引？顺从的文化如何留住这样的人才？

“官方的真相”或回避事实的另一个代价，就是员工的误解，这个代价非常之高。一家航空公司的 CEO 告诉我，如果他能够计算出误解的成本，这可能是公司损益表中最大的数字之一。2008 年 6 月，克宁斯科(Cognisco)委托发布的白皮书测算出，美国和英国的雇员因没有完全理解自己所从事的工作而给公司带来的额外成本高达 370 亿美元。研究中将“员工误解”定义为员工因错误的理解和曲解（或者被告知错误的信息及对自己的理解缺乏信心）公司的政策、业务流程、工作岗位或上述三者之组合而采取的行动。

该项研究认为，忽视上述问题会侵蚀员工的信心、适应性和生产能力，危及公共安全和法律，损害品牌形象和顾客满意度。实际上，调查的全部 400 家公司的数据表明，员工误解将公司置于伤害员工或公众的危险之中，导致 99% 的公司销售受到损失，客户满意度降低。造成这一现象的原因大多是：尽管有确切的事实表明情况并非如此，但公司领导仍向员工保证一切进展顺利。“我们做得非常棒！”

“官方的真相”带来的另一个不可避免的后果正如卡尔·荣格（Carl Jung）所指出的，“我们没有意识到的事情，以后一定会暴露出来。”换而言之，虽然我们极力避免、佯装不知，但那个结果一定会来。我们的命运已经注定。

既然“官方的真相”会对企业产生不利影响，为什么它还如此盛行？

首先，有人相信只有他们自己能够处理“问题”，其他人不具备这样的能力。也许他们把我们看作是人类版的昏倒羊（Fainting Goats，美洲的特有羊种，这种羊平时在草原上悠闲漫步，但只要稍微受到惊吓，就会四肢瘫软倒地。——译者注)，或者觉得我们若是知道了事情被他们搞得如此糟糕，会把他们轰出去。就第二点而言，他们是正确的。我们不喜欢接连犯错，还一直用谎言欺骗我们的人。至于昏倒羊，我们的确不愿受到保护。但在这个残酷的现实世界里，我们比你们想象的要强大得多，非常感谢。因此，请大胆前行，把任务交给我们。

还有一种流行的说法，即“高处不胜寒”。领导者必须独自决策，忍受孤独，将事实隐藏在自己的脑海中，独自思索，直至最终得出结论。

简直是一派胡言！如果领导者身边有一个由聪明人组成的庞大团队，这些未受到充分重视的人们通常希望能与领导分享自己的专业知识，应对领导提出的任何挑战。这样的结论可能让你大吃一惊，但的确没有人关心作为领导者的你如何整夜无眠思考问题，如何消耗大量脑细胞作出伟大的决策。你的天赋不会让我们产生成就感，当你思考伟大的决策时你是孤独的，现在，你依旧孤独。为了公司的利益，我们希望你的决策是个好主意，但请不要在我们面前炫耀。我们正忙着吸引别人对我们的注意。

领导者抓住不放的另一个错误观念是：如果告诉人们公司现在处于危险中，形势在不久的将来看似也不会好转，那么他们最好的人才将会离职，客户会抛弃他们，股价会直线下降，董事会将把 CEO 送上断头台……

只有当我们披露了毫无先兆的、非常严重的坏消息时，上述情形才会发生。当美国政府拒绝为汽车业提供 300 亿美元的支援时，没有人对此感到惊讶。一直以来，这些公司的经营者们只是假装不知道事实而已。在通用汽车、福特和克莱斯勒汽车公司的 CEO 请求资金支持之前，为什么没有人提供一个可行的计划，使企业经营状况迅速好转？请牢记，**问题是逐步累积而来的，只有当所有的信号、所有的迹象都被忽略或禁止，只有当我们被出其不意地击垮时，负面的结果才会突然而至。**如果我们从一开始就对自己和他人坦诚，我们就能识别出即将到来的问题，制定合理的计划，使我们有机会扭转乾坤。

2008 年春季，星巴克的报告表明其销售收入显著下滑。星巴克对每个阶层都进行了裁员，并在全世界范围内关闭了许多店面，但多数在困难时期离职的人都希望环境好转时能够再回到星巴克工作。同时，每个人都想知道事情糟糕到什么程度，星巴克要用多长时间扭转形势。

在公司的年会上，星巴克的 CEO 霍华德·舒尔茨公开而坦诚地宣布，目前没有什么解决星巴克问题的高招，在过去的 12 个月中，公司的股票价格已经下降了 40%。他承认：鉴于美国的经济形势，许多人无法负担 4 美元一杯的咖啡。星巴克在美国实施的扩张计划过于激进，而麦当劳由于其巧妙的电视宣传，已经成为强有力的竞争对手。

接下来发生了什么呢？高盛公司立即将星巴克的评级由“成长”降低到“不确定”，没有投资者愿意染指。但由于星巴克的管理层充分披露了他们的问题所在，降低了预期，谨慎地制定并实施了切实可行的计划，从而保持了 20% 的年收益增长率，公司和股票开始从中受益。

正如上面的例子所示，即使经济形势恶化，即使公司的股票被华尔街抛弃，只要能充分披露坏消息的严重程度，制定一个能够在全公司贯彻执行的合理战略，一样能够实现适度的目标，股价的再次上升仍然值得期待。

但在我们自己的公司中，当我们应该披露企业面临的问题时，为了维持股票的价格，为了让股东和董事会满意，许多人会为如何掩盖事实而彻夜难眠，即便该问题只会造成短期不利影响。我们并未努力使公司上下达成一致，寻求解决问题的新方法，而是逃避现实，避免冲突，担心如果我们完全披露当前的糟糕情况，冲突会成为我们每日的宿命。如果我们自己就能够平息事态，为什么要实事求是地说出真相呢？

然而，优势领导者知道，不管形势多么糟糕，不管他们是如何沦落到今天这个地步，只有认真对待，构建一个完美的计划并坚持到底，才能使形势有所好转。美国泰森食品股份有限公司（Tyson Foods）的前首席财务官史蒂夫·汉金斯曾经告诉我：“有些时候，我们的确无法在现有的基础上实现目标。因此我们必须另辟蹊径，重新开始。”

包括我本人在内的许多人，所面临的最大障碍是我们太执著于自己的观点和行为，尽管事实证明别人是正确的，我们也无法接受“我们的事实仅是全部事实的一个组成部分”这一观点。我们会认为，或许他们曾经正确过，但当前已经不再正确；或许理论上他们是正确的，但现实中是行不通的。我们继续掩盖事实，让下属保持缄默，有意忽视所有证明风险加剧的证据，按照旧有的习惯行事，最后的结果只能是考虑裁员。未来的某一天，历史会对我们的行为做出准确评判，要么是非常差，要么是比非常差更差。

我希望你认真想一想：你的“强大”和“正确”可能会将你带上绝路。你可能很优秀，精通业务，但你不是你想的那么伟大，你并非无所不知。

在面对问题时，领导者真正需要做的是什么呢？是谦逊，不要怕丢脸；是多一些公开和灵活，少一些以自我为中心；是多一些真诚，少一些伪善。我们必须放弃那些曾经死抓不放的观念：我们相信这是事实，因为我们希望事实就是如此。我们必须对自己坦诚，并赢得其他人的坦诚相待。

我们能做到这一点。我们可以让更多的新鲜空气进入我们的房间。正如马丁·路德·金所言："我们这一代人必将感到悔恨，不单为了恶人可憎的言行，也为了好人可怕的沉默。"

对话就是人与人之间的一种联系

维基百科上的一个帖子将"完全透明"描述为：

> 几乎所有的决策都公开进行的管理方法。所有的草稿文件、支持或反对某一提议的所有论据、对于决策的决策以及所有的最终决策，都公开进行，归档后可以公开查阅。
>
> 完全透明仅对下述情况例外：与个人安全有关的数据、为公开商议决策所进行的物理访问必需的密码或密钥。任何被认为有争议或政治上缺少合法性的技术措施，在作出清楚的、完全透明的决策之前，不能完全公开。

这个阐述没问题，但事实远不止如此。在这本书中，我一直在试图说明"人际关系是公司和个人实现指数增长、保持可持续竞争优势的关键"。"完全透明"正是我们这个联系日益紧密的世界的核心。实际上，它已经成为一种趋势。我建议你将其当作一种生活方式，如果你还没有朝着"开放性思考"和"完全坦诚"的方向努力，请注意这趟快速列车已经离站。你若跑步追赶，还是能赶上它的。

在20世纪90年代，许多企业采用了杰克·斯塔克（Jack Stack）的开卷式管理法（Open-book Management，即向员工公开收益表与资产负债表，与员工分享财务消息及企业其他信息，鼓励员工将这些信息用于日常工作，并共享财务成果。——译者注）。这种管理法让员工知晓公司的全部财务信息，以使他们在工作中能作出更好的决策。这些信息包括但不限于公司的收入、利润、成本、现金流量和相关费用。

开卷式管理法的基本规则是：

★ 将全部相关财务信息提供给员工。

★ 为员工提供理解财务信息的培训。

★ 让员工对其控制范围内的数字负责。

★ 给员工公司股份，让员工利益与公司运营休戚相关。

我们的 Fierce 公司实行的就是开卷式管理。公司中的每个人都了解财务状况，能够随时访问公司数据，在实现工作目标的过程中拥有大量的决策权，自由支配所需的预算。我们的首席运营官与整个团队一起，每月检查目标的实施情况、实现目标的“关键数字”以及我们在这些数字上的表现。公司的每位员工都会收到一份基于个人绩效的季度利润分享单。利润分享的数量可多可少，重要的是每个人都可以通过他们所作的决策、所设计的战略以及工作的效率，知道自己的日常工作是如何对这个数字产生影响的。

你也可以采用完全透明的方式来工作和生活。想为刚刚出生的婴儿启动一项大学基金计划吗？想重新打造你的家吗？想购买最新款的混合动力车吗？想为一次梦想已久的旅行攒钱吗？如果你的配偶和孩子们知道自己的想法会对这些决策有何影响，他们就会想出新鲜有趣的方法去实现它。这是我的想法，你的想法呢？

就像瓶中闪电，抓住这些一闪而过的创意吧。

实现“完全透明”，不能只停留在财务数字上，而是要敞开大门，广纳言论。我向你们发誓，Fierce 公司从成立之初就这样做了。我们持续地对所有人开放，包括我们的客户，因而产生了最好的想法。

这就是“完全透明”对于我和我的公司的意义所在。但是，在描述你的"完全透明"计划之前，让我们再详细谈一谈"完全透明"需要你和其他人做些什么，以及将会获得怎样的结果。

"透明的 CEO"

克里夫·汤普森（Clive Thompson）为《连线》杂志写了一篇非常了不起的文章，题为《透明的 CEO》。这是一篇值得我们研读的长文，文中汤普森列举了一些公司的 CEO，他们敢于暴露战略缺陷，敢于承认错误，请求员工和客户参与决策。换而言之，他们的行为完全透明，使得公司业务迅速增长。

例如，房地产商瑞德芬（Redfin）在其网站公布了关于房地产业务薄弱环节的内部讨论，这并没有让客户对其失去信心。相反，他鼓励大家就问题展开对话，让客户为瑞德芬出谋划策；太阳微系统公司（Sun MicroSystems）的 CEO 乔纳森·施瓦德偶然醉酒后在公司论人是非，因其事后道歉而备受尊重；捷蓝航空公司 (JetBlue) 因暴风雪天气原因使旅客滞留数小时，并取消了 1 100 架航班，CEO 大卫·尼尔曼在优酷网上公布其坦率承认"我错了"的视频，从而重拾消费者的忠诚与信心；即使是微软公司，曾经的传统式管理的典范，如今也公开其完整的内部录像，鼓励工程师撰写网络日志，自由讨论他们的项目。还有扎帕斯（Zappos），一家处于快速成长期的网上鞋零售商，全公司的员工都可以在其官方网站 Zappos.com 抱怨问题，提出解决方案。

汤普森通过以上案例强有力地证明：**我们要主动而迅速地公布公司的消息，无论是好消息还是坏消息，积极要求与所有对此感兴趣的人进行持续的、强有力的对话。**为什么不这样做呢？只要在谷歌上点击一下，人们就会查明究竟发生了什么！

说到谷歌，这是实行"完全透明"的另一个典范。谷歌内部有一个电子邮件系统，用来讨论特定的观点、问题和投诉。例如，在"谷歌观点"网站上，谷歌人会定期提交他们对产品改进的想法和让谷歌做得更好的建议。然后，他们的同事会参与讨论，给建议打分，分数从 0 ~ 5 不等，0

分代表“此项建议危险或有害”，5 分代表“很棒的想法！就这样做”。谷歌的管理团队密切关注谷歌人认为非常重要、需要在他们的内部电子邮件系统讨论的问题，并迅速做出反应。有时候，电子邮件中讨论的话题会引发更大范围的讨论。谷歌的另一个亮点是其北美销售团队每季度进行的“项目启动”会议，全体高层管理人员彼此毫无拘束地问与答，气氛坦诚而友好。

如果你对完全透明地做生意感到犹豫不决，汤普森的文章可能会改变你的想法。

> 取消公关人员。停止发布信息。让所有的员工闲谈，写博客。在完全透明的全新世界中，经营成功之路一目了然……现在，“透明”已经成为新创企业的规范，就连财富 500 强企业也在实行“完全透明”。这是公司价值观的惊人逆转。就在不久以前，公司唯一的公开声明还是一份由专业人员书写的新闻稿，在公司 CEO 的精心安排下隆重地演讲；现在，公司大量披露各种信息，公开内部备忘录和战略目标，不管是公司领导还是车间工人，都能公开评论公司的对与错。”
>
> 《赤裸公司》(*The Naked Corporation*，这本书中提出的透明化潮流正在为经济带来巨大变革，商界和公司将不得不重新考虑其基本价值观——译者注）的合著者唐·泰普斯科特 (Don Tapscott) 说过，你无法隐藏任何事情，如果你在公司胡说八道，人们会查明真相。他列举了多个公司因为试图隐瞒愚蠢的严重错误，被抓个正着，从而使公司蒙羞的案例……
>
> 秘密正在消亡，可能已经不复存在。现在，礼来制药公司的内部药品研发备忘录、帕丽斯·希尔顿的电话视频形象、安然公司的电子邮件，甚至加利福尼亚州州长的私人对话，都可以在片刻间传遍整个星球，试图隐藏违法之事或其他任何事情，都是不明智的冒险……完全的透明甚至已经延伸到华盛顿高度机密的政治世界：非营利性组织阳光基金会开始将无数的公文放入一个设计精美的在线

数据库，感兴趣的居民可以随时点击链接获取信息……所有这一切都说明，当今对于透明的热衷让高科技的发展日新月异。你的客户在到处寻找业务，你的工人在四处散发内部信息——既然如此，为什么不让每个人都成为你的合作伙伴，邀请他们参与进来，让其想法为我所用呢?

一些完全透明的信息甚至与公司业务完全无关。这是一种文化的转变,在秘密与公开之间重新画线。整整一代人在写自己的博客,在网络相册中贴满电话视频图片，在谷歌地图中实时查找自己的地理位置，他们已习惯用这样的方式长大。对他们而言，可靠的信息来自于网上的实时披露。那些没有在Facebook上列出自己的梦想与恐惧的人，很难让人相信……

谷歌不是搜索引擎。谷歌是一个声誉管理系统。"在线"成为了许多CEO越来越透明的最强有力的原因之一，你的名声是可以度量的，任何人都能搜索得到。'完全透明'是一把双刃剑，但如果你知道了新规则，你就可以采用以前从未使用过的方式来塑造自己的形象……"声誉经济"鼓励人们更加公开，而不是更加封闭。透明、公开以及时常公布有趣的材料，是集聚人气的唯一方式，可以直接影响你在谷歌搜索中的声誉。

"声誉经济"的概念非常有意义。在我们的博客、视频和社交网络中，如果你失信于一个人，就会面临被公开暴露于数百个甚至数千个人面前的风险!

想知道"完全透明"别的神奇之处吗？它还能够强化责任感。如果决策、战略、背后的争论以及沿途的成败都能在团队中分享，我们的观点、我们的大胆行为和独特想法都将有目共睹。人们会鼓励纠错与提升，而糟糕的决策通常会在实施之前被当场阻止。

正如我在第3章中所讲述的那样，如果你想塑造责任感，让员工们勇于担当责任，"完全透明"是一个非常有效的方法。

提出的问题就是要解决的问题

我在 Fierce 公司的工作目标之一，就是提高团队的合作能力、协同感与责任感，探索和倡导健康的企业文化，实现与此紧密相关的财务指标。我发现，如果公司或团队无法给出正确答案，其原因可能是他们提出了错误的问题。在我与领导者们共事时，我花费了大量的时间来帮助他们获得核对现实的勇气和技巧，以便提出正确的问题。

什么是“现实”？

现实（rea·lity）

★ 真实的事件、事物的实体，或事件的状态；真实事物与真实事件的总和。

★ 绝非派生或从属物的绝对存在。

核对现实（reality check）

★ 旨在纠正偏见的现实核查。

当我们无法掌控的客观现实发生变化时，我们的计划也会受到影响。想一想先进技术、科学突破、全球变暖、飓风、地震以及大自然的其他挑战（其中一些灾难是我们自己造成的）；想一想不稳定的经济、破产、反复无常的股票市场；想一想人口的动态变化及其对我们的客户的影响；想一想竞争者不断变化的版图需要我们如何应对；想一想企业内部的变化，新的领导班子、日渐萎缩的资源——这些都会影响我们的决策和执行力。

更不要说我们个人生活中的变化了。配偶、孩子、父母、宠物、健康问题、地区迁居、平衡目标、平衡预算，我们做了多少努力来让每个人感到幸福和完整啊。

为了获得质疑现实的勇气和技巧，“沙滩球会议”开始流行起来。我们已经在第 4 章中探讨了这个概念。这里再提醒一下，请将你的企业描述为一个沙滩球，涉足其中的每个人，包括你的每位客户、供应商和顾问，都处在公司这个沙滩球的不同颜色带上，体验着自己视角下的现实。

你的企业到底是什么颜色，谁知道这个事实？这不是一个难题。答案是：每个与企业有关的人都掌握部分事实，但没有人掌握全部事实。那些自认为已经掌握全部事实的人会让其他人的工作更加难做。就某一特定主题而言，你可能知道很多，但你并不知道与此主题相关的全部真相；尽管我们有许多绝妙的创意，但我们无法采用所有的创意。因此，当需要我们作出重要决策或解决问题时，就需要我们检查多重的、同时存在并相互矛盾的现实，这一点至关重要。

询问现实是非常复杂的。如果你拓展"现实"的含义，事情甚至会变得更加有趣。

到目前为止，我们已经阐明了用小写字母"r"命名的现实的概念。现在，在我们讨论如何利用沙滩球会议实现"完全透明"之前，让我们核查用大写字母"R"命名的现实——这个"R"代表我们自己的智力、体力、情商或贡献。此时，你将开始拥有"询问现实的勇气"，因为现实"R"与自我反省有关，无论我们在事态发展过程中的作用是正面还是负面，它都是透明的。

如你所知，每项实战都是从你自身开始。

步骤 1　让自己作好承担的准备

现实"R"可能因我们的上司、同事、直接下属、客户、配偶的介入而突然出现。如果我们常常给人留下负面的印象，或者员工们认为我们没有告诉他们真相，我们的领导是无效的，甚至是攻击性的，那该怎么办呢？如果我们的客户感觉自己受到了忽视、轻慢或错误的对待，又该如何？有人建议我们：不要独自承担。但我们必须独自承担，因为没有其他诚实的措施可以采用。我们的职业和生活本来就是我们自己的事，不是吗？

勇敢的领导者，通过提问积极寻求现实"R"的影子："对于目前的这种形势或问题，我是不是应该对自己的影响视而不见？我起到怎样的作用，我对当事人做了些什么？"例如，我最近与一位潜在客户对话，感到该客户注意力不集中。我对此感到既失望又生气，因为她要求我给她时间，而她却毫无热情。后来，我突然意识到，其实我自己也分心了，我的思路已经转移到需要在今天完成的一篇文章上。在认识到问题的那一刻，我将全部注意力回归到潜在客户及其所处理的问题上，她受到激发，开始变得活跃，最终，我们进行了一场非常愉快的、富有成效的对话。

让我们再次翻开字典，查一查何为“虚拟现实”。

虚拟现实（virtual reality）：

★ 一种人造环境，利用计算机创造的感官刺激（比如视觉和听觉）去体验这个世界，身在其中的人的行动会在一定程度上决定环境的变化方向。

如果去除计算机这一因素，“虚拟现实”的定义其实就是实际的现实，是我们每个人每天生活在其中的环境。我们自己的行动决定了该环境中发生些什么。我们的公司、团队、婚姻都是一面镜子，准确地折射出我们自己。

要想真正理解我们自己的领导潜能，就要正确地理解我们大写的现实“R”。这要求我们带着清晰的目的作出决策，并对自己的结果负责。我们可以学会各种技巧和工具，但真正的领导力是学会如何保持权威与影响力。

如果领导者无法迅速而真诚地发掘自己的内在特性，他们的领导就是无效的。这就像挖掘地下水，它已在地下储蓄许久，只有通过深挖才能发现。你的特性、天赋和缺点，影响着你周围的人和事，但首先你必须深入挖掘，找到它，才能使地下水源源流出。

自我检查既不是道德标准，也不是审判，更不是追求完美。这是一种识别和觉醒。社会活动家托马斯·莫顿（Thomas Merton）说：“如果你想认识我，请问我活着的目的是什么，询问是什么阻止我过上理想的生活？”

你要去哪里？你为什么去那里？你活着的目的是什么？你是否选择了正确的道路？你前进的方向是否正确？请注意，“正确的方向”不是别人确定的，是你确定的。

只有当我们更好地理解自我以及自己前进的方向，我们才能破除那些阻碍我们幸福和成功的观念和做法。一旦我们改变了自我，我们周围的人、我们的事业、我们的公司都会随之发生改变。这个世界也会因此而改变。

让我以自己的亲身经历来帮助你理解上述观点。

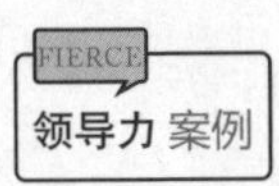

做想做的事，还是做正确的事？

9年前，许多人催促我将对“优势对话”的研讨写成一本书，但我不想写非小说类的文学作品，而且我知道写书相当费时，还可能让我破产。我刚刚结束了一段很长的婚姻关系，此刻满脑子想的都是赚钱。虽然我付得起每月的账单，却没有为退休后积攒下什么钱。除此之外，我一直有开一家网络公司的想法，我认定这是个好主意。

在实施我的商业计划的初期，我雇了一个人帮助我，还召集了一个顾问委员会。我花费了5个月的时间、投入了大部分储蓄打造这个计划。我确认自己会享受到成功的喜悦，内心越来越激动，于是，我向风险投资家阐述了自己的想法，可出乎我的意料，所有人都拒绝了我。

我感觉有些气馁，但没有死心。我想起了一位财力雄厚的朋友，他与许多富人交谊匪浅。他曾经多次表明他是我最忠实的粉丝。于是我买了一张机票与他会面，并提交了我的计划，但他也拒绝了我。

我告诉他：“如果你没有领会到这份商业计划的价值和潜力，不是因为计划本身不够好，而是因为我不善于推销它。我希望你能留下这份计划书。在你感到无聊的时候，再看看。”他同意保留计划书，尽管我怀疑他只是出于礼貌才这样做。

我回到西雅图。时间已经到了12月份，每年的这个时候，我都要对自己做一番盘点和审查，问自己“我要去哪里？”“为什么去？”之类的问题。就在我想象着如果有一天奇迹出现，我获得了足够的资金创建一家新公司，我的生活将会是什么样子的时候，我想起了安妮·迪拉德的一句话：“我们如何度过生活中的每一天，决定了我们的一生。”

我要如何度过我的每一天？非常肯定的一点是，如果我无法在多数时间里为他人服务，即使我赚到再多的金钱、拥有再多的财产、头衔和来自别人的所有荣耀，我可能都会感到深深的遗憾，觉得自己的灵魂在慢慢消亡，并且无法感受到快乐。

当我想着自己今后的日子就在推介和经营我所设计的网络公司中度过，并且日复一日地从事着单调的融资工作，像多数初创公司的 CEO 都在做的那样，我的胃便一阵痉挛。我知道你在想：“哈！为什么你以前不这样想？”

我以前的确没有想过。我应该仔细想想的，但我当时只想着做一些别人会认为很酷的事情，想着步入很有前途和潜力的高科技领域。多数情况下，我想的都是我会赚到多少钱，赚到了钱如何花。我没有想过我的生活，没有想过如何度过一生。从个人角度讲，这正是“制度规定的乐观”。我一直在说服自己，这份计划非常好，尽管风险投资家拒绝了我，但我仍然相信自己最终会获得成功，会幸福，会富有。

当我坦诚面对自己，当我终于勇敢地质问我的现实，我意识到如果我是“成功的”，抑郁可能是我的命运。我问自己：“当我的生命走到了尽头，回首往事的时候，我遗憾自己没有做的那件事会是什么？”答案明显而直接，那就是写这本书。

我与自己展开了辩论，内心反复权衡。在这里就不详述细节了。最终，我感到筋疲力尽，于是我屈服了。“好了，我会写这本书，破产也认了！你满意了吗？”

实际上，我对这个决定非常满意。我既感觉到做了正确事情之后的愉快，又感觉有些进退两难。我感到有些荒谬。一直以来，对于自己想要什么样的生活、需要去哪里，难道我都假装不知道吗？

第二天，我的有钱朋友给我打电话说："我明白了。如果你经营这家网络公司，我会从自己的资金中拨付 1 000 万美元给你，其余部分我会找其他人解决。"

当时，我的心都快要跳出来了，喉咙哽咽，说不出话。好不容易，我才低声说："我能稍后打给你吗？"然后我呆呆地坐在那里，内心忽而平静，忽而激烈地争辩："接受 1 000 万美元，还是用被出版商拒绝的书稿贴满浴室的墙？""接受投资，还是接受破产？"

我决定了：破产。我给他回电说："尽管你可能认为我疯了，但我已经决定不做这个项目了。"他的确认为我疯了。于是，我开始了一年的写作，令我感到惊奇的是，这本书竟然吸引了书商，我的事业也由此取得了巨大的进步，并创立了 Fierce 公司。与此同时，高科技行业却遭遇了萧条。

毫无疑问，如果我当初创业成功，我也可能正遭遇困境。我不仅会迎来悲剧的结局，还会破产，同时心里充满对他人资金管理不善的内疚感。

现在，可以毫不夸张地说，我对我做过的事情毫无遗憾。对我而言，我处在适当的位置，从事适当的工作，与适当的人共事，在正确的时间，采用了正确的方法。

请不要认为我讲述这个故事的原因是我假定你正处在错误的位置。我绝无此意，但如果你心里渴望核对现实，我催促你这样做，即便开始的时候会让你的生活陷入麻烦之中。优势领导者不会对任何人妥协。如果对事务的重要性没有清晰认知，对"真实"的价值没有正确意识，那么在处理正确的事情时，你将难以克服重重困难。

即学即用

如果你希望坦诚看待你大写的"R"，请花费几分钟回答下面的问题。回答两次。

我要去哪里？

____

____

我为什么要去那里？

____

____

谁与我同行？

____

____

我打算如何到达那里？

____

____

根据你的回答，接下来你要采取的最强有力的措施是什么？

____

____

首先，写下你现在到底要去哪里，为什么要去，你是否喜欢你的答案。然后，写下你喜欢去哪里，假定你能够到任何地方去，做任何事，不用取悦任何人，完全随自己的心情。要详细而具体。例如，许多人说希望自己与众不同，希望对别人产生积极的影响，希望给予，希望影响他人。很抱歉，这些含糊不清的说法根本就不会一语中的。你应该阐明简洁有力、详细具体的方向，让自己觉醒，从而备受激励。特别是，你想在哪些方面让自己与众不同？你希望对别人产生怎样的积极影响？你希望自己如何影响他人？

我想举例说明一下。我最好的朋友米歇尔，一生都非常喜爱动物。多年以来，她一直在念叨着希望学习手语，希望与黑猩猩一起工作，希望在动物园做一名志愿者之类的话，但除了照顾她的拉布拉多猎狗博斯科之外，她从未做过其他的事情。大约在两年前，她开始念叨回家路上见到的一匹马，说这匹马看起来非常难过，营养不良，肮脏不堪。在她第五次提及这件事时，我说道："你为什么不去看看他们是否愿意把它卖给你呢？"结果，答案是一长串的借口，比如她养不起一匹马，没有地方收留它，等等。

但她的丈夫和我都一直鼓励她采取行动，经历了深思熟虑之后，米歇尔终于买下了那匹马，将其安置在最好的环境中，并创造性地利用她的网站设计服务换取马的膳食。这是面对自己的现实环境，发现对自己而言真正重要的东西的良好范例。从买下一匹马开始，米歇尔成功地从"希望自己与众不同"转变为"以实际行动表明自己的与众不同"，她永远地改变了马的命运，在此过程中，也改变了自己的生活。

真是一个快乐的结局。

诗人玛丽·奥利弗曾问过："告诉我，你打算做些什么来度过你狂热而宝贵的一生？"一个人的职业方向虽不及其生活方向重要，但它却可能充满崎岖，稍不留神就会让你绊上一跤。因此，如果没有立即想出答案，请不要感到尴尬。我鼓励你记下脑海中的第一反应，第一个想法，不用对其做任何加工。这就是你的真实目标，不是其他人认为你应该持有的目标，甚至不是你认为自己应该持有的目标。去掉"应该"一词，提出自己内心的渴望。

你想要去哪里？不必听起来十分崇高，不必听起来充满激励性。实事求是地讲出你的目标，这就是你的生活。完全透明，从你开始。

步骤2　与下属一起"挖掘"真相

既然你已经阐明了自己的大写现实"R"，该到了在你的公司和团队中推行"完全透明"的时候了。让我们看看，作为一名领导者，你需要在这项工作中起到什么作用。

正如威廉·斯塔福德提示的那样，也许存在这样的可能：是否他人创建的模式仍在流行，你跟着错误的女神回家，却错过了自己的星座？是否有些东西是你和其他人假装看不到的？

在《从优秀到卓越》(*Good to Great*) 一书中，吉姆·柯林斯引用皮特尼鲍斯公司（Pitney Bowes）一位主管的话说："当你把石头翻开，看到藏在下面的弯弯曲曲的东西，你要么可以一声不吭地把石头放下，要么可以说：'我的工作就是把石头翻开，看这些弯弯曲曲的东西'，即使所见到的一切可能吓死你。"于是，皮特尼鲍斯公司产生了一个优良的研讨会传统，会议中人们可以随时站起身，翻开石头告诉高层管理者做错了什么："看！你最好注意这点。"

优势的领导者要建立一种文化，使得员工翻开石头，看到下面弯弯曲曲的东西时，不会因为害怕领导说些什么而放下石头，保持沉默。如果人们更关注于如何取悦领导而不是质疑现实，这说明衰退即将到来，往后的日子可能困境重重。当你与对企业的成功至关重要的人进行对话时，如果你有意忽略了关键点或实际情况，那么你本人可能就是问题所在。问题是，如何能够让人们对你讲真话？

这需要坚定的决心，对工作充满激情，对客户的成功充满渴望，需要深入了解工作的背景与内容，有能力全身心投入，以及大量的实践。所有这一切都需要完全透明。如果我们盲目乐观，当面对挑战和令人不快的真相时，我们就无法做到真实可靠。

关于真实性一词。你完全无法伪造"真实"。我想起为我的好友杰克守灵的经历，对我和其他人而言，他是非常重要的人，在年仅 50 岁的时候突然因脑血管瘤离世，这让我们无法接受。守灵时，一位被认为是他"最好的朋友"的人在灵前戏剧性地表现其悲恸之情，他的表现太过头，显得非常不真实，让许多人感到厌烦。无法控制的悲伤与刻意表现出来的悲伤是有区别的。我回想起几次见到这个人的情形，他仿佛总是置身于舞台上，摆好姿势，迎合摄像头的最佳角度。我甚至想知道当他去世的时候会是什么样子，去除了假面的他可能会让上帝都感到疑惑："在我有生之年，好像从未见过这个人。"

我有些离题了。真正的问题是，没有人能够完全了解公司所发生的一切，能够在第一时间意识到公司每一个错乱或存在瑕疵的环节，因此作为优势的领导者，你需要扪心自问："哪些事情是我不知道的？"

有些时候，你需要问自己的却是：哪些是我假装不知道的？

既然我不知道，那么谁知道呢？这非常重要。

回答上述问题的一个可靠方法，就是将那些现实情况应受质疑的人召集到一起，让他们分享自己的观点。不要只是询问事实，要刨根问底地挖掘真相。我们的“雷达信号”告诉我们，如果一个人没有实实在在地提问，说明他并不真的想知道答案。这种情况下，谁会如实回答呢？

如果你想让人们告诉你真相，你需要呈现出最佳的状态。你的成就归功于你如何将人、观念与具体情况相结合，以及你所受的教育和掌握的技能。你必须成为一名有丰富经验的推动者，能够让室内的每个人都能领悟到真实情况，能够与人们密切联系，相互倾听；当邀请其他人回顾大家的想法时，知道如何摆明立场，扩展得到真实情况的可能性。

如前所述，“沙滩球会议”就是完全透明的最佳形式，因为会议过程中，每个人都会敞开心扉，质询多重的、相互矛盾的现实和观点。你应该邀请谁参加？我发现找到那些对所讨论主题最具发言权的人至关重要。事情发生时，谁恰好在现场？谁站在结合点的位置上？那个人并不总是指定的领导者。在考虑邀请谁参会时，要富有创造性。选错了人，还不如不选。

一旦召集好了开会人选，会议如何进行就完全取决于你了。你的主要责任是：

★ 从你自身开始，塑造诚实的品质。勇敢地谈论并承认让你感到恐惧的事情。

★ 确定会议的基调和氛围，让人们感到这次会议鼓励并期待相互矛盾的想法、观点和风格。

★ 促使参会者投入理智和情感。

★ 要求人们详细阐明所讨论问题的背景、意义和内容。

★ 让参与者进行双向的讨论，而不是作为一名“列席者”坐在那里。

★ 避免不合时宜的评论、缺乏建设性的批评和哗众取宠。直言不讳的诚实对谈话有益，但冒犯性的评论却毫无意义。

★ 根据需要调整会议的进度和参与度，确保每个出席会议的人都参与评价。

★ 与以往一样，会议要准时开始，准时结束。

这样的会议能帮助企业发现和解决“mokita”。要让每个人知道，你希望通过他们在会议上表现出来的聪明才智、创造性、能力和坦诚，树立标杆。

承认你不知道的内容。告诉这些参会者，你愿意犯错误，你希望在对话结束时会有所不同。告诉人们，你希望他们：

■ 使“mokita”浮出水面

解释什么是“mokita”，举一些工作场所常见的例子，例如：

★ 我们的市场营销工作中，有相当大的一部分是无效的。

★ 在大多数部门中都存在“罢工”的员工以及至少一两个“发疯”的员工。

★ 去年，某位演说者在公司里发表了极具激励性的演讲，但演讲的推动效应在他离开会议到达停车场时就已消失。

★ CEO 告诉每个人培训是多么重要，之后却一个人悄悄地溜走了。

★ 那些不可靠的人只完成了少量工作，却受到嘉奖。

★ 一线管理人员比高层管理者掌握更多《劳工法》的内容。

★ 人们认为人力资源管理部门通常站在员工的对立面，而非同盟。

★ 中层管理者害怕解雇员工。

★ 高层重组频繁，目的是掩饰管理的不足。

如果你很想打印出公司里最麻烦的“mokita”清单，把它算在同事头上，千万忍住！相反，你应该公开宣布对“mokita”的特赦日，然后将其无限期延长。让人们知道，你希望公开谈论那些从未被提起的事情，并采取措施予以解决。

请牢记：小心翼翼的谈话注定是失败的，因为它只能延误重要的事。告诉人们，你重视的是诚实，你认为诚实就是善意地对自己和他人完全公开。不要点名发言，也不要责备。界定问题，集中精力解决问题。

■ 深入思考

为了看到事实的本来面目，了解所有的选项从而做出最佳选择，我们必须深入思考。深入思考是一种实践。我们必须先有实践的诚意，之后另辟蹊径，提出问题，直到让自己跳出常规想法和观点的框框。我们会看到新鲜事物，由此会有更多的选择。

■ 做“明智的对立者”

埃沃格林·瓦士利墓园是华盛顿州最大的墓园，其 CEO 戴夫·戴利是我最喜欢的对立者。天气好的时候，我们会漫步在墓园弯弯曲曲的小径中，进行一对一的谈话。在我看来，周围的一切都如此注重细节、如此美丽，戴夫总是能发现需要解决或需要完成的事情，然后记录下来，留待回到办公室后与人们交换意见。

戴夫是我担任主席的一个 CEO 社团中的一员。13 年来，每当我们要对某项提议达成一致时，总是靠他在对话中提出反对意见。新加入团体的人一开始不了解戴夫是怎样的人，无视他的存在，或对戴夫的行为感到恼怒。但事情就是这样，他经常在静静地倾听很长时间以后说：“如果不重新安排家具，你搬到另一个房间去，会如何？”或者：“如果不是这只猫被剥皮，会如何？”最后，我们不得不承认一个事实：他是对的。

尽管常常需要我们重新思考、重新设计现有计划，也就是经常要从头开始，但戴夫的想法总是值得我们去探索。如果没有他，我们不会发现自己的创造性思维。几年前，一如他所预料的那样，他死于心脏病，安葬在我们多次走过的那片土地上。

因此，如果你的公司正在争论该向左还是向右，做一个明智的对立者吧。就像戴夫一样，提出一条不同寻常之路。

■ *对必要的“一致”表示理解*

在我看来，“一致”有一定的作用，但收效甚微。我见过许多团队致力于达成一致意见，最终却让自己陷入昏昏欲睡或精神错乱。想一想股市就知道了。

在一家真正的 Fierce 公司，人们知道自己不会总是得偿所愿，知道有些时候需要去实施自己并不完全赞同的计划和战略。但是，如果他们感到公司能够听到他们的心声，就会勇往直前，全力以赴。

步骤 3　沙滩球会议水到渠成

现在，是时候把你的团队转化为内部智囊团了。既然我们已经具备了所有的“优势”要素，完全透明的沙滩球会议就水到渠成了。你只需保持清醒的头脑，把几条指导方针落实到位，例如：

★ 我们需要对立，只有这样才能获取真相。使问题浮出水面，利用它，而不是推出问题而又假装问题并不存在。

★ 答案就在这间屋子中。我们拥有答案。

★ 使“mokita”浮出水面，不要再纠缠于我们没有论及的事情。

★ 深思熟虑后再提出问题！能想到多少提多少。

★ 不要提出你已经知道答案的问题。

★ 用“和”代替“但是”。

与你的团队进行一场优势对话，谈论你一直避免的真相或需要使之浮出水面的“mokita”。要搞清楚，你需要的是名副其实的新结论，而不是说服人们接受以前的观点。

你可以让人们在开会之前，想好对开放式问题的回答，就像本书一开始提议的那样：

★ 今天，我们应该谈论的最重要的问题是什么？

★ 我们认为什么事情是我们无法做到的？如果我们能够做到，一切是否会因此而改变？
★ 是否存在需要纠正的关乎现实的问题？
★ 如果你只能给我提一条建议，你的建议是什么？
★ 你还需要从团队获得什么东西？
★ 你还能为团队作出怎样的贡献，发挥什么作用？

或者公开提出一个确定的主题，然后提问：

★ 考虑到我们当前的现实情况，如果什么都不发生改变，这意味着什么？
★ 考虑到当前的情形，你的建议是什么？

每当需要作出决策、设置目标或规划战略时，我们都会召集人们开会，这使得 Fierce 公司的生活就像是延长的沙滩球会议。有些时候，在我们并不指望能够得到答案的问题上，却产生了最具价值的方案。

步骤 4　总结和反馈

在会议的结尾，让出席会议的每个人都说一说："下次开会时，我们如何能做得更好？"然后一起回顾本次会议，并总结出："我们在哪些方面已经做得很好了？"

会议结束时，总结会议成功之处，肯定人们所作贡献的价值。通常，评论要富有感情、真心实意、指向明确，以鼓励这些人在以后的会议中有同样表现。离开会议室的时候，每个人都会希望多参加这样的会议，因为与进入会议室之前相比，他们对公司大写的现实"R"有了更清晰的认识。

步骤 5　随时随地进行

你可能需要再次召开会议，讨论某个浮出水面但因时间不够而被"搁置”的主题。不要感到绝望，你不会陷入到会海之中。沙滩球会议可以随时进行，可以非常简短，只需要抓住那些能够抽出几分钟时间的人，浪费他们几个脑细胞而已。

让我们并肩前行

引入一种理念的最有效方法，不是纸上谈兵，而是动手实践。因此与往常一样，我建议：不论何时都要在你的企业中坚持推行“完全透明”的优势实战。不论你在组织中的职位和头衔是什么，你都可以负责或敦促采纳下述几条建议。

1. **招聘持有创新观点的人**。不要总是聘用那些与公司形象和观点一致的人，否则你就得耗费更多的精力去寻求创新。

2. **容许实验、错误和绝境**。如果你采用的每条建议、作出的每个决策、实施的每个步骤全都正确无误，你就该开始担忧了。不要绷得太紧，没有人是完美的。如果你容许犯错，人们就不会忧心忡忡，害怕自己犯了错误就会掉脑袋。

3. **至少让一个博客保持开放运转**，积极主动地请求员工、客户或管理层提出投诉和建议，及时评估其可行性或加以实施。权威人物应该不时地参与进来。

4. **即使多数人反对，也要讲述真实情况，尤其是在困难时期**。如果人们听到的总是“官方的真相”，那些知道实情的人会对你失去了信任。

5. **宣布某一天为“mokita 特赦日”，感谢每一个指出“mokita”的人**。考虑公开奖励找到所有“mokita”根源的人，为他或她提供“mokita”鸡尾酒。我在网上发现真的有这种酒。这种酒有点甜，酒精含量极低，但管它呢！为什么不创造你自己的配方呢？

MOKITA 鸡尾酒的调制配方

容器： 双层鸡尾酒酒杯

原料：20 毫升意大利苦杏酒

10 毫升草莓汁

20 毫升奶油

10 毫升焦糖浆

40 毫升咖啡

做法：将意大利苦杏酒、草莓汁、焦糖浆和咖啡混合摇晃后，倒入冷冻的鸡尾酒酒杯中。将奶油堆在表面上。

"完全透明"不仅仅是一项领导力的实践，对我而言，它也是一种生活方式。我发现，即使在作完全不需要他人参与的个人决策时，如果我在自己的想法中加一个"对立者"，也会让我想得更多更深入。记住：如果有问题，不论你是否承认，它都存在。只有你接受了问题的存在，才能有解决问题的可能。正如我的朋友保罗·林德伯格所言："汽车的一只轮胎瘪了仍然可以行驶，但你不会享受这种缓慢的、颠簸的驾驶过程。而且，在这种情况下，一块小破损都能让汽车彻底抛锚。一只轮胎瘪了，要么继续前行，要么着手解决。看到别人驾驶着只靠轮缘转动前行的汽车，你可能觉得酷呆了，但我不这么认为。"

这里有几条小提示，供你在任何时间、任何环境下实践"完全透明"时参考：

1. 如果你真正关心某件事，就要有对权力说真话的勇气，有不怕在国王面前惹麻烦的勇气。就像电影《马语者》中的一句台词说的那样："知道什么事很容易，大声说出来却很难。"

2. 停止"当面一套，背后一套"的做法。从这一刻起，发誓在工作和家庭中讲真话。

3. 迫切要求他人说真话。当你听到不切合实际或不完全真实的事情时，问问是怎么回事。尊重是在双方都要坦白的基础上建立的，要大胆一点。"当你对我讲这种话的时候，我不想听你所说的任何一件事。"

4. 抓住最"原始"的想法。在编排课程的时候，通常讲师会采用定期的“意识流训练”来获得最原始的、未经加工和编辑的想法，这些想法源于我们的潜意识，是无法通过开会和沉思获得的。记下想到的任何事，不作任何删减或任何停顿，不要担心标点符号或拼写法。

最“原始”的想法比第二个、第三个想法有趣得多，没有受到内部过滤和环境、文化规范的制约，也不会受客观因素的影响。这其中蕴含着巨大的智慧，常常会成为创新的来源，这是多数公司苦苦寻求而不可得的结果。这样的创新能够让我们进入蓝海战略的版图，即使有竞争，对手也比我们弱小得多。

常用的“头脑风暴法”无法确保我们总能得到绝佳的点子，因为我们只是在同一个池塘中蜻蜓点水，而我们的竞争对手却在游泳。直到我们能够准确地界定亟待解决的问题，包括那些潜在的问题，我们才能从池塘跃入大海。**优势的领导者是水下佩戴呼吸装置的潜水员，而不是浮于水面的滑水运动爱好者。**

即学即用

这是留给你的一项练习：记下你对下述问题的突然想法。

如果你可以给你的上司（配偶、姐妹、好友、儿子）提一条建议，你的建议是什么？

写 2 分钟，不要停顿。如果下面留出的空间不够用，写在页边的空白处。如果你希望书写的时间超过 2 分钟，去做吧。不要抬起笔。不要思考。不要考虑逻辑。开始吧！

____

____

____

此时此刻，你感觉如何？你是否对自己所写内容的坦率和智慧（不要谦虚了）感到大吃一惊？你是否觉得有更多的真相需要披露，想多写一些？如果是这样的话，放下这本书，找张空白纸，继续写。

想一想，以前是什么阻止你披露这些想法？是什么阻止你尽早地找你的上司分享这些想法？我知道并不是每个上司（或者配偶、姐妹、好友、儿子）都重视这样的倾诉，但我也知道优势的领导者不仅会说出最原始的想法，还会鼓励其他人也这样做。实际上，对于任何不够真实的想法，他们都不会接受。

许多人会说，就是这样的日积月累，改变了我们前行的趋势。

一位领导者，我们姑且称其为查尔斯吧，告诉我他的部门实现了“RUP”(Rational Unified Proces 的缩写，指统一软件过程。——译者注)。又是行话！但官方的真相与实际情况存在差异。他所在公司的“仪表盘”，表面是绿色，下面却涂满了红色；员工们疲惫不堪地奔走于不同的目标之间，各个部门自行其是。由于报告结构存在问题，执行力和控制力也受到波及。彼此信任成为一种稀缺品，没人指望与别人实现共同进步。“生产力”一词遭到大家的白眼，成为“最佳供应商”的企业愿景不会对任何人产生激励效果。他们的工作符合职业道德规范的要求，却是不称职的。为什么？因为其中有一个糟糕的领导者——查尔斯。

查尔斯的致命弱点是：在与那些玩弄“暗黑艺术”的人（这些人认为：增长是死命令，要不惜一切代价完成它！）共事多年以后，他不再期待对话或答案，只是死盯着支持增长的事实依据，员工提出的新想法因而被忽略。他不断地抛出各种想法让他人去执行，而他自己再一拍脑袋，想出更多的主意。人们不顾一切地完成各种任务，但几乎没有一件事能成功，因为他们只是完成了查尔斯的某一部分想法。

查尔斯从不质疑自己的想法，更不用说转变思路、从头开始了。尽管他经常在全球各地飞来飞去，但他似乎没有走太远。他可能在不同的国家品尝过美食，但他的灵魂只偏好一种口味。他的任务是改变他身边的每个人，而非他自己。因此，他无法与员工和同事并肩前行，即使我相信他非常想和他们在一起。他曾告诉过我，他的目标是在两年内成为公司总经理，这需要他的直接下属的支持，但显然，他们并不支持他。

在经历了一年的混乱、使公司付出高昂代价之后，董事会解雇了他，没有人能够否认他对公司文化的作用就像一幅讽刺画。他离开的那一刻，员工们展示了一件T恤衫，上面写着："混乱、惊慌、无序。我的工作完成了。"

不要做查尔斯这样的人。

吹捧、假惺惺、回避与躲藏，你应该对此感到厌倦了。下次听到有人宣扬"制度规定的乐观"时，告诉自己，你拒绝再玩那个游戏。你要正视的挑战应该是"如何面对机遇"，而不是"如何解决问题"。

也许有一天，你也会离开。想一想，到了那一天，你希望员工的T恤衫上写些什么？朝着这个方向努力吧。

结　语

突破自我，做优势领导者!

“如何理解和利用自身的领导潜能”是我们面前最为艰难的挑战，即使是薪水最高的管理人员也会对此孜孜以求。这很正常。我们的行为受到薪水、态度、观点、偏见、恐惧、希望、荣誉等方面的制约，不管是受人赞美还是遭人质疑，我们都应该自我反省。

同时，不论在哪个方面能力突出，我们都是领导者。这与我们是否拥有头衔无关。**“拥有头衔”与“成为受人爱戴和拥护的领导者”有着天壤之别。前者只是领导者，后者却是优势领导者。**人们喜欢到他们那里寻求意见和看法，不论他们走到哪里，人们都愿意去追随；不论他们何时出现，都会激发其他人积极投入。如果你愿意的话，可以称他们为天生的领导者。我愿意称之为某个时代的佼佼者。

优势领导者并不是天生的，铲除“领导”与“优势领导”之间的壁垒需要勇气，需要在工作中历练。你要有能力让其他人信任你，你也要对自己充满信心。不是盲目的信任，而是经过关注与见证之后的信任。用优势实战替代那些糟糕透顶的“最佳”实践意味着你要战胜许多困难，但这就是问题的关键。如果还是走陈旧而熟悉的老路，你和你的公司就不会与众不同。

约瑟夫·坎贝尔（Joseph Campbell）说过，“英雄”之所以能成为英雄，是因为在某一时点上他离开了其他人走过的路，闯入了没有路径、也没有任何帮助和指示的森林，但他勇敢而坚定地走了下去。他踏入森林的第一步，就是他成为英雄的第一步。然后，一切都发生了变化。无论他任何时候需要任何帮助，一定会有人伸出援手。这些都是特意为他准备好的，一切早已注定。

你必须离开哪条路？

2006 年 2 月，我在肯尼亚逗留了 12 天。其中 3 天在蒙巴萨岛工作，然后有 9 天的时间与我九岁的孙女麦兹一起摄影旅游。当飞机降落在蒙巴萨岛机场的时候，我们远远看见两头长颈鹿在草原上奔走，意识到自己踏上了一片神奇而美丽的土地。

蒙巴萨岛的气候高温潮湿。我此行的目的是为凯尔国际（C.A.R.E. International，为穷人提供救助和发展机会的世界性组织。——译者注）的 55 名高级管理人员和当地负责人提供优势对话的培训，这些勇敢而杰出的工作者在异常艰苦的甚至是危险的环境中完成了不可能完成的任务。就在我们从四面八方赶到蒙巴萨岛的两周前，凯尔国际的东非负责人和他的妻子从教堂回家的路上遭遇了劫匪。他把钱和汽车钥匙都给了劫匪，但对方认为钱不够多，让他们跪下，当着他妻子的面枪杀了他。那一天，悲伤的氛围笼罩了整个凯尔国际，但同时，令人难以置信的勇气也被激发出来。我认识的大多数人都表示，他们不会再为类似的事情担心，会以更大的热情投入到工作中去。

在培训过程中，各种语言不绝于耳，翻译员和翻译耳机随处可见。麦兹请求旁听，因为她以前从未见过我“培训”。午餐时，有人告诉她可以在教室后面的活动挂图上随便画点什么。于是，在下一次休息期间，我们注意到教室后面出现了一只名为“鲍勃”的绿色长颈鹿，它“喜欢进行对话”，“认为一次对话就是一种关系”，并且“进行了许多优势的对话”。

每个人都喜欢上了鲍勃，因为鲍勃掌握了“优势对话”的真谛。有人说：“从现在起，让我们用‘鲍勃会做什么’来相互鼓励吧！”

我的孙女用一张简单的图画，成功地激发了这些来自世界各地的勇敢、聪明、强大而成功的领导者。毫无疑问，她将来一定会成为一名可爱的优势领导者。

第二天，麦兹和我前往内罗毕。一位文雅的年轻人“扎克斯”(化名)做我们的导游，他非常专业而且知识渊博，与我们一起乘坐 12 人飞机，一路欢歌笑语地飞过草原和高山，指引我们在泥泞的山谷中探险，与我们共享充满异国情调的三餐。

想象一下文雅的斯瓦希里人说着略带柔和口音的英语。想象一下温暖舒适的小屋，悠闲踱步的大象，以及一座由停机坪和瞭望塔组成的“国际机场”。想象一下，河滩上有一只超大的帐篷，里面挤满了河马，以及肯尼亚独有的温顺的黑犀牛，它耳后那柔软的皮肤。我们踮起脚尖，给茶园屋顶上的疣猴喂食香蕉，乘坐热气球穿过马赛村庄上空的晨雾，然后与一群长颈鹿共进早餐。

现在，我和麦兹知道了鸵鸟尴尬的模样。有一天，一只雌性鸵鸟沿着公路疾跑，突然摔倒在我们的汽车前。在确认了自己并无大碍后，她开始抖擞精神，晃动羽毛，我们终于忍不住大笑起来。我们几乎可以确认，她是在假装摔倒，只为博得我们一笑。

我们知道了一个鹳鸟窠的位置，就在以高尔夫球俱乐部闻名的肯尼亚山狩猎俱乐部。我们见证了鹳鸟的偷盗、力量和胆大妄为。我们敢打赌，鹳鸟窠中一定有手机、太阳镜、照相机和一两个苹果音乐播放器。即使是对于鹳鸟而言，闪光的东西也具有明显的诱惑力。

我们跨越了赤道，一只脚在北半球，另一只脚在南半球。我们穿过河流，泥浆几乎淹没了越野车的轮缘；之后走下公路，近距离观察一头印度豹与许多狮子一起闲逛，寻找晚上的猎物，然后慢慢进入真正的“和平王国”的中心——安博塞利国家公园（Amboseli National Park）的山谷中。我们关闭了发动机，静静地坐着，周围是数千只斑马、羚羊、皇冠鹤、疣猪，他们平静地面对我们。他们不介意我们的到来，也不害怕。许多动物经过我们的身边，离我们只有几英尺远的距离。

我知道我从事的是谈话工作，但在探险旅游过程中，除了麦兹、扎克斯和我们的司机之外，我不想与任何人谈话。在这12天的多数时间里，我在自己的思想里游历，享受着奢侈的静寂，只是偶尔被小鸟的歌声或河马进食后回到河中发出的隆隆声打断。在马赛马拉（Maasai Mara，是肯尼亚最具规模的野生动物自然保护区。——译者注），一些语言失去了意义，比如“报税单”，另一些词则被赋予了新的含义，比如“美景”。

我们在马赛村也度过了美妙的时光，与当地的首领会谈，访问当地的家庭，与母牛谈心。这些村庄里的棚屋是褐色的（由牛粪和泥浆建成），地面是褐色的（夜晚母牛在地上走动），人也是褐色的。这里没有电，没有自来水，没有玩具，没有摆放衣物、盘子和食品的架子或壁橱。墙上没有艺术品，有些房子里甚至没有墙。村子里的居民本身就是艺术，每个人都非常美丽，装扮独特，平静地生活在世界的中心。

这与优势领导力有关系吗？

有的。这样的场景让我灵光乍现，产生了几个想法。

尽管马赛村的浪漫魅力让人心向往之，但我并没浪漫到希望自己住在动物粪便和泥土建造的棚屋里。我希望的是能够获得他们的风度和平静。那段时间里，我的头脑完全清醒，充满生机，集中精力于人与人之间的相互联系，一点儿也没有想到专制以及空洞的满足与成功。我想到最多的，是沟通的自由。

但就在几天之后，我回到了熟悉的世界，重新感受到其特有的美丽和疯狂。我发现自己又打开电视，目光流连于名流的花边新闻之间。我突然感觉到，社会名流、英雄，以及我们的文化中追随和效仿的那些人，与生活在马赛这样的文化氛围中的领导者之间的差别有多大。于是，我开始思考以何种方式将我在肯尼亚的经历保存下来，利用它预知未来，并与那些在传统的公司文化氛围中工作的人们分享我的知识。

在肯尼亚期间，麦兹和我花费许多时间四处观察，这给了我上了宝贵的一课。所有的领导者都应该花费更多的时间去观看和倾听，而不是长篇大论地讲话，说服别人相信自己的观点。要更多地微笑，而不是眉头紧蹙。更多地愉悦彼此，而不是相互厌恶。更多地拥抱变革，而不是墨守成规。为了做到这一点，我们必须接受"优势"实践。

对我而言，"优势"有两个定义，它们之间相辅相成：真诚的和炽热的。如果你知道我"炽热"的一面是一个澳洲土著毛利族战舞的爱好者，你可能会感到大吃一惊。跳这种舞需要用手掌拍大腿，有节奏地用脚敲击地面，同时将目光锁定在对方身上，舞蹈结束时要用一根手指划过对方喉咙。由此传递的信息非常明确。但是我喜爱毛利族的战舞，尽管每个舞者做的动作与其他人相同，但是他会注意聚集自己内在的力量和风度。他的力量不是对对手的恐吓，也不是暴力的信号。就像中国的太极拳一样，他的每个动作都凝聚了身体内部保存的力量。他是无私的，他将自己的力量奉献给团队。

昨天晚上，我与麦兹谈及我与那些观念相反者之间的友谊。对一个人而言正确的事情，对另一个人却未必正确。当我告诉麦兹我正在尝试敞开心扉、接受完全不同的想法时，她笑着说道："你的脑子可能坏掉啦。"

我怀疑我的脑子真的坏掉了，我想我应该把他们重新装好，我的脑子确实没有像往常一样目的明确地工作着，它只是按照它应该采用的方式工作着。

对于一位领导者而言，这还不够。这个世界到处都是领导者，多得让我们疑惑他们是如何获得领导职位的。我希望这个世界上到处都是卓越的领导者，希望你能成为一位卓越的领导者，一位优势的领导者。我希望大家不要只想着成绩、完成任务、打败竞争对手、获得订单、赢得赞誉，更重要的是要在彼此之间建立最深厚的友谊。我希望我们能够在逆境中信守对生命的承诺。这并不复杂。

我们必须建立联系——深层次的联系。我们每天都要有目的地建立人际联系。联系越来越多，在我们的家里和工作场所，在城市和农村，在我们和孩子、和同事以及客户之间，联系成为一种氛围，就像呼吸一样自然。灵魂会得到升华。地球上终究会实现我们称之为“和平”的那个虚幻的概念。

我不会低估自己。努力做好自己的本职工作，这就是真正的我。

最近，有人问我：“如果 Fierce 公司是一辆车，它会是哪种车？”我立即笑着答道：“丰田陆地巡洋舰。它哪儿都能去！”

它能，因此你就能。

最后，我想引用一幅四格漫画中的内容。这幅漫画的名字叫《傻瓜蛋》。

> 两只鸟儿站在电线上。
>
> 其中一只说：“我写了一首新歌！”
>
> “新歌！？可是数千年来，我们一直唱的是同一首歌哪。”
>
> “没错，但我这首歌是摇滚乐！”

优势领导力的实践可能会让人无所适从，但他们的确非常“摇滚”。他们为灵魂歌唱，并希望以此改变我们。

我们可能整天谈论他们，但他们在哪里？就在市场里、走廊里、办公室、会议室，就在客厅中。这是实践优势领导力的绝佳时机。我希望你对其他人敞开心扉，不要只是谈论它，而是要付诸行动，让“优势”成为你自身。

当优势实践逐渐累积，会创造出一个不可思议的工作场所，会建立起持久的人际关系，会给你带来一种独特的、令人满足的生活，你将不会愿意再改变它了。

爱也是一种实践。试着去爱吧。当外部影响不断挑战你的底线时，让平静的心引导你。准备战斗。

致 谢

非常感谢许多人和许多组织为这本书所做的一切，不管是有心还是无意。对于后者，我知道摄影师在发表了别人的裸照之后，给对方发一封感谢信是不合时宜的，我只能说，我已经尽最大努力帮照片中的人物做了掩饰。如果你还是认出了自己，我在这里说声抱歉，但你们滑稽的动作实在太吸引人，让我太难忽略。

感谢那些自发自愿帮助我的人。感谢我的助理兼朋友珍妮特·戈尔茨坦和皇冠出版社的工作团队——罗杰·肖勒、迈克尔·班戈和塔莉娅·克罗恩，感谢你们的热情支持，感谢你们阅读本书，感谢你们敏锐的观察力。感谢保罗·林德伯格，他推荐的“乌贼眼”让我获得了久寻不到的灵感，感谢路易斯·波拉克介绍了“政治演说”，感谢吉姆·索伦森，他的个人故事、他的洞察力和极大的推动作用一直鼓舞着我。

感谢我的朋友米歇尔、简·哈丁、简·德莱斯勒，感谢他们在发现我的头发中有枯叶和干枝的时候，不时地来劝我出去活动放松。美味的食物和葡萄酒给我极大的动力。

我会永远感激“优势”团队的核心成员——哈雷、德里、克丽丝、凯姆、卡洛琳、艾梅、崔西、斯宾塞、迈拉、帕姆，感谢他们给我留出足够的时间，让这本书得以完成，并给我坦率的反馈：“你在开玩笑吧！”“嗯？”“我十分喜欢这部分内容！”既然这本书稿已完成，我还能回到原来的办公室吗？

祝福克丽丝·多尔蒂，感谢她在欧卡斯岛上为我打造了树上小屋；在这座小屋完成的两个月前，我坚持要搬进去，感谢她在我身边默默地完成剩下的工作。本书的最后一章以及大量的修正打磨工作都是在这座树上小屋中完成的。

中资海派出品

为精英阅读而努力

将现有团队转变成冠军团队的 7 大诀窍

借鉴冠军团队模板，一步步助
你拔高绩效，不断晋升！

〔英〕凯·图 著
苏 西 译

中资海派出品
定 价：35.00 元

◆“天才大本营”皮克斯动画团队如何让乔布斯“舍命”付出？（适用于广告、出版、媒体等创意团队）

◆临时搭建的莱德杯欧洲队如何战胜“老虎”伍兹带领的美国队？（适用于重点项目、关键任务、短期合作等临时团队）

◆擅长零伤亡完成任务的英国特种兵部队如何严格选拔和培训队员？（适用于工作组、紧急项目等高协作性团队）

◆英国红十字会如何协调 27 个小团队同步按期完成一个项目？（适用于公益型、人员分散等松散型团队）

◆世界乐坛长青树滚石乐队不断更新商业模式，使团队持续繁荣长达 60 年。（适用于期望打造百年老店的企业或机构）

◆北爱和平进程谈判团队如何将水火不容的政客融合到一支团队，为和平努力？（适用于个性张扬、冲突不断的团队）

◆F1 赛事冠军车队法拉利如何使团队平稳度过变革期，重返巅峰？（适用于取得过成就、正遭遇瓶颈的团队）

“冠军团队复制”总教练容易老师 11 年实操经验
用联想、阿里巴巴、腾讯、巨人等国内著名团队案例倾情解读
《金融时报》《今日管理》《商业生活》等权威媒体推荐

队长必备的战术指南，队员必学的生存手册

"iHappy 书友会"会员申请表

姓　名（以身份证为准）：__________；性　别：__________；

年　龄：__________；职　业：__________；

手机号码：__________；E-mail：__________；

邮寄地址：__________；邮政编码：__________；

微信账号：__________（选填）

所购图书封底防伪码（揭开防伪标签，即可看到标签下防伪码）：

____

请在以下 9 本图书中任选一册

您选择的图书名为《××××××》

请严格按上述格式将相关信息发邮件至中资海派"iHappy 书友会"会员服务部。

邮　箱：zzhpHYFW@126.com

微信联系方式：请扫描二维码或查找 zzhpszpublishing 关注"中资海派图书"

中资经典，打造最具价值的管理胜经
一切为了精英阅读而努力

我们在接到您的会员申请表后，会在第一时间发送审核回函，一经审查通过，您将立即成为我司"ihappy 书友会"会员。首次成为会员者，可以免费获得以下图书一册，我们将以平邮的方式邮寄给您，请确保邮寄地址可以收到邮政平信（请勿重复申请，重复加入会员无效）。可选书目有：

《直达买家》定价：32.00 元
（*The New Rules of Marketing and PR*）
戴维·米尔曼·斯科特（David Meerman Scott）

让别人免费帮你卖产品的
网络营销公关新规则

《同心圆领导力》定价：25.00 元
（*Hesselbein on Leadership*）
弗朗西斯·赫塞尔本（Frances Hesselbein）

成功带领团队走向未来的关键力量
领导者的品格决定了企业的绩效与成败

《组织生存力》定价：29.80 元
（*The Five Most Important Questions You Will Ever Ask About Your Organization*）
彼得·德鲁克（Peter Drucker）等

让成功的组织更成功的 5 大力量

《谁是下一个商界英雄》定价：28.00 元
(*You Can't Predict A Hero*)
约瑟夫·乔·格拉诺（Joseph J. Grano）

危机领导成就卓越领导

《重塑管理》定价：28.00 元
(*Management rewierd*)
查尔斯·雅各布斯（Charles S. Jacobs）

管的越少，反而一切尽在掌握中

《谈判从说"不"开始》定价：28.00 元
(*No*)
吉姆·坎普 （Jim Camp）

不再盲目妥协！向对手说"不"，占据无限商机。

《拿破仑·希尔的首版书》定价：28.00 元
(*Napoleon Hill's First Editions*)
拿破仑·希尔（Napoleon Hill）

失落了近一个世纪的致富经典

《我们合一》定价：29.80 元
(*We*)
鲁迪·科森（Rudy Karsan）等

全心投入的力量远远超过我们的想象

《魔鬼管理学》定价：42.00 元
(*What Got You Here Won't Get You There*)
马歇尔·古德史密斯（Marshall Goldsmith ）等

只要你管一个人，就需要看这本书

轻松反馈信息　免费获赠图书

在您的阅读过程中，中资海派还将竭诚为您提供以下服务：

1. 定时阅读计划　2. 答疑解难　3. 复习通关　4. 权威专家指导

只有您能一眼看出，
这是能使您能力更上新台阶的管理胜经

特别说明

1. 从会员申请通过到收到第一本书刊需用时 7 ～ 20 天。
2. 读者订阅的书刊由深圳寄出，如果您在 20 天内未收到，请及时反馈给我们。

读者服务信箱

谢谢您购买本书！顺便提醒您如何使用 iHappy 书系：

- ◆ 全书先看一遍，对全书的内容留下概念 。
- ◆ 再看第二遍，用寻宝的方式，选择您关心的章节仔细地阅读，将“法宝”谨记于心。
- ◆ 将书中的方法与您现有的工作、生活作比较，再融合您的经验，理出您最适用的方法。
- ◆ 新方法的导入使用要有决心，事先做好计划及准备。
- ◆ 经常查阅本书，并与您的生活、工作相结合，自然有机会成为一个“成功者”。

<table>
<tr><td rowspan="8">优惠订购</td><td colspan="2">订阅人</td><td></td><td>部门</td><td></td><td>单位名称</td><td></td></tr>
<tr><td colspan="2">地址</td><td colspan="5"></td></tr>
<tr><td colspan="2">电话</td><td colspan="3"></td><td>传真</td><td></td></tr>
<tr><td colspan="2">电子邮箱</td><td></td><td>公司网址</td><td></td><td>邮编</td><td></td></tr>
<tr><td>订购书目</td><td colspan="6"></td></tr>
<tr><td rowspan="2">付款方式</td><td>邮局汇款</td><td colspan="5">中资海派商务管理（深圳）有限公司
中国深圳银湖路中国脑库 A 栋四楼　邮编：518029</td></tr>
<tr><td>银行电汇或转账</td><td colspan="5">户　名：中资海派商务管理(深圳)有限公司
开户行：招行深圳科苑支行
账　号：81 5781 4257 1000 1
交行太平洋卡户名：桂林　卡号：6014 2836 3110 4770 8</td></tr>
<tr><td>附注</td><td colspan="6">1. 请将订阅单连同汇款单影印件传真或邮寄，以凭办理。
2. 订阅单请用正楷填写清楚，以便以最快方式送达。
3. 咨询热线：0755-25970306转158、168　传　真：0755-25970309
E-mail: szmiss@126.com</td></tr>
</table>

→利用本订购单订购一律享受 9 折特价优惠。

→团购 30 本以上 8. 5折优惠。